その行為、
本当に処罰しますか

憲法的刑事立法論序説

上田正基
Masaki Ueda

弘文堂

はしがき

「その行為、本当に処罰しますか？」

　新たな刑事立法が議論されているときに、本書の題名ともなっているこの質問をされれば、みなさんはどう答えるだろうか。少し専門的にいえば、「その行為は、刑罰を科すに値する行為なのか？」という問いになる。「悪い行為なのだから当然！」と答える人もいるかもしれない。そう答えた人は、次のような質問には、どのように答えるだろうか。

「なぜ、その行為は悪いといえるのか？」
「悪い行為ならば、なぜ、処罰してよいのか？」
「処罰するにしても、刑罰が重すぎるのではないか？」

　これらの問いには、「その行為で被害を受ける人がいる」、「悪い行為をやめさせるには刑罰が必要」、「犯罪者は厳しく取り扱われるべき」といった答えが返ってくるかもしれない。これらは、一般的には説得力があるように聞こえるだろう。被害者が苦しんでいるのに、加害者にお咎めがないのはおかしいと考えるのが通常であり、また、誰でも刑罰を受けたくないと考えるのが普通である。しかし、このように答えてしまうと、人を困らせる行為をやめさせるためなら、何でも処罰してよいという結論に至らないだろうか。
　それに対して、刑法を専門的に扱う刑法学は、刑罰の積極的活用に消極的な評価を与えることが多い。上で挙げた質問に関して刑法学からは、「刑法は法益を保護しなければならない（法益を害する行為でなければ処罰に値しない）」、「刑罰はある特定の規範を妥当させるためにのみ用いられる」、「刑罰は最終手段である」、「罪（あるいは責任）と刑は均衡していなければならない」といった回答が返ってくるであろう。しかし、刑法学の知識を共有していなければ、「法益とは？」、「規範妥当とは？」、「最終手段とは？」、「罪刑

均衡とは？」という疑問が真っ先に浮かんでくるだろう。では、それを説明したとして、上で挙げた一般的な（悪くいえば、素人的な）回答に対して説得的な反論ができているといえるのだろうか。

「否」であるというのが本書の答えである。その理由を本書では、問うべき問題が不足していたり、混同されていたりすることに見出した。そこで、より説得的な形で回答を導き出すために、上で挙げた問いを以下のように設定し直すところからはじめた。

「国家は、どのような行為を規制してよいのか？」
「国家は、規制に違反した者を非難してよいのか？」
「国家は、違反者を非難する手段として刑罰を用いてよいのか？」
「国家は、違反行為にどの程度の刑罰を定めてよいのか？」

これらの問いは、「その行為は、国家が刑罰を科すに値する行為なのか？」という問いを細分化したものである。その際、国家が刑罰法規を制定した場合に、それによって処罰される者は、どのような不利益を受けるのかという観点に従って細分化している。つまり、ある行為をしたことによって刑罰を受ける、刑罰を受けることによって国家から非難される、自由を剥奪されたり、金銭を払わされたりするという側面に区別して着目することによって、問いを設定し直している。そして、国家が処罰される者に対して不利益を課すためには、それを正当化する理由（目的）が必要であり、不利益の賦課はその目的達成のために相当なものでなければならないということが、それぞれの問いに答える際の基本的な考え方である。そうすることによって、刑罰法規に関して正当化を要する側面が明確に可視化され、より説得的な形で刑事立法を批判することができるようになるというのが本書の見解である。

このような本書の基本的な考え方は、憲法学からも大きな影響を受けている。憲法学的にいえば、ある国家行為によって、憲法の保障する権利・自由に対して制約が加えられる場合には、その制約は憲法上正当化されない限り違憲であるということを基本に、刑罰法規を分析していくということである。これは、三段階審査と目的審査、比例原則に対応する。このように憲法学の

枠組の中で刑事立法を考えることを試みた理由の一端を説明するためにも、筆者の経歴を述べておこうと思う。筆者は、2012年に法科大学院を卒業し、はじめて法学研究の道に進むことになった。つまり、刑法を専門的に研究しはじめるまで、司法試験合格を目的としてではあるが、憲法、民法等の他の法分野を幅広く学習することができたのである。また、京都大学の法科大学院では、それぞれの法分野で最先端の議論をも含む貴重な授業を受けることができた。そのような中で、国家が国民の行為を規制するということに関して、刑法学と憲法学とでは全く異なる形で議論が行なわれているのではないかと疑問に思い、それを解消することはできないかと考えたことが、筆者の研究の出発点である。

　もっとも、以上のような試みが成功しているかどうかは、読者の判定に委ねるほかない。しかし、本書が刑事立法学の発展や、刑法学と憲法学との対話の促進に僅かにでも貢献することができたならば、筆者としては喜ばしい限りである。

　さて、本書は、2015年1月に京都大学大学院法学研究科に提出された学位請求論文「刑法学からの立法批判のあり方」に加筆・修正を施し、改題したものである。上でも述べたように、研究をはじめて4年間で本書を完成させることができたのは、非常に多くの方のご指導・ご助力のおかげである。

　まず、恩師である髙山佳奈子先生には、全てにわたり、心から感謝を捧げたい。時に生意気ともとれる筆者の態度に接しても、今日に至るまで先生はあたたかく指導してくださった。そもそも、筆者が法科大学院に在籍していた当時に、先生が、筆者の問題意識を理解したうえで、研究の道を勧めてくださるということがなければ、筆者は法曹実務家になることしか考えていなかったであろう。また、従来の刑法学研究から離れていく一方であった筆者に対して、背中を押すだけでなく、適切な軌道修正をしてくださった先生のご指導がなければ、本書の出版はあり得なかった。本書が、これまでのご学恩に幾ばくかでも報いるものとなっていれば幸いである。

　京都大学大学院法学研究科においては、恵まれた研究環境の中で、多くの先生方のご指導を得ることができた。とりわけ、刑法の授業等で筆者の研究

に関して有益なご指摘をいただいた塩見淳先生、安田拓人先生、刑事訴訟法の授業等で有益なご教示をいただいた酒巻匡先生、堀江慎司先生、稲谷龍彦先生、刑事判例勉強会でご指導ご鞭撻いただいた中森喜彦先生には、心から感謝申し上げる。

振り返ってみれば、筆者が研究者となる道に進んだのは、学部3回生で参加させていただいた、民法ゼミによるところも大きい。そこで法学的なものの考え方の基礎をご指導してくださった山本敬三先生には、改めてお礼申し上げたい。

もとよりここにお名前を挙げることのできなかった諸先生方からも多くのご教示をいただいている。お世話になった全ての方に、謹んで謝意を表する。

そして、本書を刊行するにあたって、大変お世話になった弘文堂の北川陽子編集部長には、厚くお礼申し上げる。

最後に、筆者が何不自由なく成長し、さらには大学院に進学して学問を続けることができたのは、変わらず支援し続けてくれた両親のおかげである。目一杯の感謝の気持ちを込めて本書を、父・尚人、母・日出子に捧げたい。

2016年5月

上田　正基

目　次

序 ── 憲法から刑事立法を論じる意味 …………………………………………… *1*

第1章　刑事立法はどのように審査されてきたのか ………… *7*

第1節　裁判所による審査 ── 日本とドイツ ………………………… *7*
　Ⅰ　ドイツ ── 近親相姦は犯罪なのか ……………………………………… *8*
　　　1　事案の概要
　　　2　審査枠組に従った本決定の概観
　　　3　近親相姦決定の審査枠組の特徴
　Ⅱ　日本 ── 公務員の選挙ビラ貼り（堀越・世田谷事件最高裁判決）… *16*
　　　1　審査手法の概観
　　　2　堀越・世田谷事件最高裁判決の審査手法の特徴
　　　　　── 近親相姦決定との比較
　Ⅲ　審査されるものと、審査されないもの
　　　── ドイツにおける議論の参照可能性と裁判所の審査手法の問題点 … *22*
　　　1　ドイツにおける議論の参照可能性
　　　2　裁判所の刑事立法審査に関する日本・ドイツに共通の問題点

第2節　刑法学が行なってきたこと ── 法益論による立法批判 ……… *25*
　Ⅰ　〈法益論〉とは何か …………………………………………………… *26*
　　　1　法益論の諸類型 ── ドイツにおける2つの法益論
　　　2　日本における法益論と憲法
　Ⅱ　ドイツ連邦憲法裁判所による法益論の拒絶
　　　── 近親相姦決定における法益論批判 ………………………………… *31*
　　　1　批判の要点
　　　2　多数意見の批判する「法益論」
　Ⅲ　法益論と比例原則の接合
　　　── 近親相姦決定 Hassemer 反対意見の判断構造 …………………… *34*
　　　1　三段階審査および比例原則の枠組の適用
　　　2　目的審査
　　　3　手段審査 ── 比例原則
　　　4　Hassemer 反対意見の特徴
　Ⅳ　法益論の審査の対象と審査手法
　　　── 何を、どのように審査しているのか ……………………………… *42*

第3節　法益論に対する疑問——法益論の何がいけないのか ………… *44*
　I　理論の妥当領域の不明確性——法益論が目指すもの …………… *44*
　II　民主主義からの乖離（Demokratieferne）
　　　——法益論は民主主義的ではない ……………………………… *47*
　　　1　前憲法的あるいは非民主的な立法者像
　　　2　法益の定義権力の所在
　　　3　客観的正義の不存在
　　　4　法益論からの憲法の参照の問題性
　　　5　人格的法益論の民主的内容？
　III　3つの問題の混同——法益論が審査しようとしているもの ………… *54*
第4節　法益論から憲法へ——構築すべき立法批判枠組の基本構造 … *57*
　I　三段階審査および比例原則の枠組の使用
　　　——どのように審査するのか ……………………………………… *57*
　II　行為規範と制裁規範の分離——何を審査するのか ……………… *57*
　III　合憲性の限界と政策論の分離——目標は何か ……………………… *59*

第2章　刑事立法はどのように審査されるべきなのか
　　　——あるべき立法批判枠組の構築 ……………………………… *61*

第1節　行為規範・制裁規範の具体的内容——用語の整理 ………… *61*
　I　行為を規制することの意味——行為規範とは何か ……………… *62*
　　　1　外界状態規制規範としての行為規範
　　　2　立法者による権威的指令としての行為規範
　　　3　事後制約の授権規範としての行為規範
　　　4　評価規範としての行為規範
　　　5　犯罪論体系・刑法解釈論との関係
　II　制裁を科すことの意味——制裁規範とは何か …………………… *74*
　　　1　制裁の意味・構造
　　　2　制裁の機能・目的——刑罰論との関係
第2節　行為規範の正統性
　　　——どのような行為が規制されてよいのか ……………………… *81*
　I　どのような行為が規制されているのか
　　　——保護範囲、制約される憲法上の権利 ………………………… *81*
　II　行為規範による制約とは何か
　　　——行為はどのように規制されるのか …………………………… *82*
　　　1　制裁威嚇による制約か、制裁賦課による制約か
　　　2　訴訟形態との関係

Ⅲ　制約の正当化（1）目的審査——なぜ規制されるのか ················ 87
　　　　　1　行為規範の目的と〈法益〉の2つの意味について
　　　　　　　——用語法の整理
　　　　　2　規制目的と「公共の福祉」
　　　　　3　目的審査の機能
　　　Ⅳ　制約の正当化（2）手段審査——本当に規制してよいのか ········· 94
　　　　　1　適合性
　　　　　2　必要性
　　　　　3　狭義の比例性（相当性）
第3節　制裁規範の正統性（1）非難提起の正統性
　　　　　——非難されるべき行為なのか ·· 117
　　　Ⅰ　制裁規範の正統性という問題設定の必要性とその内容
　　　　　——行為を規制してよい≠処罰してよい ··································· 117
　　　Ⅱ　制約される憲法上の権利、保護範囲および制約
　　　　　——非難が傷つけるもの ·· 119
　　　Ⅲ　特別な憲法上の制限としての責任主義
　　　　　——責任なければ刑罰なし ··· 124
　　　　　1　責任主義の具体的内容とその憲法的基礎付け
　　　　　2　責任主義の妥当範囲
　　　　　3　責任主義と比例原則
　　　Ⅳ　制約の正当化（1）目的審査
　　　　　——そんなことをしたあなたが悪い、だから法は正しい ············ 131
　　　Ⅴ　制約の正当化（2）手段審査——本当に非難してよいのか ········· 133
　　　　　1　適合性
　　　　　2　必要性
　　　　　3　狭義の比例性
第4節　制裁規範の正統性（2）刑罰投入の正統性
　　　　　——刑罰まで科してよいのか ··· 149
　　　Ⅰ　刑罰と行政制裁の区別 ··· 149
　　　　　1　制裁の意味・効果による区別
　　　　　2　規範回復プロセスとの関係
　　　Ⅱ　刑罰と公務員法上の懲戒処分の区別 ······································· 152
　　　　　1　制裁の意味・効果による区別
　　　　　2　行為規範との関係
　　　Ⅲ　刑罰か、行政制裁か——刑罰と行政制裁の選択基準 ················· 155
　　　　　1　制約される憲法上の権利、保護範囲および制約
　　　　　2　目的および手段の適合性
　　　　　3　必要性
　　　　　4　狭義の比例性

　　　　　5　小　　括
第5節　制裁規範の正統性（3）法定刑の正統性
　　　　　──懲役何年が妥当なのか ………………………………… *165*
　Ⅰ　罪刑均衡原則および責任相応の刑罰の要請
　　　　　──やったことに見合った罰？ ………………………… *165*
　Ⅱ　制約される憲法上の権利、保護範囲および制約
　　　　　──自由の剥奪 ……………………………………………… *166*
　Ⅲ　実体的不利益の賦課の目的──得した分は返してもらいます …… *167*
　　　1　規範違反によって獲得された利益の象徴的清算としての
　　　　　実体的不利益の賦課
　　　2　責任相応の刑罰の要請の意義──量刑責任における責任主義
　Ⅳ　法定刑の比例性──懲役何年ならよいのか ……………………… *170*
　　　1　一般的な比例性審査
　　　2　法定刑の一貫性という視点──内的な比例性
　Ⅴ　小括および残された問題──ものさしは正しかったのか ………… *176*

第3章　児童ポルノの所持を本当に処罰しますか
　　　　　──立法批判枠組の具体的適用 …………………………… *179*
第1節　児童ポルノ禁止法における児童ポルノ規制の概要 ………… *181*
　Ⅰ　「児童ポルノ」とは何か──法律上の定義 ……………………… *181*
　Ⅱ　児童ポルノは持っているだけで処罰される …………………… *182*
第2節　児童ポルノ所持の規制内容
　　　　　──私的所持罪の行為規範の正統性 ……………………… *184*
　Ⅰ　処罰される「所持」とは何か──行為規範による制約の範囲 … *184*
　Ⅱ　何が制約されているのか
　　　　　──制約される憲法上の権利、保護範囲および制約 ……… *186*
　Ⅲ　なぜ規制されるのか──目的審査 ……………………………… *187*
　Ⅳ　本当に所持は規制してよいのか──手段審査（比例性審査） …… *190*
　　　1　私的所持の実質
　　　2　私的所持規制の比例性──適合性・必要性・狭義の比例性
第3節　児童ポルノ私的所持の非難性
　　　　　──私的所持罪の制裁規範の正統性（1）非難提起の正統性 … *195*
　Ⅰ　非難提起により制約される憲法上の権利、保護範囲、
　　　制約および目的審査 ……………………………………………… *195*

Ⅱ　児童ポルノを所持していることを非難してよいのか
　　　　　──非難提起の比例性 ……………………………………………… *196*
　　　　　1　適合性
　　　　　2　必要性・狭義の比例性
　第4節　私的所持の当罰性
　　　　　──私的所持罪の制裁規範の正統性（2）刑罰投入の正統性 … *200*
　第5節　懲役何年が妥当なのか
　　　　　──私的所持罪の制裁規範の正統性（3）法定刑の正統性 …… *202*
　　　Ⅰ　児童ポルノに係る行為に対する法定刑 ……………………… *202*
　　　Ⅱ　私的所持の法定刑の比例性 …………………………………… *203*
　第6節　刑罰以外の選択肢の可能性 ……………………………………… *205*

結 ── 刑法は1人で歩むのか？ ……………………………………………… *207*

引用文献一覧（日本語文献・外国語文献）………………………………… *215*
引用判例一覧 ……………………………………………………………… *227*
事項索引 …………………………………………………………………… *228*

序
憲法から刑事立法を論じる意味

　そう呼ばれるようになってからしばらく経つのだが、現在は刑事立法の活性化の時代であるといわれている[1]。世間を賑わせた事件をきっかけとして、新たな法律が作られたり、今まであった法律が改正されたりして、問題となった行為が処罰されるようになったというニュースを聞くことも多いであろう。例えば、平成25年10月に発生した、いわゆる三鷹ストーカー殺人事件を契機として、リベンジポルノに関する対策の必要性が議論され、「私事性的画像記録の提供等による被害の防止に関する法律」（平成26年法律第126号）が制定されたことは記憶に新しい。そのような立法の中には刑法学界において議論を巻き起こしたものも多い[2]。最近では、自動車運転をめぐる一連の法改正や、「自己の性的好奇心を満たす目的」での児童ポルノ所持の処罰（児童買春、児童ポルノに係る行為等の規制及び処罰並びに児童の保護等に関する法律7条1項）等がそうであった。しかし、世論が犯罪化や重罰化といった刑罰の積極的活用を支持することが多いのに対して、刑法学においては必ずしもそうではなく、むしろ逆のことが多い[3]。そのような現状において、刑法学の立場から社会に向けて行なわれる、刑事立法に対する批判・提言はどのようなものであるべきなのだろうか。
　そのような批判・提言が有効に行なわれるためには、まずもって、刑法学

---

1) 井田良「刑事立法の活性化とそのゆくえ」法時75巻2号（2003年）4頁。
2) 近時の刑事立法の傾向およびその問題点を指摘する論稿として、井田良「近年における刑事立法の活性化とその評価」井田良＝松原芳博編『立法学のフロンティア3　立法実践の変革』（ナカニシヤ出版・2014年）97頁以下参照。
3) 井田・前掲注2）100頁以下参照。

内部における議論が共通の理論枠組に基づいて行なわれなければならない。なぜなら、一定の解釈論上の立場からの主張を行なうだけでは、それを共有しない者にとって、説得的な主張とはなり得ないからである[4]。もちろん、そのような主張も、解釈論上の立場についての前提知識を共有している刑法学内部では重要性を持ち得るかもしれない。しかし、それぞれの主張が何を争い、どこで対立しているのかを明らかにしない限り建設的な議論は不可能である。そして、そのような非建設的な議論を続けていく限り、「何を争っているかわからないし、とりあえず反対している」といった形で、刑法学は社会からの信頼を失い、発言力・影響力を失うことになるだろう。そうはならないためにも、刑事立法を評価するための共通の議論枠組に従った議論が必要なのである。そして、それは刑事立法について審査・検討する際に、何をどう問うべきなのかに関して社会と共有可能な指針となるものでなければならず、それと同時に刑事立法の正統性（Legitimität）を基礎付ける全要素を体系的に示すものでなければならない[5]。

　もっとも、刑法学においても、これまで立法批判手法に関して全く議論がなされてこなかったわけではない。「刑法は何を守るべきなのか？」に着目して刑事立法を批判的に検討しようとする、法益保護主義を前提とする法益論、すなわち法益概念の立法批判機能をめぐる議論は、その一例である。しかし、「守るべき何かとは何なのか？」「そのようなものを確定することはできるのか？」というように、法益論という枠組自体が刑法学上論争の対象となっており、立法批判の場面における共通の議論枠組として実際に機能していたとはいい難い。少なくとも、「これは刑法によって守ってよいが、あれは守ってはだめ」という法益論の帰結が、犯罪被害者の権利保護や市民生活

4）　西原博史「立法システムの再構築」同編『立法学のフロンティア2　立法システムの再構築』（ナカニシヤ出版・2014年）3頁、10頁が述べる、「学としての土俵を共有できない主観的な価値観を裸の形で唱えることは、これまで以上に負け犬の遠吠えでしかない」という言葉は、刑法学内部での立法批判活動においても、真摯に受け止められるべき言葉であろう。

5）　これまで処罰の対象とされていなかった行為について新たに刑罰法規を設けて処罰の対象とする犯罪化の正当化条件の総体を体系的に示す「犯罪化論」を構築することを目指す論稿として、髙橋直哉「犯罪化論の試み」法学新報121巻11=12号（2015年）1頁。嘉門優「法益論の現代的意義」刑雑47巻1号（2007年）36頁、46頁も、「刑事立法について検討すべき項目を整理し、すべて網羅した『チェックリスト』を作成すること」の必要性を述べる。

の安全の保護等を刑法に期待する現代社会に対して説得的な訴えをなし得るとは考え難い。それゆえ、立法批判の場面で機能し得る共通の枠組を構築することが、今こそ必要とされなければならないのである。

　そのような機能し得る立法批判枠組を構築するにあたっては、実際に立法を行なう立法者が従っている（あるいは、従うべきである）と考えられる行為準則を出発点とすることが重要である。どんなに建設的な議論をしても、最終的に立法するかしないかを決めるのは立法者だからである。そして、その際、立法者を含む国家を拘束するのは憲法であるということが留意されなければならない。このような観点からは、立法者が従う行為準則は、次のように形成されていくものと考えられる。

　刑罰法規の妥当性が問題となった場合、最終的には裁判所における審査を経て、その結論は確定する。裁判所における刑罰法規の審査は、法律の違憲無効という効果を伴うものであり、この違憲無効という効果は、憲法に反する刑事立法を行なった立法者にとっては、いうなればその責任を取らされたということを意味する。裁判所が採る合憲性についての審査手法は、裁判所にとっては裁判準則であるが、立法者にとっては、間接的に、合憲的な法律を制定するうえで従うべき、責任を取らされないための最低限の行為準則（少なくとも裁判所が想定するあるべき立法者が採るべき行為準則）となるのである。そして、そのような行為準則は、刑事立法に関する最低限の正当化要素を体系的に示す枠組を有していると考えられる。そうすると、刑法学が立法批判を適切に行なうための共通の議論枠組を構築するためには、そのような違憲という結論を避けるための最低限の準則を確認しておくことが必要とされよう。

6）　日本については、抽象的規範統制のような制度が存在しないため、当該具体的な事案に限っての無効であるが、いかなる事案に対しても適用可能性があるような形で結論が下されれば、立法者にとって与える影響としては、同様に考えられよう。
7）　西原博史「憲法構造における立法の位置と立法学の役割」西原編・前掲注４）17頁、24頁。日本において、実際に立法機関が裁判所における違憲判決を避けるという観点から立法を行なっているのか否かは、問題になり得る。というのも、日本においては違憲判決が非常に少ないからである。しかし、立法批判の手法を考えるにあたっては、最も厳格な違憲無効という効果が与えられる際の基準を議論の共通の基盤として立法批判手法を構築していくということが、批判の説得力の面からも効果があるように思われる。

このように考えると、憲法から刑事立法を議論するということの重要性が認識されるであろう。立法批判枠組をめぐるこれまでの刑法学上の議論は、この点が不充分であったのである[8]。例えば、法益論から主張される立法批判手法が、裁判所の行なう違憲立法審査とどのような関係にあるのかが、明示的に議論されることは少なかった。したがって、刑法学において主張される立法批判手法が実際に、違憲立法審査に際しての裁判準則として機能しているのか、立法に際して立法者に課される行為準則として機能し得るのかが、明確にされることはなかった。しかし、その点を明らかにしなければ、刑法学の立場から実際に機能し得る立法批判枠組を構築することなど不可能であろう。

　このような問題意識に基づいて本書では、以下のような順序に従って刑法学からのあるべき立法批判手法・枠組を構築することを目指す。なお、今何が問題とされているのかをわかりやすくするために、目次を見ていただければわかるように、比較的大きな章節の表題には全て疑問形の副題を付している。

　まず第1章において、立法批判枠組を構築するにあたっての前提的考察を行なう。そこでは前述した通り、立法者が採るべき最低限の行為準則およびそこで審査されている諸要素を確定するために、ドイツおよび日本の裁判所が立法の合憲性審査に際して採る審査枠組を概観し（第1節）、続いて、裁判所の合憲性審査手法と、刑法学上で議論されてきた立法批判手法との相違を、法益論を例として検討する（第2節）。これら両検討に基づき、最近のドイツの法益論批判、とりわけ憲法が前提とする民主制という観点からの批判が明らかにした法益論の問題点を指摘し（第3節）、それを踏まえて、本書で構築していく立法批判手法の基本構造を示す（第4節）。

　次に第2章においては、第1章で示した基本構造に従って、構築されるべき立法批判枠組の具体的な審査構造が示される。そこでは、私見の立法批判枠組で用いられる主要概念の定義が行なわれた後（第1節）、1つの刑罰法

---

8) この不充分性は、前掲注5) の髙橋直哉による先行研究でさえ、免れていないように思われる。

規を制定するにあたって決定すべき諸事項、すなわち、保護目的（対象）の決定および行為規制の範囲の決定、制裁投入の決定および刑罰投入の決定ならびに法定刑の決定という問題毎に、審査枠組を構築していく（第2～5節）。

　最後に第3章において、私見の立法批判枠組が実際の刑罰法規の審査においてどのように適用されるかを示し、刑事立法をめぐる議論における共通の議論枠組として具体的に機能することを実証する。

第1章
刑事立法はどのように審査されてきたのか

　序で述べたように、立法批判枠組を構築していく際には、立法者が採るべき行為準則という観点が重要である。その中で最低限遵守しなければならない行為準則は、違憲無効な立法を行なわないための行為準則であり、それは裁判所における違憲立法審査の手法を反映するものである。したがって、立法批判枠組を構築するための前提的考察の出発点としては、裁判所における立法の合憲性審査手法が概観されなければならない（第1節）。次いで、そのような合憲性審査手法と、刑法学において議論されてきた法益論の立法批判手法とを比較し（第2節）、法益論の問題点を示したうえで（第3節）、最後に、立法批判枠組構築にあたっての基本思想に関する私見を述べることとする（第4節）。

第1節　裁判所による審査——日本とドイツ

　日本とドイツの裁判所が採る、刑罰法規に関する合憲性審査の手法を概観するにあたって、本書が参照するのは、ドイツの近親相姦決定[1]と、日本の堀越・世田谷事件最高裁判決[2]である。両事案は、刑罰法規の合憲性が問題となった比較的新しい事案であり、刑罰法規の合憲性が最も典型的に争われる、

---

1) BVerfGE 120, 224, Beschl. v. 26. 2. 2008.
2) 最判平成24年12月7日刑集66巻12号1337頁（堀越事件）および最判平成24年12月7日刑集66巻12号1722頁（世田谷事件）。

個人の自由権的な憲法上の権利が制約される場面が問題となった事案でもある。また、両判決は、日独それぞれの裁判所がこれまで採ってきた審査手法を踏まえたうえで、それぞれの事案で適用すべき審査手法を選択している。したがって、刑法学の観点から裁判所の審査手法を参照するにあたって、最低限検討しておくべき判例であると考えられよう。

そして、ドイツの近親相姦決定を選んだ理由は、それが、ドイツ刑法学において、その結論に関する議論だけでなく、刑罰法規の審査手法に関する議論をも巻き起こすこととなった決定であるということにもある。近親相姦決定の多数意見は、刑法学においてこれまで立法批判機能を担うと考えられてきた、いわゆる「法益論」から距離をとるかのような判示を行なったのである。もっとも、ドイツの連邦憲法裁判所が採った審査手法に関して行なわれているそれらの議論は、日本において直接妥当するものではないとも考えられる。このような理由から、以下で審査手法の概観を行なうにあたっては、日独の審査手法の比較可能性と、近親相姦決定を契機として行なわれるドイツでの議論の参照可能性を示すという観点も重要となる。

さらに、日本の堀越・世田谷事件判決には、ドイツの近親相姦決定においては捉えきれない問題も含まれる。すなわち、制裁手段のうちで、まさに刑罰を選ぶことの相当性の問題である。このような問題が生じるのは、当該判決で争われた「政治的行為」の禁止が、刑罰だけでなく、公務員法上の懲戒処分をも伴っていることによる。この制裁手段の選択基準は、本書の問題関心の中心を占めるものでもある。この点は、概観の最後で、裁判所による審査手法の問題点という形で再度取り上げることとする。

I　ドイツ——近親相姦は犯罪なのか

2008年にドイツ連邦憲法裁判所は、兄弟姉妹間の近親相姦処罰規定（ドイツ刑法173条2項2文）について、その合憲性を認めた。その後の批判的な評

---

3) *Martin Schubarth*, Inzestverbot und Verfassung, Festschrift für Friedrich Dencker zum 70. Geburtstag, 2012, S. 274.

釈の多さからすれば、その結論は、ドイツ刑法学界に大きな動揺を与えるものであったと思われる。しかし、ここでは、その結論について詳しく論じることはせず、合憲性審査に際して連邦憲法裁判所が用いた手法に着目して判例を概観し、本書における以下での議論にとって重要になると思われる、審査手法の特徴を述べることとする。

1 事案の概要

本件の異議申立人は、兄弟姉妹間の性交の罪により有罪とされたことについて憲法異議を申し立て、その有罪判決の基礎となった刑法173条2項2文の無効の確認を求めた者であり、有罪判決の対象となった事案の概要は次のようなものである。

1976年に生まれた異議申立人は、アルコール依存症の父親から繰り返し虐待を受けていたため、3歳から国立養護院や複数の養育家族のもとで生育し、7歳の時に、かつて養育された夫婦の養子となり、別の姓を得た。その後、実の家族との接触はなかった。一方で、1984年に生まれた異議申立人の妹は、その直前に両親が離婚したこともあり、弟とともに母親のもとで育っており、異議申立人は妹がいることを知らされていなかった。

異議申立人とその妹は、2000年にはじめて顔を合わせ、その年に母親が死亡すると2人で暮らすようになり、親密な関係に陥った。異議申立人とその

---

4) *Luís Greco*, Was lässt das Bundesverfassungsgericht von der Rechtsgutslehre übrig? - Gedanken anlässlich der Inzestentscheidung des Bundesverfassungsgerichts, ZIS 2008, S. 234; *Claus Roxin*, Zur Strafbarkeit des Geschwisterinzests - Zur verfassungsrechtlichen Überprüfung materiellrechtlicher Strafvorschriften -, StV 2009, S. 544; *Tatjana Hörnle*, Das Verbot des Geschwisterinzests - Verfassungsgerichtliche Bestätigung und verfassungsrechtliche Kritik, NJW 2008, S. 2085; *Detlef Krauß*, Rechtsgut und kein Ende. Zur Strafbarkeit des Geschwisterinzests（BVerfGE 120,224）, Festschrift für Winfried Hassemer zum 70. Geburtstag am 17. Februar 2010, 2010, S. 423; *Wilfried Bottke*, Roma locuta causa finita? Abschied vom Gebot des Rechtsgüterschutzes?, In dubio pro libertate: Festschrift für Klaus Volk zum 65. Geburtstag, 2009, S. 93; *Bettina Noltenius*, Grenzenloser Spielraum des Gesetzesgebers im Strafrecht? - Kritische Bemerkungen zur Inzestentscheidung des Bundesverfassungsgerichts vom 26. Februar 2008, ZJS 2009, S. 15; *Matthias Cornils*, Sexuelle Selbstbestimmung und ihre Grenzen, ZJS 2009, S. 85; *John Philipp Thurn*, Eugenik und Moralschutz durch Strafrecht? - Verfassungsrechtliche Anmerkungen zur Inzestverbotsentscheidung des Bundesverfassungsgerichts, KJ 42（2009）, S. 74.

妹との間には4人の子供がもうけられており、そのうち2人の子供には先天的な異常があった。

ちなみに、異議申立人の妹は、もともと不安に駆られて引きこもる依存性の人格構造を有し、異議申立人に強く依存しており、重い人格障害があり、軽度の精神障害もあったとされている。

2 審査枠組に従った本決定の概観

一般論としていえば、連邦憲法裁判所は、従来のドイツの憲法裁判で用いられてきた、三段階審査（Drei‐Schritt‐Prüfung）および比例原則（Verhältnismäßigkeitsgrundsatz）を審査手法として用いている。[5]

三段階審査とは、①ある憲法上の権利が何を保障するのか（保護範囲：Schutzbereich）、②法律および国家の具体的措置が保護範囲に制約を加えているのか（制約：Eingriff）、③制約は憲法上、正当化し得るのか（正当化：Rechtfertigung）という順で、法律または処分等の合憲性を審査する枠組である。[6] また、比例原則とは、制限の正当化段階で用いられる基準として、基本権制限立法において立法者が用いた手段について、立法目的達成のための①手段の適合性、②手段の必要性、③狭義の比例性という3つを審査する枠組である。[7]

この判断枠組に従って、実際の判示をまとめると、次のようになる。

(1) 保護範囲

連邦憲法裁判所は、兄弟姉妹間の近親相姦行為も性的自己決定の権利の保

---

5) 刑罰権の限界に関する、それまでの連邦憲法裁判所の判例については、*Thomas Weigend*, Der Grundsatz der Verhältnismäßigkeit als Grenze staatlicher Strafgewalt, Festschrift für Hans Joachim Hirsch zum 70. Geburtstag, 1999, S. 917 ff. 参照。刑事法一般に関する、最近の連邦憲法裁判所の判例については、*Herbert Landau*, Die jüngere Rechtsprechung des Bundesverfassungsgerichts zu Strafrecht und Strafverfahrensrecht, NStZ 2015, 665 ff. 参照。

6) *Bodo Pieroth/Bernhard Schlink/Thorsten Kingreen/Ralf Poscher*, Grundrechte Staatsrecht II, 29 Aufl., 2013, S. 54 ff.、クラウス・シュテルン（井上典之ほか編訳）『ドイツ憲法II 基本権編』（信山社・2009年）324頁以下〔小山剛訳〕、日本の教科書としては、小山剛『「憲法上の権利」の作法』（尚学社・新版・2011年）10頁、14頁。

7) *Pieroth/Schlink/Kingreen/Poscher*, a. a. O. (Anm. 6), S. 69 ff.、シュテルン（井上ほか編訳）・前掲注6）313頁以下〔小山訳〕、小山・前掲注6）68頁。なお、正当化において、比例原則が適用される前提として、正統な目的の審査が行なわれる。

護範囲内の行為であることを、次のように肯定する。

　まず、「基本法は、人の内密領域と性的領域をその私的領域の一部として、基本法 1 条 1 項と結び付いた基本法 2 条 1 項の憲法的保護のもとに置いた」と判示し、そして、兄弟姉妹間の近親相姦行為について具体的には、「個人が性的な事柄に対する関係と、そのパートナーとの性的交わりを作ることができ、また個人がそれに対する第三者の働きかけを受け入れるか、またいかなる範囲で、いかなる目的をもって受け入れるかについて原則として自ら判断することができるということは、これに含まれる」とする。

　また続けて、その限界について、「私的な生活形成の核心領域」は、絶対的に保護され、それ以外は、「重大な公共の利益や基本権上保護された第三者の利益を考慮して、比例性の要請を厳格に守りつつ行なわれる国家の処分を甘受しなければならない」とする。

⑵　制　　約

　制約について連邦憲法裁判所は、「立法者は、刑法173条 2 項 2 文の刑罰規範を用いて、実の兄弟姉妹間の性的自己決定の権利を、性交の実行を罰金又は 2 年以下の自由刑をもって威嚇することによって、制約している」と認定する。もっとも、核心領域に対する侵害は認めていない。また、後述する比例原則の適用に関して述べている部分ではあるが、自由刑を科すことが、基本法 2 条 2 項 2 文によって保障される人身の自由を制約することも考慮されている。

⑶　正当化

　保護範囲および制約が確認されると、兄弟姉妹間の近親相姦に刑罰をもって対処するという手段の正統性が審査される。その前提として、可罰的な行

---

8 ）　BVerfGE 120, 224 [238 f.]．
9 ）　BVerfGE 120, 224 [239]．
10）　BVerfGE 120, 224 [242]．
11）　BVerfGE 120, 224 [239]．この点については、BVerfGE 90, 145 [172] も参照。
12）　本書において、「正統性」とは、正当性とは区別され、「立法を誤ったもの、不当とみなす者も、なおそれを自己の政治社会の公共的決定として尊重しうるような立法の規範的権威」（井上達夫「［立法学学術フォーラム―立憲民主制の変動と立法学の再編］企画にあたって」法時87巻 8 号（2015年）52頁）を含意するものである。したがって、憲法上の権利の制約が憲法適合的であることを確定するという意味合いが強い場合には、「正当化」という言葉を用いる。

為の範囲を、様々な事情を考慮しつつ拘束力をもって確定することは、原則として立法者の領分であるとして、立法者に裁量を認め、連邦憲法裁判所の役割について、「刑罰規定が憲法の諸規定と実質的に一致し、不文の諸憲法原則および基本法の基本決定に即していることについて監視するだけでよい」としている。[13]

(a) **目的審査**　前述した比例原則の3つの部分原則は、いずれも目的と手段との関係を審査するものであるから、その前提問題として、立法目的それ自体の正統性が審査されなければならない。

立法目的について連邦憲法裁判所は、「立法者は、問題となっている規範によって、憲法上異議を唱えられ得ない、いずれにせよその全体において一般的人格権の制限を正当化する諸目的を追求している」とする。[14] ここで立法目的として挙げられるのは、基本法6条で保障された「家族の保護」、性的自己決定権の保障、遺伝的疾患の阻止および近親相姦の社会におけるタブー視である。[15][16] すなわち、立法者は「近親相姦のもつ有害な作用からの家族秩序の維持、近親相姦関係にある『従属的な』パートナーの保護、および補充的に、近親相姦の関係から生まれた子孫における遺伝的要因による重大な疾患の阻止を、社会に定着している近親相姦のタブーを広く刑法によって制裁を科すために十分であると考慮したことによって、その判断の裁量の範囲を超えたとはいえない」とする。[17] そして、「問題となっている刑罰規範は、国際的比較においても確認され得るような、文化史的に基礎付けられた、依然として有力な、近親相姦の当罰性についての社会的確信を背景として、あとづ

---

13) BVerfGE 120, 224 [241].
14) BVerfGE 120, 224 [243].
15) まさにタブーという要素が裁判の結論に影響しているのではないかという観点から本決定を扱う論稿として、Stefan Haack, Verfassungshorizont und Taburaum, AöR 136 (2011), S. 365.
16) 本文の引用からもわかる通り、より正確にいえば、社会が近親相姦をタブー視し、社会の中に近親相姦に対する不法の意識が根ざしていることの理由を、刑罰法規の投入を正当化するような目的の形で定式化したものが、家族の保護および性的自己決定の保護、ならびに補充的に遺伝的疾患の阻止であるというように考えられる。萩原滋「近親相姦禁止規定（ドイツ刑法173条2項2文）の合憲性」白山法学9号（2013年）1頁、10頁も参照。なお、それぞれの目的について問題があるが、ここでは審査手法に着目しているため詳論は避ける。
17) BVerfGE 120, 224 [243].

け可能な諸刑罰目的の総合において、正当化される」とされるのである。[18]

　(b) **手段審査——比例原則**　目的の正統性が確認された後に、連邦憲法裁判所は、目的手段関係について比例原則を使って審査する。ここで手段とは、兄弟姉妹間の近親相姦を刑罰威嚇をもって禁止することである。

　比例原則一般につき連邦憲法裁判所は、次のように述べる。

　「比例性の原則は——自由刑を科す場合には基本法2条2項2文による人身の自由の保障をも考慮して（BVerfGE 90, 145 [172] 参照）——、刑罰規範が他者や社会一般の保護に資することを要請している。刑法が法益保護の『最終手段』として投入されるのは、一定の振舞いが、禁じられているということを超えて、特別な態様で社会侵害的であり、人々の秩序ある共同生活にとって耐え難いものであり、それゆえその阻止が特に切迫している場合である。刑罰の威嚇、科刑および執行のなかで表明される社会倫理的な反価値判断を理由として、刑罰規範を審査するための基準となる過剰侵害の禁止（Übermaßverbot）に特別な意義が与えられる」。[19]

　そして具体的には、3つの部分原則（適合性・必要性・狭義の比例性）全てを肯定する。

　第一に、適合性については、次のように判示する。

　「ある手段は、それを用いて望ましい結果が促進され得る場合にはすでに、適合的である」。[20]「刑罰規範の威嚇的な効果が必ずしも全ての生活領域で証明できなくとも、社会的に有害だと評価される行為を処罰するという立法者の権限を疑問視させるものではない」。[21]「立法者が当罰的行為の核心的領域を取り出し、それ以外の行為をも処罰することがなかったということは、立法者

---

18) BVerfGE 120, 224 [248 f.].
19) BVerfGE 120, 224 [239 f.]. なお、「禁じられていることを超えて（über sein Verbotensein hinaus）」とは、引用されている BVerfGE 90, 145, Beschl. v. 9. 3. 1994.（いわゆる、カンナビス決定）に照らして考えれば、「法律で禁止されていること以上に」という意味であると考えられる。というのも、カンナビス決定は後述するように（第2章第3節Ⅰ）、「カンナビス製品の取扱いを原則的に禁止していることと、この禁止の様々な種類の違反行為について刑事罰を科していることとは、区別されなければならない」と判示しており、法による禁止と刑法による禁止を区別していると考えられるからである。
20) BVerfGE 120, 224 [240].
21) BVerfGE 120, 224 [249].

には条文形成について広い裁量の余地が認められることを考慮すれば、すでに憲法上受け入れることができる」[22]。

第二に、必要性については、以下のように肯定する。

「立法者が、等しく実効的であるが、基本権を制約しない、あるいはより強く制約することはない他の手段を選択することができなかった場合に、ある法律は必要である」[23]。「確かに、兄弟姉妹間の近親相姦の諸事例においては、後見裁判所や青少年福祉事業による措置が考えられる」が、それらは「具体的な事例における規範違反の阻止および排除ならびにその結果を目的とするもの」であり、一般予防的効果と規範安定化作用が認められないので、刑罰規定による禁止と比べて、同じ実効性を持つ、より緩やかな手段ではない。したがって、「問題とされた規範は、その必要性の点についても憲法上の疑問はない」[24]。

最後に、狭義の比例性の審査においては、以下のような衡量が行なわれる。

「刑罰威嚇は、処罰される振舞いの態様および程度に照らして、著しく不適切であってはならない」[25]。問題となっている規範については、一方で「刑罰威嚇は、個人の生き方のわずかな領域を規制するにすぎ」ず、「刑罰威嚇——2年以下の自由刑または罰金——は控え目であり、刑の下限は規定されていない」[26]。他方で、「家族の制度的意義に著しい重要性が帰属」し、「近親相姦関係において『従属的な』人々の性的自己決定を保護するという観点と、重大な遺伝的要因による疾病を回避するという観点が刑罰規範の比例性を支えている」。また、「予定された刑罰枠は、起訴便宜主義の観点による手続の打切り、刑の免除または特別な量刑上の配慮により、被告人の責任がわずかであることから処罰が不相当と思われる事例形態を顧慮することができる」。したがって、「刑罰威嚇が不均衡であるとはいえない」[27]。

---

22) BVerfGE 120, 224 [250].
23) BVerfGE 120, 224 [240].
24) BVerfGE 120, 224 [251 f.].
25) BVerfGE 120, 224 [241].
26) 前述した自由刑の賦課による人身の自由の制約は、このような罪刑均衡的な形で、狭義の比例性の審査の中で考慮される。したがって、刑罰それ自体のもたらす制約は、狭義の比例性の段階で衡量される1つの要素にすぎないのである。詳しくは後述する。
27) BVerfGE 120, 224 [252 f.].

3 近親相姦決定の審査枠組の特徴

　近親相姦決定の審査枠組の特徴として、まず、手段審査についてみれば、そこにおいて中心的に比較衡量されているのは、立法目的（ある基本権を制約する理由）と、それを達成する〈手段〉（本件では刑罰）との関係についてではなく、立法目的たる制約理由と、刑罰の投入によって影響を受ける制約対象（本件では性的自己決定権）であるということが挙げられる。つまり、ある立法目的が〈刑罰〉によって達成され得るかが直接問われているわけではなく、立法目的がある行為を〈規制〉することによって達成され得るかが問われているのである。ここで刑罰の投入という事情は、刑罰威嚇による行為の規制という、行為の規制の〈態様および程度〉の問題として現れている。すなわち、刑罰の（消極的・積極的）一般予防効果によって、性的自己決定の現れである兄弟姉妹間の近親相姦が抑止されるということが、目的達成の適合性・必要性・相当性の観点から審査されていると考えられるのである。

　次に、遡って目的審査についてみれば、そこで問われている目的とは、（刑罰威嚇によって）行為を〈規制〉する目的（＝制約理由）であって、〈刑罰〉を投入するために要請される目的（＝刑法が追求すべき目的）ではないということが、特徴として挙げられる。これは、刑罰の投入という事情が、手段の〈態様および程度〉の問題に落とし込まれ、刑法が追求すべき目的が何であるかは、最終的な衡量（相当性）を経てしか明らかにならないと考えられていることが理由であろう。したがって、兄弟姉妹間の近親相姦の禁止が問題となる限り、それを達成するための手段が刑罰を伴うか否かにかかわらず、目的審査は同様のものとなると考えられる。すなわち、立法目的を確

---

28) 柴田憲司「憲法上の比例原則について（一）―ドイツにおけるその法的根拠・基礎づけをめぐる議論を中心に」法学新報116巻9＝10号（2010年）183頁、267頁注171参照。
29) 制約をこのように解すると、消極的一般予防効果を重視する場合、後述する事前制約と事後制約の区別に照らせば、微妙なものとなるかもしれない。もっとも、処罰される者の観点からすれば、一応自由に行為した後に、その行為を理由に処罰されるため、刑法はあくまで事後規制であろう。
30) 必要性の審査において、一般予防効果・規範安定化作用が加味されたうえで、有効性の判断が行なわれていること、刑法の最終手段性が過剰侵害の禁止（相当性）において意義を持つとされていることからも、このことは明らかであろう。
31) 刑法の最終手段性が、相当性段階で問題となるということから明らかになろう。

定・明確化し、(立法目的の正統性を積極的に基礎付けるのではなく) 違憲の目的を排除し、目的の重要度を確認することが中心とされるのである。[32]

II　日本——公務員の選挙ビラ貼り (堀越・世田谷事件最高裁判決)

　日本の最高裁が法律の合憲性判断を行なう場合、ドイツ連邦憲法裁判所が三段階審査および比例原則という審査手法を採るような形では、一定の審査枠組を明示的に採っていない。そもそも、ドイツのように法令それ自体の合憲性を争うための手続は存在しない。しかし、以下で示す通り、法令の合憲性が問題となる具体的事件において採られる審査手法を要約すれば、日本の最高裁も、ドイツ連邦憲法裁判所の審査手法と、比較可能な形では類似の審査手法を採っていると考えられる。

　以下では、日本の裁判所の審査手法を、国家公務員法102条1項に規定される「政治的行為」の禁止とその処罰について問題となった最高裁判決を例として概観し、ドイツの議論の参照可能性を示す前提として、日独の裁判所における合憲性審査手法の類似性を指摘することとする。[33]

1　審査手法の概観[34]

(1)　「政治的行為」の禁止の目的の確定

　最高裁は、合憲性審査の前提として最初に、「政治的行為」を禁止する規定の目的を確定する。すなわち、国家公務員法102条1項は、「公務員の職務の遂行の政治的中立性を保持することによって行政の中立的運営を確保し、これに対する国民の信頼を維持することを目的とするものと解される」と判

---

32)　目的審査一般については、柴田憲司「比例原則と目的審査—自由権制限の局面を中心に」法学新報120巻1＝2号 (2013年) 201頁を参照。
33)　なお、堀越・世田谷事件と同様の事案類型を扱った猿払事件 (最大判昭和49年11月6日刑集28巻9号393頁) における裁判所の審査と、ドイツの比例原則との関係を扱ったものとして、宍戸常寿「『猿払基準』の再検討」法時83巻5号 (2011年) 20頁および小山剛「比例原則と猿払基準」法学研究87巻2号 (2014年) 29頁参照。
34)　以下では、引用は堀越事件から行ない、異なる場合は適宜指摘する。また、審査手法一般については、蟻川恒正「国公法二事件最高裁判決を読む」法セミ697号 (2013年) 26頁、および岩崎邦生「判解」曹時66巻2号 (2014年) 251頁参照。

示している。[35]

(2) 「政治的行為」の禁止によって制約される人権の確定およびその重要度の確認

「政治的行為」の禁止によって制約される人権について最高裁は、抽象的に、「国民は、憲法上、表現の自由（21条1項）としての政治活動の自由を保障されており、この精神的自由は立憲民主政の政治過程にとって不可欠の基本的人権であって、民主主義社会を基礎付ける重要な権利である」として、国家公務員法による公務員に対する政治的行為の禁止が、国民としての政治活動の自由に対する制約であることを認める。

(3) 禁止される行為の範囲の画定＝手段の確定[36]

目的および制約される人権の認定を前提として、最高裁は、「［国家公務員］法102条1項の文言、趣旨、目的や規制される政治活動の自由の重要性に加え、同項の規定が刑罰法規の構成要件となることを考慮すると、同項にいう『政治的行為』とは、公務員の職務の遂行の政治的中立性を損なうおそれが、観念的なものにとどまらず、現実的に起こり得るものとして実質的に認められるものを指し、同項はそのような行為の類型の具体的な定めを人事院規則に委任したものと解するのが相当である」と述べて、そのような立法者意思に従って、「政治的行為」の具体的範囲を解釈することを明らかにする。

そして、国家公務員法102条1項の委任に基づいて定められた人事院規則14－7（政治的行為）は、委任の範囲内において規定されていると解されるから、本件事件において適用された罰則規定（国家公務員法110条1項19号）に係る同規則「6項7号、13号（5項3号）については、それぞれが定める行為類型に文言上該当する行為であって、公務員の職務の遂行の政治的中立性を損なうおそれが実質的に認められるものを当該各号の禁止の対象となる

---

35) なお、審査手法を述べていくうえで明らかになると思われるが、「行政の中立的運営に対する国民の信頼の維持」は独立の目的ではなく、まさに「行政の中立的運営の確保」といわば表裏一体を成すものであると考えられる。

36) この段階で行なわれていることの実質が、合憲限定解釈か、通常の法令解釈の手法（千葉勝美補足意見）なのかについては争いがある。その争いと刑法学上の議論との関係については、四方奨「国家公務員法一〇二条一項にいう『政治的行為』の意義と政党機関紙等の配布の禁止」同志社法学67巻7号（2016年）153頁、185頁以下も参照。

政治的行為と規定したものと解するのが相当である」と判示するのである。[37]

(4) 憲法適合性の判断＝正当化

本判決は、罰則規定が憲法21条1項、31条に違反するかを検討している。もっとも、憲法31条については、制裁手段として刑罰が選択されていることから付加されたものと考えられ、中心は憲法21条1項との適合性の問題となる。

最高裁は憲法適合性の判断について、「本件罰則規定による政治的行為に

[37) 以上のように画定された「政治的行為」は、「それが一公務員のものであっても、行政の組織的な運営の性質等に鑑みると、当該公務員の職務権限の行使ないし指揮命令や指導監督等を通じてその属する行政組織の職務の遂行や組織の運営に影響が及び、行政の中立的運営に影響を及ぼすものというべきであり、また、こうした影響は、勤務外の行為であっても、事情によってはその政治的傾向が職務内容に現れる蓋然性が高まることなどによって生じ得るものというべきである」とされる。そして、「公務員の職務の遂行の政治的中立性を損なうおそれが実質的に認められるかどうかは、当該公務員の地位、その職務の内容や権限等、当該公務員がした行為の性質、態様、目的、内容等の諸般の事情を総合して判断するのが相当である。具体的には、当該公務員につき、指揮命令や指導監督等を通じて他の職員の職務の遂行に一定の影響を及ぼし得る地位（管理職的地位）の有無、職務の内容や権限における裁量の有無、当該行為につき、勤務時間の内外、国ないし職場の施設の利用の有無、公務員の地位の利用の有無、公務員により組織される団体の活動としての性格の有無、公務員による行為と直接認識され得る態様の有無、行政の中立的運営と直接相反する目的や内容の有無等が考慮の対象となるものと解される」と判示する。

　このような限定から、「政治的行為」の禁止の保護法益は、「行政の中立的運営」であって、「行政の中立的運営に対する国民の信頼」は保護法益として独自の意義を有していないのではないかということが思い浮かぶ。というのも、最高裁が判示したような考慮要素は、政治的行為を行なった公務員が、その者の政治的傾向を職務の遂行に反映させる可能性（職務上の義務よりも自己の政治的信条等を優先させる態度が当該政治的行為に現れているかどうか）と、そうした場合に行政組織全体として中立性を失う可能性（管理職的地位の有無や、職務内容、裁量の有無等）とを中心に構成されているように思われるからである。

　そうすると、政治的行為から行政の中立的運営の阻害までの因果関係は、「ある公務員が、ある一定の態様で政治的行為を行なったということから、当該公務員は職務においても政治的傾向を反映させるであろうという推論を行ない、その職務の遂行は、組織全体として中立性を失わせる可能性を有する性質のものである」というものとなろう。そして、このような推論過程が「現実的に起こり得る」かどうかが問われるのであって、この推論自体が「現実的」かが問われているわけではない（推論の現実性については、須藤正彦裁判官の堀越事件判決意見および世田谷事件判決反対意見参照）。このような意味において、政治的行為の処罰は、抽象的危険犯なのである。

　このように理解すれば、公務員の職務外の政治活動は、国民の信頼（公務員の中立らしさ）を媒介として、職務と関連付けられているわけではなく、また国民の信頼が独立の保護法益となるわけでもないということが明らかになろう。蟻川・前掲注34) 29-30頁参照。また、異なる結論を採ると思われるものとして、嘉門優「国家公務員の政治的行為処罰に関する考察―国公法事件最高裁判決を題材にして」立命館法学345=346号（2012年）282頁参照。

対する規制が必要かつ合理的なものと是認されるかどうかによることになるが、これは、本件罰則規定の目的のために規制が必要とされる程度と、規制される自由の内容及び性質、具体的な規制の態様及び程度等を較量して決せられるべきものである」とする。

それを前提として具体的には、以下のように判断される

(a) **目的の合理性および重要性の確定＝比例性審査の前段階**　本件罰則規定の目的は、「公務員の職務の遂行の政治的中立性を保持することによって行政の中立的運営を確保し、これに対する国民の信頼を維持すること」であるとされ、この目的は、「議会制民主主義に基づく統治機構の仕組みを定める憲法の要請にかなう国民全体の重要な利益というべきであり、公務員の職務の遂行の政治的中立性を損なうおそれが実質的に認められる政治的行為を禁止することは、国民全体の上記利益の保護のためであって、その規制の目的は合理的であり正当なものといえる」とされる。

(b) **目的手段関係＝総合衡量枠組**　「本件罰則規定により禁止されるのは、民主主義社会において重要な意義を有する表現の自由としての政治活動の自由ではあるものの」、前記禁止される行為の範囲の画定によれば、「禁止の対象とされるものは、公務員の職務の遂行の政治的中立性を損なうおそれが実質的に認められる政治的行為に限られ、このようなおそれが認められない政治的行為や本規則が規定する行為類型以外の政治的行為が禁止されるものではないから、その制限は必要やむを得ない限度にとどまり、前記の目的を達成するために必要かつ合理的な範囲のものというべきである」。

また、制裁として刑罰が予定されていることに関連して、「このような禁止行為に対しては、服務規律違反を理由とする懲戒処分のみではなく、刑罰を科すことをも制度として予定されているが、これは常に刑罰を科すという趣旨ではなく、国民全体の上記利益を損なう影響の重大性等に鑑みて禁止行為の内容、態様等が懲戒処分等では対応しきれない場合も想定されるためであり、あり得べき対応というべきであって、刑罰を含む規制であることをもって直ちに必要かつ合理的なものであることが否定されるものではない」(世田谷事件判決) と判示される。

2 堀越・世田谷事件最高裁判決の審査手法の特徴——近親相姦決定との比較

(1) 目的・手段・制約の確定

最高裁は、国家公務員法の目的を「行政の中立的運営を確保し、これに対する国民の信頼を維持すること」であると確定し、次いで、「政治的行為」の禁止によって影響を受ける人権を特定し、その重要性について示唆した後で、「政治的行為」の禁止によって、具体的に規制される行為の範囲を画定している。

目的と手段の確定については、ドイツ連邦憲法裁判所の審査枠組においても当然行なわれているものである。それがなければ、目的と手段の比例的衡量はできない。また、ある行為の禁止によって影響を受ける人権の確定は、三段階審査における制約に関する判断におおむね対応している。

このように理解すれば、審査過程の出発点において、日独においてそれほどの差はないといえよう。

(2) 総合衡量枠組[38]

最高裁の合憲性判断では、総合衡量の形をとって目的と手段の合理性が審査されている。本件において、目的は「行政の中立的運営を確保し、これに対する国民の信頼を維持すること」であり、手段は「人事院規則の規定する行為類型に該当する、公務員の職務の遂行の政治的中立性を損なうおそれが実質的に認められる政治的行為の禁止[39]」である。

この目的・手段の総合衡量の中では、目的の合理性および重要性の認定、投入された手段の必要性（おそらくその前提として当然に適合性）の認定、ならびに投入された手段によって制約される人権の重要性および制約の程度の認定が行なわれており、それらの要素が最後に較量されているのである[40]。

そうだとすれば、この点においても、日独の裁判所が行なう法令の合憲性

---

38) 総合衡量枠組とは、一般的に、「制限が必要とされる程度と制限される自由の内容及び性質、これらに加えられる具体的制限の態様及び程度等を較量するもの」である。なお、本判決の枠組と、これまでの最高裁判例の判断枠組の関係および類似性については、岩崎・前掲注34) 270頁以下参照。
39) 後述するように、この手段の確定において、制裁が手段であるということは全く意味を有していないといってよいであろう。
40) ドイツの審査手法とは違い、立法裁量について明示的に指摘されているわけではない。

審査手法には、比較可能な類似点があるといえよう。もっとも、日本の総合衡量枠組では、手段の必要性に関する詳細な検討が全く行なわれていない。すなわち、目的審査を通過すれば、総合衡量以外に違憲の結論に至る段階はないのである。

(3) 制裁が刑罰であることの考慮

本件における最高裁の審査では、政治的行為に対する制裁手段として、懲戒処分だけでなく、刑罰まで定められていることについては、ほとんど実質的な審査が行なわれていないようにみえる。

この理由は、本件での中心的問題が、政治的行為を禁止することの可否、すなわち、憲法21条の表現の自由を制約することの可否であるとされたことにあると考えられる。これは、ある行為の規制が憲法上問題となった場合には通常のことであろう。

もっとも、ドイツの連邦憲法裁判所が行なったように、手段の中に刑罰という制裁が予定されているという事情を入れることも考えられる。しかし本件で最高裁が、目的・手段の較量の中で、「具体的な規制の態様及び程度等」に制裁手段として刑罰が予定されているという事情を読み込んでいるようにはみえない。懲戒処分と刑罰の関係について述べているところでも、政治的行為の禁止が必要かつ合理的であることを前提として、刑罰が必要となる場合もあり得るということしか述べていない。

したがって、本件最高裁は、懲戒処分か刑事罰かは、政治的行為に対する〈制裁〉の問題であり、「具体的な規制の態様及び程度等」は〈禁止〉であることには変わりはなく、制裁が軽いか重いかによって、〈禁止〉の合憲性は変わらないとするものと理解される。この背景には、行為の禁止が合憲であ

---

41) もっとも、堀越・世田谷事件判決において禁止の正統性を判断する唯一の主戦場が、禁止行為の範囲の画定段階にあるとすれば、衡量段階で示唆されているのは、合憲性判断の「基準」ではなく、当該行為を禁止し刑罰を法定することを合憲というための「論証」というべきであるという指摘もある(蟻川・前掲注34) 29頁参照)。しかし、これが「論証」であるためには、論証以前の主戦場において、論証で用いられるところの「基準」に従った、禁止行為の画定が行なわれているはずであるから、いずれにせよこの結論は変わらないと思われる。
42) この点については、薬事法違憲判決(最大判昭和50年4月30日民集29巻4号572頁)も参照。
43) 猿払事件判決(前掲注33) 最判昭和49年11月6日) 反対意見も参照。
44) 岩崎・前掲注34) 294-296頁、特に(注21)を参照。

れば、制裁の問題はエンフォースメントの問題にすぎないという考え方があると思われる。そして、そうだとすれば、刑罰法規の合憲性審査において、法益侵害の重大性等を顧慮し、禁止の範囲が「刑罰による抑制が必要な場合」に限られているということを示唆する判決も、あくまでも後述する法定刑の比較という文脈における判示を行なっているものと理解しておくべきであろう。

III 審査されるものと、審査されないもの
―― ドイツにおける議論の参照可能性と裁判所の審査手法の問題点

　ドイツ連邦憲法裁判所の立法審査手法について刑法学上で行なわれている議論を検討する前に、ここで上記の概観から得られたそれらの議論の日本での参照可能性と、日独両国の裁判所の審査手法に共通してみられる問題点をまとめておく。[46]

1　ドイツにおける議論の参照可能性

　上記の概観の最後で示した通り、日独の裁判所による立法審査は、目的手段の衡量を行なうという点で類似している。それに対応して、立法を審査する際に両国の裁判所が着目している点は、立法目的設定の正当性に関わる観点と、手段選択の目的合理性を問う観点に分かれるという点も共通している。また、後述するような刑法学のいうところの〈法益論〉を採っていないという共通点も挙げられよう。一方で、日本において刑法学が立法批判について論じる場合、ドイツ刑法学の〈法益論〉が参照されることが多い。[47]

　そうであれば、近親相姦決定を契機としてドイツ刑法学で〈法益論〉に関して（主に、立法批判の手法について）なされている議論は、一定程度日本に

---

45)　最判平成15年12月11日刑集57巻11号1147頁。
46)　以下の点については、嘉門優「刑事立法論の前提的考察―ドイツ刑法の近親相姦処罰規定を題材として」斉藤豊治先生古稀『刑事法理論の探求と発見』（成文堂・2012年）1頁参照。
47)　さしあたり、嘉門優「法益論の現代的意義―環境刑法を題材にして（1）（2・完）」大阪市立大学法学雑誌50巻4号（2004年）934頁以下、同51巻1号（同年）96頁以下、同「法益論の現代的展開―法益論と犯罪構造」国学院法学44巻4号（2007年）97頁以下、同「法益論の現代的意義」刑雑47巻1号（2007年）36頁以下、同「行為原理と法益論」立命館法学327=328号（2009年）192頁以下、同「法益論の現代的意義」刑雑50巻2号（2011年）119頁以下を参照。

おいても参照可能であるということになろう。もちろん、日独の違憲立法審査制度に関する違いには留意しつつ参照しなければならない。

2 裁判所の刑事立法審査に関する日本・ドイツに共通の問題点

日独両国の裁判所における刑罰法規の合憲性審査に関しては、刑法学からみて一般に問題とされるであろう共通の論点があるように思われる。それは、違反行為に対する制裁手段として刑罰が予定されていることを、合憲性審査の中でどのように考慮するかに関する問題である。

すなわち、日本の最高裁においては、刑罰を予定することは、刑罰が必要とされる場合もあるということのみをもって肯定されているようにみえる。これは前述したように、〈禁止〉の相当性を考える段階で、制裁が予定されているということが完全に問題外の事情とされているからであろう。堀越・世田谷事件最高裁判決では、刑罰以外の懲戒という制裁も予定されている法律が問題となっており、刑罰を予定すること自体の（広義の）相当性を問うことは、近親相姦決定よりも容易であったと考えられるにもかかわらずである。

他方で、ドイツ連邦憲法裁判所は、刑罰が予定されているということを、基本権に対する制約の態様および強さとして手段の中に読み込む。しかし、そのような手法を採ったとしても、刑罰の投入という事情は、ある手段の禁止という手段とその目的の衡量の中の一要素としてしか考慮されず、衡量の中心には、禁止によって制約される基本権が置かれることになる。なぜなら、比例原則において中心的に問われていることは、ある目的との関係で、ある手段がある基本権を制約してよいかどうかであり、刑罰の宣告および執行によって発生する基本権制約は、過剰侵害の禁止の段階で衡量されるにすぎないからである。その結果として、刑罰を含む制裁を予定することの相当性（さらには、まさに刑罰という手段を投入することの相当性）それ自体は、ほとんど審査されないこととなる。[48] このように、刑罰自体から発生する不利益が

---

48) もっとも、刑罰威嚇による制約ということに、目的・手段の衡量を決定付けるほどの意義を持たせればよいとも考えられるかもしれない。しかし、そのように考える場合には、中心的な衡量の結果を左右するほどの付随事情になることの根拠が問われなければならない。いずれに

衡量の中でそれほど重要性を与えられていないにもかかわらず、手段の必要性の段階では（あるいは適合性の段階においても）、刑罰の有する一般予防的効果が考慮されており、刑罰が予定されていることにより手段の有用性が高められるということになっている。それによって、刑罰の投入は、それが「最終手段」であるとの想定に反して、認められやすくなるという可能性をはらむことになる。

　以上から明らかになるのは、日独の裁判所の審査手法に従う限り、行為の禁止（＝基本権・人権の制約）の相当性を超えて、その違反に対して制裁を予定することの相当性（あるいは、まさに刑罰を投入することの相当性）を審査するのが困難となるという問題である。これは、刑事立法の正統性を基礎付ける全要素を体系的に示すという本書の目標にとっては、致命的な欠点となる。刑罰投入の正統性という問題は、刑法学が刑事立法の批判を行なおうとする場合において、刑法学から独自の基準を提供することが最も必要とされる問題であり、それゆえこの欠点は、是非とも克服されなければならない。この刑罰投入の正統性に関する審査手法は、第2章（とりわけ、第3節以下）で詳しく検討するが、その前に、従来刑法学がこの問題をどのように取り扱ってきたのかを論じる。

　　しても、連邦憲法裁判所は、そのような結論を採っていない。なお、この点については、*Johannes Kasper*, Verhältnismäßigkeit und Grundrechtsschutz im Präventionsstrafrecht, 2014, S. 212 ff. も参照（同書の書評として、*Heike Jung*, Zu Verhältnismäßigkeit und Grundrechtsschutz im Präventionsstrafrecht, GA2015, S. 463 がある）。

49)　*Hörnle*, a. a. O. (Anm. 4), S. 2088, *Roxin*, a. a. O. (Anm. 4), S. 545 の批判もこれに起因するものと思われる。また、*Krauß*, a. a. O. (Anm. 4), S. 431 f. も参照。すなわち、「刑罰を投入するならば、それを正当化する目的が必要であり、行為を規制する範囲も狭くなるべきである」という考えを前提として、連邦憲法裁判所の判例を概観すれば、刑罰を用いていないが重要な憲法上の権利を強く制約しているという理由で法令の違憲性を基礎付ける判例と、刑罰は用いているがそれほど重要な憲法上の権利を強く制約しているわけではないという理由で法令を合憲とする判例は、矛盾しているようにみえるのである。

　　なお、他の法領域においてと刑罰法規に対してとの間に存在する連邦憲法裁判所の態度の違いについては、*Tatjana Hörnle*, Grob anstößiges Verhalten: Strafrechtlicher Schutz von Moral, Gefühlen und Tabus, 2005, S. 31 ff.

50)　刑罰の制裁としての特殊性をどこまで重視するかという視点を論じるものとして、只野雅人「憲法と刑罰」『憲法の基本原理から考える』（日本評論社・2006年）265頁、268頁以下参照。

第2節　刑法学が行なってきたこと
　　　——法益論による立法批判

　従来刑法学の議論においては、刑事立法の正統性とその限界を検討する際の基準として、〈法益論〉、すなわち法益概念の立法批判機能が挙げられることがあった。簡単にいえば法益論とは、法益保護主義を前提として、「刑法は法益以外のものを守ってはならない」というテーゼをもって、刑事立法を批判的に検討することを試みるものといえる[51]。そして、このような簡単な定式化からもわかるように、〈法益論〉とは、まさに刑法（刑罰）の使用が正統とされる条件を探求するものといえ、その点では、前節Ⅲ2で明らかとなった、裁判所の審査手法の欠点を埋め得るものであるともいえる。

　しかし、上で紹介したドイツの近親相姦決定において多数意見は、前述したように、〈法益論（Rechtsgutslehre）〉を使って法律の合憲性を審査することから、明らかに距離をとった。すなわち、「刑法規範は、憲法上、それによって追求される目的に関して、憲法を超える、より厳格な要件を課されることはない。とりわけ、そうした要件は刑法的な法益論から導き出されるものではない」と述べたのである[52]。

　そこで以下では、まず、刑法学説上で議論される法益論による立法批判の手法を概観する（Ⅰ）。その際、法益論と憲法との関係に留意していると考えられる諸見解を概観の対象とする。その理由は、近親相姦決定の多数意見が行なった法益論批判は、法益論と憲法、あるいは憲法が想定する国家の権限配分との関係を、その主たる対象とするものであるということにある。したがって、近親相姦決定の多数意見が〈法益論〉としていかなる理論を想定し、それに対してどのような批判を行なったのかを検討する（Ⅱ）前提として、法益論の立場から、法益論と憲法との関係がどのように考えられてきた

---

51)　Hörnle, a. a. O. (Anm. 49), S. 11. なお、Hörnle の法益論およびその具体的帰結については、田中久美「不快な行為に対する刑事制裁について」龍谷大学博士論文（2013年）も参照。
52)　BVerfGE 120, 224 [241].

のかを概観しておくことが必要となる。さらに、多数意見の批判に対して、〈法益論〉から近親相姦処罰規定に対する判断を行なったとされる Winfried Hassemer 裁判官の反対意見を概観することによって、立法批判手法としての〈法益論〉と、連邦憲法裁判所が採るような三段階審査・比例原則とを接合する試みについて検討する（Ⅲ）。これらの検討は、〈法益論〉が刑事立法の正統性を基礎付ける全要素を体系的に示すことに成功していたのか否かを判断する前提となり、そこでの評価に従って、本書で立法批判手法を構築するにあたって、刑法学上の伝統的な議論をどの程度出発点とするかを決定していくことになる。

Ⅰ 〈法益論〉とは何か

1 法益論の諸類型――ドイツにおける２つの法益論

　〈法益論〉が法益概念には立法批判機能があると主張する場合に採られる手法のうち、次の２つの見解を本書は重要であると考え、取り上げる。それら２つの見解の相違点を確認しておくことは、〈法益論〉と憲法上の合憲性審査手法との関係を検討するにあたって重要性を持つと考えるからである。両見解はともに、ドイツ基本法における刑法の任務という観念を前提とするものであり、その意味で憲法との関連にも留意した見解である。また、法益概念の内実についての基本思想も類似している。しかし、両見解には、基本法の参照の仕方およびその拘束力についての捉え方に差異がある。そのような差異に関連して、法益を前実定的なものと捉えるか、実定的なものと捉えるか、法益概念の背後にある評価基準をどこに見出すかという点にも違いがある。そして、それらの相違点は、近親相姦決定における多数意見が、法益論のどのような部分を批判しようとしていたのかを検討するにあたって重要な点なのである。

---

53) ドイツにおける法益論の発展と、現在それに代わるものとして主張されている見解については、さしあたり *Sabine Swoboda*, Die Lehre vom Rechtsgut und ihre Alternativen, ZStW 122 (1), 2010, S. 24 を参照。

(1) 自由主義的法益概念[54]

　1つ目の見解は、自由主義的国家における国家の任務から全犯罪に要求される中核的な要素として「法益」を想定し、そのような法益概念を使って、それぞれの刑罰法規を批判的に検討しようとする見解である。

　(a) **前提：刑法の実質的犯罪概念への限定**　議論の出発点は、国家がある振舞いを処罰するために、当該行為がどのような性質を有していなければならないのかという問題、すなわち実質的犯罪概念についての問題である。実質的犯罪概念は、刑法典に前置され、何を処罰してよく、何を不処罰にしておくべきかについての刑事政策上の基準を立法者に提供するものとされる[55]。

　もっとも、拘束力を持った犯罪概念が実定法に対して何らかの効力を発揮するとされるならば、その概念は実定法外の何かから援用されなければならないはずである。

　(b) **刑法の任務による実質的犯罪概念の画定**　刑法の介入権限を画する実質的犯罪概念は、刑法の社会的任務から導出されなければならず、この任務を超えるものは、論理的に刑法の対象となってはならない。そこで、刑法の任務は、市民の自由をより緩やかな形で侵害する他の社会政策的措置によって達成され得ない場合に、市民に平穏、自由かつ社会的に保護された生存を保障することにあるとされる[56]。この任務は、啓蒙主義的な社会契約論の考え方から導出され、基本法20条2項2文のもとでも妥当すると考えられている。したがって、この点で、実質的犯罪概念の内容を探求する努力は、憲法以前の前実定的・自然主義的国家観を前提としており、表向きの刑事政策的意義にもかかわらず、国家の処罰権に前実定的制限を設定しようとする試みなのである。

　そして、このような任務の理解から、刑法による保護が正統とされる対象が「法益」と呼ばれることになり、その侵害・危殆化が実質的犯罪概念とさ

---

54) *Claus Roxin*, Strafrecht Allgemeiner Teil Band I, 4. Aufl., 2006, S. 13 ff.
55) *Roxin*, a. a. O.（Anm. 54), S. 13 f.
56) *Claus Roxin*, Rechtsgüterschutz als Aufgabe des Strafrechts?, in: *Roland Hefendehl* (Hrsg.), Empirische und dogmatische Fundamente, kriminalpolitischer Impetus. Symposium für Bernd Schünemann zum 60. Geburtstag, 2005, S. 135, 138.

れ、刑法による処罰はそれに対するものに限定されることになる。

(c) **法益概念による立法批判**　以上の理解を「法益」の側から定式化すれば、〈刑法は『法益』しか守ってはならない〉、あるいは、〈『法益』を守っていない刑法は正統ではない〉ということになる。このような形で、「法益論」は、立法者によって公布された刑罰法規を測定する規範的、体系批判的規準を提供するのである。

したがって、法益概念が立法批判機能を発揮するためには、法益概念が定義されなければならない。そこで、法益とは、「個人の自由な発展、基本権の実現およびこのような目的観念に基づいた国家システムの機能にとって必要なあらゆる所与および目的設定」等と定義されるのである[57]。そして、この概念も、論述過程から明らかなように、(刑事)立法者に前置され、直接刑事立法者に向けられるものと考えられている。そして、実質的犯罪概念が前提とされ、「所与」という言葉にも表れているように、「法益」という概念の内実は、自由主義的観念に基づく前実定的なものとの関係で把握されることになるのである。また、基本法が参照されるのは、社会契約的、啓蒙的思想がそこでも共有されているからにすぎない[58]。

(2) **〈実定的〉な法益概念**[59]

2つ目の見解は、法益を中心として立法批判を考えるが、法益概念を啓蒙主義自然法的発想と少なくとも直接には結び付けていない見解である。

(a) **法益概念の諸側面の統合**　この見解が想定する法益概念とは、「実定刑罰規範の解釈のための実質的照準点としても、新たな刑罰規範の定立にとっても拘束的であり、したがって、理論学的な問題提起についても正統な方法において実りあるものとされ得るような、内容が充たされ、かつ、法的に拘束的な(単に法政策的なだけではない)法益概念」[60]である。そして、そのような実質的法益概念は、確かに刑事立法に先立つが、刑事立法にとって拘束

---

57) *Roxin*, a. a. O. (Anm. 54), S. 16 f.
58) *Roxin*, a. a. O. (Anm. 54), S. 42 は、このような考えを背景にするものと思われる。
59) *Hans-Joachim Rudolphi*, Die verschiedenen Aspekte des Rechtsgutsbegriffs, Festschrift für Richard M. Honig zum 80. Geburtstag, 1970, S. 151 ff.
60) *Rudolphi*, a. a. O. (Anm. 59), S. 158.

的な価値観に基づき、実定法上の諸刑罰規定から離れて作り出される場合に、獲得されるとする。[61]

(b) **拘束的価値判断としての基本法** そのような価値判断は、基本法20条の社会的法治国原理に見出されるとする。そして、基本法は、純粋な道徳違反は刑罰威嚇の対象としては排除する、あるいは積極的に定式化すれば、刑罰威嚇の対象は個人の自由と責任に基づく良き社会生活のための前提条件を侵害または危殆化するような行為態様以外であってはならない、という原則的価値判断をなしているとするのである。[62] そこから法益概念の実質的基体についての一般的所見として、「法益とは、我々の憲法適合的な社会にとって、したがってまた、個々の市民の憲法適合的な地位および自由にとっても、不可欠の、それゆえに価値ある社会的機能統一体」という定義が導き出される。[63]

要するにこの見解は、法益を「法的に保護された財」と理解し、その意味で法益は実定的な概念であるが、ある刑罰法規からその保護法益を解釈する際にも、立法者が何を刑罰法規の保護財とするか決定する際にも、それに対する制約は存在し、その基準が実質的法益概念に他ならないとするものであると解される。その意味で法益概念は、立法批判の際の基準とされるのである。その際、法益に該当するか否かの評価基準は、基本法（あるいは、そのもとに構成されている社会）にあるとされる。すなわち、基本法の妥当のもとでは、法益概念の内実を論じるにあたって、前実定的な判断基礎に立ち戻ることは必ずしも必要ないのである。[64]

2 日本における法益論[65]と憲法

日本においても、刑法の任務は法益保護であるという政策的原理（法益保

---

61) *Rudolphi*, a. a. O.（Anm. 59), S. 158.
62) *Rudolphi*, a. a. O.（Anm. 59), S. 161.
63) *Rudolphi*, a. a. O.（Anm. 59), S. 164.
64) *Hörnle*, a. a. O.（Anm. 49), S. 21. Hörnle は、ドイツ基本法2条1項の解釈から、法益論の内実を論じている。
65) 日本へ法益論が導入される過程については、嘉門優「日本における法益論の歴史的検討―『学派の争い』を中心として」生田勝義先生古稀『自由と安全の刑事法学』（法律文化社・2014年）3頁参照。

護主義）を前提に、「法益概念」には立法批判機能があるという見解は述べられている。その際、立法批判的な法益概念は、刑事立法者に前置され、立法批判の基準となるものであるということも当然の前提とされているのであろう。そうであれば、法益という概念についての明確な概念規定が必要となるはずである。

しかし、法益に該当するか否かを決定する評価基準については、法益概念の内容に関するドイツの議論の結論のみが投影されることが多く、どのような基本思想に基づいて、法益概念が定義されるのかに関して議論されることが少ないため、あまり明らかとなっていない。また、ドイツの議論から離れて、他害原理が参照されることもあるが、そこにおいても害される利益という意味での「法益」は定義されなければならず、やはりその評価基準は必要となるが、他害原理自体からそれが明らかになるわけではない。したがって、日本の学説状況について、ここでこれ以上詳論することはしない。

もっとも、日本においても法益概念の定義に際して憲法を参照する見解があることは、法益論と憲法との関係を考えるにあたって留意しておくべきであろう。そのような見解は、憲法上保護が正統とされるべきものでなければならないということを、法益概念の要素として取り込もうとする。それによれば、「国家として憲法に従って構成される（べき）社会」や「憲法の基本原理と構造」が、立法者の権限の内在的限界として理解される。それゆえ、

---

66) 山口厚『刑法総論』（有斐閣・第3版・2016年）4-5頁参照。
67) これをめぐる議論については、松宮孝明「法益論の意義と限界を論ずる意味―問題提起に代えて」刑雑47巻1号（2007年）1頁、川口浩一「ドイツにおける法益保護主義批判とそれに対する反論」同15頁、金尚均「人格的法益論とダイヴァージョンの可能性」同24頁を参照。
68) ドイツにおける学説史については、伊東研祐『法益概念史研究』（成文堂・1984年）参照。また、同書423頁も、日本の現状について本文のように述べる。
69) 松原芳博『刑法総論』（日本評論社・2013年）15頁。なお、ドイツにおいて法益概念を他害原理から構成する見解として、*Andrew von Hirsch*, Der Rechtsgutsbegriff und das „Harm Principle", in: *Roland Hefendehl/Andrew von Hirsch/Wolfgang Wohlers* (Hrsg.), Die Rechtsgutstheorie, 2003, S. 13 ff. がある。
70) なお、法益論と他害原理等との関係については、髙橋直哉「犯罪化論の試み」法学新報121巻11=12号（2015年）1頁、5頁以下参照。
71) 伊東・前掲注68) 414頁、内藤謙「法益論の一考察」『刑法理論の史的展開』（有斐閣・2007年）139頁、154頁、167-168頁参照。
72) 伊東・前掲注68) 414頁。
73) 内藤・前掲注71) 154頁。

ある法規の保護する対象が法益に該当するか否かを決定するに際しても、当然憲法が参照されなければならないことになるのである。

さらに、法益論を前提としたうえで比例原則の重要性について言及する見解もある。[74]その見解は、法益を「人の生存ないし人間的な生活にとって必要なものとして人に帰属し、侵害可能な形で経験的に実在する利益ないし資源」と定義する。[75]そして、このような法益の保護に役立つ限りで刑事立法は正当化されるとしたうえで、[76]法益保護主義からの帰結として、刑罰という最も厳しい手段と達成されるべき目的とが比例していることが要請され、その要請を充たすか否かが比例原則によって審査されるとするのである。[77]もっとも、これらが憲法とどのような関係にあるのかは明らかにされていない。

II　ドイツ連邦憲法裁判所による法益論の拒絶
——近親相姦決定における法益論批判

1　批判の要点

前述の通り、ドイツ連邦憲法裁判所の近親相姦決定における多数意見は、三段階審査・比例原則という審査手法を使って判断を行なうにあたって、刑法上の法益論（と連邦憲法裁判所が呼ぶもの）から距離をとった。その際、多数意見が法益論を批判する要点としたのは、①内容確定の問題と②民主主義国家における立法者の役割との矛盾である。

具体的には、次のような内容の批判である。

⑴　内容確定の問題

「法益の概念に関してすでに、意見の一致が見られ」ず、「いずれにしても法益保護という構想は、立法者にその規制権力の最外枠を設定することを任務とする憲法の中に、必然的に引き受けられなければならないような内容的

---

74) 松原（芳）・前掲注69) 16頁、さらに井田良『講義刑法学・総論』（有斐閣・2008年) 24頁以下も参照。
75) 松原芳博「立法化の時代における刑法学」井田良＝松原芳博編『立法学のフロンティア3　立法実践の変革』（ナカニシヤ出版・2014年) 123頁、139頁。
76) 松原（芳）・前掲注69) 16頁。*von Hirsch*, a. a. O.（Anm. 69), S. 16 ff. も参照。
77) 松原（芳）・前掲注75) 140頁。この点は、後述するHassemer裁判官の反対意見とも共通する考え方であると考えられる。

基準を用意していない」[78]。

(2) 民主主義国家における立法者の役割との矛盾

　「法益」を、「立法者が現行法に基づいて法的保護に値するとみなしたもの」と理解するのではなく、「『自然主義的な』法益理論によって、特定の『社会生活の所与』のみが正統な法益として承認され（中略）、あるいは、それとは別の方法で、超実定的な法益概念が出発点とされようとすれば、そのような構想は——憲法上の審査基準の一要素として理解され、適用されれば——、(中略) 刑法という手段によって保護すべき財を確定し、刑罰規範を社会的発展に適応させることが、基本法の秩序において民主的に正統化された立法者の領分である、ということと矛盾する。この権限は、名目上見出された法益や、立法者を超える機関によって『承認された』法益を援用することによって限定することはできない。むしろ、その限界は——他の法領域と同様に刑法の領域においても——、憲法がある一定の目的を追求することをはじめから排除する場合にのみ、その限りで憲法自体のなかにしか、見出されない」[79]。

2　多数意見の批判する「法益論」

　連邦憲法裁判所による批判が、刑法173条２項２文という（刑法）規範の合憲性審査の文脈で述べられていることから、まず次のようなことが明らかになる。すなわち、ここで批判の対象とされる「法益論」は、連邦憲法裁判所が刑罰法規の合憲性審査において、その判断枠組の一部分をなす目的審査の段階の審査基準として適用すべきものであって、その基準に違反する場合には法律の違憲無効という効果を伴うものとして主張される（主張されていると連邦憲法裁判所がみなした）理論であるということである[80]。このように理解する場合、「法益論」は、「民主的に正統化された立法者」の決定を、そうではない裁判所が覆す場面でその基礎になるものであるから、当然その際の

---

78) BVerfGE 120, 224 [241 f.].
79) BVerfGE 120, 224 [241 f.].
80) *Kasper*, a. a. O. (Anm. 48), S. 213 f., 218 f. 参照。刑法上の法益論の議論がこのようなものとして主張されているのかどうかについては後述。

基準となる憲法から明確な形で導出されなければならないものと考えられることになろう。その意味で、連邦憲法裁判所が、法政策および解釈学の領域において法益論がなし得る寄与を留保したうえで、「『自然主義的な』法益理論」等を、上記のように憲法上の基準との関係および民主主義国家における立法者との関係から批判したことは、理解し得るところである。[81]

次に、連邦憲法裁判所の批判する「法益論」は、刑法という手段を用いる場合に、目的審査において適用されるものとして理解されている。しかも、憲法から導き出される目的審査の基準よりも厳格な要件を課すものとして想定されている。「法益」という概念が、その保護のために刑法を使用することが（刑法の最終手段性についても考慮に入れた形で）正統である対象として定義される以上、これは当然のことであるとも考えられる。もっとも、これは直接述べられているわけではないが、「他の法領域と同様に刑法の領域においても[82]」と述べていることから推察されるのは、前述したように、多数意見が、刑法（あるいは刑罰）が使用される場合に、目的審査において許容される目的の要件が加重されるとは考えていないということである。このことは、比例原則における手段の中心的要素が、行為自由の制約であるということを考慮すれば、理解され得るであろう。すなわち、多数意見の立場によれば、ある行為を規制することの目的が中心的に問われているのであって、刑罰の投入によって保護されるべき対象として、刑法の使用を正統化する目的（＝「法益」）が直接問われているわけではないのである。[83]

---

81) *Kasper*, a. a. O. (Anm. 48), S. 218 f.
82) BVerfGE 120, 224 [242].
83) この点に関しては、近親相姦決定も引用する BVerfGE 90, 145 についての論稿であるが、*Ivo Appel*, Rechtsgüterschutz durch Strafrecht? — Anmerkungen aus verfassungsrechtlicher Sicht, KritV 1999, S. 300 以下も参照。そして、このように考えれば、法益論における目的審査と（少なくとも連邦憲法裁判所の採る）比例原則における目的審査とは、根本的な思想が異なるのではないかという疑問がわいてくる。この点については、後述する。なお、BVerfGE 90, 145 については、白川靖浩「ドイツの薬物事情（上）（中）（下の１）（下の２）」警察学論集47巻12号（1994年）125頁、同48巻１号（1995年）115頁、同２号（同年）124頁、同３号（同年）178頁に詳しく紹介されている。

III 法益論と比例原則の接合
──近親相姦決定 Hassemer 反対意見の判断構造

　前述の批判点を踏まえて、近親相姦決定の多数意見が用いた比例原則による合憲性審査手法と、法益論による立法批判手法がどのように異なるのかを、具体的に示そう。そのためにここでは、人格的法益論の主張者である Hassemer 裁判官が、法益論の視点から述べた近親相姦決定における反対意見[84]の判断手法を検討する。[85]

　多数意見との比較という観点から重要なのは、以下のような点である。

1　三段階審査および比例原則の枠組の適用

　Hassemer 反対意見も、一見すると三段階審査および比例原則の枠組を使って、刑法173条 2 項 2 文の合憲性を判断している。このことは、反対意見の論述過程が、当該規範が「まさに刑法の立法者に限界を画する比例性の原則」と一致しないと述べた後で、規範の目的、適合性、必要性および相当性[86]についてそれぞれ意見を述べていることからわかる。

　そもそも Hassemer は、刑法上の法益論と憲法上の比例原則が対立するものと考えていたわけではない。Hassemer は刑法学上の議論としての法益論と憲法の関係について、その両方において、刑罰を科す国家が、刑法的コンフリクトの関与者全員の人権を保護するために服さなければならない制限が同様に問題になっているということを前提に、より伝統的な刑法学上の議論を憲法的に再構成することを試みる。[87]その再構成の際に、刑法上の法益論

---

84)　BVerfGE 120, 224 [255 ff.].
85)　比較については、嘉門・前掲注46) 13頁以下も参照。また、適宜 Hassemer の法益論についても言及する。
　　さらに、本決定について、市民の自律という観点から法益論および Hassemer 反対意見を批判するものとして、*Greco*, a. a. O. (Anm. 4), S. 235 ff.も参照。比例原則の適用に賛成する立場からのそれに対する批判として、*Kasper*, a. a. O. (Anm. 48), S. 238 ff.
86)　BVerfGE 120, 224 [255].
87)　*Winfried Hassemer*, Darf es Straftaten geben, die ein strafrechtliches Rechtsgut nicht in Mitleidenschaft ziehen?, in: *Roland Hefendehl/Andrew von Hirsch/Wolfgang Wohlers* (Hrsg.), Die Rechtsgutstheorie, 2003, S. 59 ff.

は、憲法上の過剰侵害の禁止（比例原則）に適合するとされるのである。[88]

しかし、そのような論述からもわかる通り、Hassemer は、刑法上の法益概念（あるいは、立法者が形成した保護対象に対する批判機能を有する論証トポスとしての法益概念）[89]自体については、人格を所与のものとして想定する前実定的なものとして把握しているといえよう。というのも、刑事立法者に対する制限として、刑法上の法益論と憲法が独立して存在するならば、刑法上の法益論は憲法から導出されるわけではないからである。そして、人格から国家を理解し、国家行為の正統性を判断するという人格的法益論の基本思想自体は、啓蒙主義的な伝統を引き合いに出しており、[90]その点でも正統な法益の内実を前実定的に導こうとする方法論であると評価し得る。[91]

2　目的審査

(1)　判断構造

以上のような三段階審査および比例原則に対する理解をもとにして、Hassemer 反対意見は、目的審査については次のような前提に立っている。すなわち、「刑罰によって、有罪判決を受けた者は、違法な、社会倫理的に誤った行為を非難され（中略）、刑罰威嚇、刑事手続および行刑におけるその者の基本権のその他の侵害を超えて、その者は社会倫理的な反価値判断を向けられる」。「刑法による介入は、立法者が使うことのできる最も峻厳な武

---

88) 同様に、Hassemer の人格的法益論を、憲法上の三段階審査および比例原則の中に位置付けようとしたものとして、*Gregor Stächelin*, Strafgesetzgebung im Verfassungsstaat, 1998 も参照。

89) *Winfried Hassemer/Ulfrid Neumann*, Nomos Kommentar StGB Band 1, 4. Aufl., 2013, S. 122 ff. の論述からすれば、「法益」とは立法によって創造されるものであると理解することもでき、そのような法益の創造が正統なものかどうかを論証する際に、人格的法益論は機能するものと考えられる。したがって、保護対象としての「法益」自体は実定的なものであり得る。そもそも、そのように理解しなければ、法益を、規範的な社会的了解または価値体験の結果として、そして結局は立法者による形成の結果として理解する構想は、まさにこの了解または作出に対する批判的能力を欠くはずであるがゆえに不適切であり、立法批判機能など持ち得ないことになってしまう。

90) *Hassemer/Neumann*, a. a. O.（Anm. 89), S. 120. そして、Hassemer の法益論は、明らかに政策論における論証トポスを意図している（この点は後述）。

91) 嘉門・前掲注47)「行為原理」198-199頁もそのように分析している。

器である」ので、「刑事立法者は、その行為の契機および目的の選択において自由ではない」とするのである。[92]

この文脈において、「法益」は、行為禁止の正当化の中核を担うとされる。すなわち、――一定の振舞いに対する刑罰威嚇の形態での――刑法による行為の禁止は、承認された目的を相当な形で追求していることを援用できなければ、正当化され得ないのであり、この承認された目的とは、刑法によってもたらされる、法益の侵害や危殆化からの保護であるとされる。[93] 以上からわかるように、Hassemer にとって、一定の振舞いによる「法益」の侵害ないし危殆化は、当該振舞いの犯罪化に関する十分条件ではなく、必要条件にすぎない。[94]

それに加えて Hassemer は、法益が、その序列において、一方で行為禁止および刑罰予告と、他方で脅威および攻撃との間の相当な比例関係を決定する重要性についても情報を提供するとする。[95] これはおそらく、狭義の比例性において問題となる（多数意見の文言によれば）目的の重要性に関する内容をも、法益という概念は内包しているということを意味するといえよう。[96]

このように理解される刑罰法規の目的について、それが比例性の審査の座標であることから、立法者にはそれを明確に設定することが要求され、裁判所が立法者の追求しなかった規範目的を事後的に差し入れることは許されないとされる。[97]

---

92) BVerfGE 120, 224 [256].
93) *Hassemer*, a. a. O. (Anm. 87), S. 60.
94) *Hassemer/Neumann*, a. a. O. (Anm. 89), S. 124.
95) *Hassemer*, a. a. O. (Anm. 87), S. 60.
96) もっとも、法益の重要性は、限界の微調整を行なうものとされている。*Hassemer*, a. a. O. (Anm. 87), S. 60.
97) BVerfGE 120, 224 [257]. もっともこの点は、法益論に内在するものではなく（また、さらにいえば、比例原則の法的構造そのものからも導かれ得ない）、立法者と裁判所との役割分担の問題であるともいえる。つまり、裁判所は、立法者の想定していなかった目的を認定することは許されるが、その際もその目的は「法益保護」でなければならないという理論も成り立ち得るからである。この点については、柴田・前掲注32) 220頁以下を参照。しかし、ここでは法益論を立法者に論証責任を課すものと理解したうえで、Hassemer の法益論の内容としておく。そのような立場に立つと思われるものとして、嘉門・前掲注47)「現代的意義―環境刑法（2・完）」125-126頁、同「現代的展開」99頁等がある。

(2) 具体的判断[98]

　第一に、社会の確信を背景とした刑罰目的の総合という論証は、目的に関する制限および明確性に関する基本的諸要請と折り合わず、したがって、刑罰規範を憲法上正当化することはできない[99]。

　第二に、優生学的観点を考慮することは、はじめから刑罰規範の憲法上支持力のある目的ではない。潜在的な子孫の健康を保護することを、刑罰法規による介入の基礎とすることは、憲法上すでに禁止されている[100]。

　第三に、性的自己決定の保護は、多数意見が事後的に差し入れたものであり、刑法173条2項2文の規範の文言も、法規体系も、当該規定の保護目的が、あるいは1つの保護目的にすぎないものとしても、まさに性的自己決定権の保障にあるという指摘を与えない[101]。

　最後に、刑法173条2項2文による兄弟姉妹間の近親相姦の禁止は、あり得る法益およびその憲法上の正当化を、婚姻と家族の保護にも見出さない。なぜなら、性的行為から家族を保護することを意図しているならば、実の兄弟姉妹間の性交だけでなく、あらゆる形態の兄弟姉妹間において行なわれる、家族を破壊する効果を有する全性的行為を処罰したはずであるから、立法者が実際に家族の保護を意図していたとは考えにくい。さらに、その他の法規の規定形式も家族の保護とは一致しない[102]。

　以上によれば、多数意見によって刑法173条2項2文に付与された諸法益はいずれも、当該規定に憲法上正統な目的を媒介していないことになる。したがって、当該規定はただ単に存在する道徳観ないし推定的道徳観を念頭に置いているにすぎず、具体的な法益は念頭に置いていないとされる[103]。そして、「価値設定についての社会的合意の形成やその維持は、刑法規範の直接的な目的となり得」ず、「そのためには、最終手段の原理や比例原則の意味で、

---

98) 詳しくは、嘉門・前掲注46) 17頁以下およびそこで挙げられた参考文献を参照。
99) BVerfGE 120, 224 [257].
100) BVerfGE 120, 224 [258].
101) BVerfGE 120, 224 [259].
102) BVerfGE 120, 224 [261 ff.].
103) BVerfGE 120, 224 [264]. 法益論からは、道徳それ自体が法益とはなり得ないことについて、Roxin, a. a. O. (Anm. 54), S. 19 f. 参照。

他のより良い手段が存在する」[104]。

3 手段審査──比例原則

　Hassemer は、前述のように、刑法173条2項2文の合憲性を目的審査の段階で否定しているのであるが、多数意見のような規制目的を受け入れたとしても、と前置きしたうえで、適合性、必要性、相当性の判断についても異議を唱えている。もっとも、ここで Hassemer が問うているのは、刑法という手段の適合性、必要性、相当性であることには注意が必要である。また、Hassemer によれば、連邦憲法裁判所は、立法者の決定が、憲法上の価値秩序に一致し、不文の憲法原則および基本法の基本決定に合致していることを審査しなければならないとされる[105]。この点は、少なくとも文言上多数意見と同じである[106]。

　それぞれの部分原則については次のように判断される。

(1) 適合性

　家族の保護という目的との関係では、可罰性を異性の兄弟姉妹間の性交行為に限定した結果、同じように有害な行為態様を捕捉せず、さらに実の関係にない兄弟姉妹をあり得る行為者として含んでいないことから、当該刑罰規範の統制機能は決定的に弱まっている。また、兄弟姉妹間の近親相姦は明らかに、その大部分が社会的に弱く、すでに破壊された家族の共同体において生じるので、家族保護には適合しない[107]。さらに、規範の名宛人が刑罰威嚇の心理的作用をほとんど感じていないということも、マックス・プランク研究

---

104) BVerfGE 120, 224 [264]. この理由付けについて批判するものとして、Greco, a. a. O. (Anm. 4), S. 235 ff. がある。すなわち、このような帰結主義的・衡量的論証を経ることなく、単なる道徳保護はそもそも国家による規制目的とはなり得ず、そのことは「市民の自律」によって基礎付けられるとするのである。この点について、嘉門・前掲注46) 24頁も参照。しかし、刑法学の伝統である「法益論」と憲法上の思考との接合を目指す Hassemer の考え方からは、この部分の論証は、「法益論」において一致のある道徳の保護の排除というテーゼを、連邦憲法裁判所の合憲性審査手法である比例原則に接合しようとした結果なされたものと理解され、刑法の投入が道徳の保護に適性を有することが証明された場合に、刑法の投入を認めるということまで含意しているかは不明である。

105) BVerfGE 120, 224 [257].

106) BVerfGE 120, 224 [241].

107) BVerfGE 120, 224 [266 ff.].

所の鑑定書によって裏付けられている。[108]

　子孫における遺伝的疾患の阻止という目的との関係では、刑法173条2項2文は、付与された目的が他の理由からすでに確実に達成される場合でも、刑罰の威嚇を掲げており、その目的を達成する適性に確実に反する。[109]

　性的自己決定権の保護という目的との関係では、当該規定は、そのような保護目的との関係を全く示しておらず、その保護に役立つ適性がないということは明らかである。[110]

(2) 必要性

　兄弟姉妹間の近親相姦の可罰性は、家族の保護を同様に、あるいはさらにより良く保障し得る他の高権的な諸措置が使用可能であることを顧慮すれば、比例性の原則から必要性について憲法上の疑義がある。[111]

　多数意見は、当該規定の一般予防的、規範安定化的効果を指摘するが、それにもかかわらず、上記必要性に関する疑義は妥当する。[112]

(3) 過剰侵害の禁止

　刑法173条2項2文には、あり得る諸保護目的のうち何も危殆化し得ない行為に対する可罰性の法律上の制限が欠けているため、広きに失することになり、過剰侵害の禁止に抵触する。[113]

　多数意見は、起訴便宜主義の観点による手続の打切り、刑の免除または特別な量刑上の配慮により対処できるとするが、これらは、はじめから、広範囲にわたって、何らの疑いなく当罰的ではないような行為態様を把握する刑罰規範の状況にまでは及ばない。この場合、――その時々の個別事案を超えて――一定の事案類型に対して、構成要件を修正し、可罰性を制限する形での作用を持つとされる刑事司法による修正が期待され、それは、司法の領分ではなく、立法者の領分である。[114]

---

108) BVerfGE 120, 224 [266].
109) BVerfGE 120, 224 [268].
110) BVerfGE 120, 224 [268].
111) BVerfGE 120, 224 [269].
112) BVerfGE 120, 224 [269 f.].
113) BVerfGE 120, 224 [271].
114) BVerfGE 120, 224 [272].

また、ある犯罪構成要件が過剰侵害の禁止に合致していることが、「個人の生き方のわずかな領域にのみ」関わり、わずかな者だけが「制限的であると感じられる態様で禁止の対象になる」ということによって、理由付けられるべきではない。[115]

4 Hassemer 反対意見の特徴

以上の Hassemer 反対意見の判断手法の特徴は、三段階審査および比例原則という枠組を利用しているが、実のところそれは法益論の判断手法をいい換えたものにすぎないということである。そのことを目的審査および手段審査について具体的に述べれば、以下のようになろう。そして、そのような特徴から明らかになるのは、多数意見の判断方法と法益論の判断方法が類似しているという評価[116]は、ミスリーディングであり、両者は全く異なるものであるということである。[117]

(1) 目的審査について

目的審査についていえば、Hassemer の反対意見においては、刑法で保護してよい対象としての法益が中心的に問われていることが特徴といえる。まさにこの点が、比例原則の法益論からの再構成の特徴でもある。すなわち、目的審査において、ある特定の基本権を制約することの目的はあまり問題となっておらず、何らかの行為を〈刑法〉によって制約することの目的が審査の中心となっているのである。[118]

この考え方を合憲性審査の手法に反映した結果として、目的審査の判断構造は、刑罰が行為の禁止を超えた不利益を行為者にもたらすということをもって[119]、行為禁止の目的の要件が加重されるという構造となる。そして、その

---

115) BVerfGE 120, 224 [273].
116) 嘉門・前掲注46) 21頁およびそこで引用された文献を参照。
117) また、武市周作「血縁の兄弟姉妹間の近親姦の合憲性」自治研究86巻5号（2010年）153頁、160頁は、憲法学の視点から、多数意見と反対意見との違いは立法者の形成の余地の捉え方にあるとするが、その背後には、根本的な思想の違いがあるのである。
118) このように考えた場合、三段階審査のうち保護範囲・制約の判断は、ほとんどなされていないという可能性もある。なぜなら、制約される基本権の性質から目的審査が規定されるのではなく、刑罰の投入ということをもって目的審査が規定されるからである。この点については、嘉門・前掲注46) 22-23頁参照。
119)「社会倫理的な反価値判断」とされるものである。

際には、当該目的要件についての論証責任は、全て立法者が負うとされる。

　もっとも、どのような目的が、連邦憲法裁判所による合憲性審査において「法益」として正統とされるのかは、具体的判断をみてもあまり明らかになっていない。というのも、反対意見においてそれぞれの目的が正統でないとされた理由は、立法者が論証責任を果たしていないということであって、刑法上の「法益」としての適性が欠如しているという理由ではないからである。また、優生学的観点についても、Hassemer の考えによれば、それは刑法以外の手段によっても追求してはならないものであると考えられ、刑法という手段によっては追求されてはならないということは、それほど問題になっていないからである。

(2)　**手段審査について**

　手段審査においても、法益論および目的審査の特徴が反映されている。まず、刑罰を投入することについての正統な目的が、すでに目的審査において認定されていることが前提とされる。その結果、手段審査の基本的判断構造は、行為の禁止がその目的を保護する手段としての適性があるか、適性があるとして必要性があるか、過剰になっていないかを問うだけでなく、当該手段を禁止する手段としてまさに刑罰を投入するということの適合性、必要性および相当性をも問うものとなる[120]。このような審査手法においては、制約される行為自由の重要性および制約の程度といった要素は、法益侵害あるいは危殆化の程度を反映する形で、狭義の比例性の段階ではじめて考慮されることになると考えられる。多数意見における判断が、実際に投入された手段、すなわち、ある行為を禁止することが、目的を達成のために適合的、必要かつ相当かを問うものであって、刑罰の投入という事情は、行為自由に対する制約の態様および強度という形で、相当性の段階ではじめて問われるのと比べると、法益論的判断は判断過程が逆になっている[121]。すなわち、Hassemer

---

120)　反対意見が、適合性の判断を「法文の規程形式に照らして」判断するとし、多数意見について「一般的に当該規範の下に置かれた諸目的が全体として具体的な刑罰構成要件と一致することまで認めていない」と評価したことからも、このことが暗示される。

121)　したがって、多数意見の判断構造においては、構成要件に把握されていない行為態様に危険性がないことが確定されるわけではない。

反対意見では、刑罰を投入するための正統な目的が認定され、そこからその目的を侵害または危殆化する行為が想定され、それらの行為の中から、刑罰を科すことによって控えられると考えられる行為が相当な形で当該刑罰法規によって把握されているか否かが、手段審査において問われているのである。このことは、目的審査において条文の規定形式等から、立法者の追求した目的が判断されるということにも表れている。この判断過程は、まさに、刑法が「法益の侵害・危殆化」に限定されるという法益論の思想からくるものであろう。

IV　法益論の審査の対象と審査手法
――何を、どのように審査しているのか

　法益論を出発点とした以上のような立法批判手法の特徴をまとめると次のようなものになる。

　まず、刑罰法規が保護の対象としてよい目的が法益として想定される。そのような法益に該当するか否かの評価基準は、自由主義的国家観や憲法から導出され、それに従って法益に具体的な定義が与えられる。そして、そのような法益を保護していないと評価される刑罰法規は不当なものとされるため、目的審査では法益保護という目的が認定できるか否かが積極的に審査されることになる。

　次に、ある刑罰法規は、法益を保護していさえすれば正統とされるわけではなく、当該法益を保護するために合理的な手段でなければならないとされ、それを判断するために比例原則が用いられる。しかし、法益保護という目的が刑罰の投入を正当化し得ることを前提として、比例原則のそれぞれの部分原則が審査される。適合性においては、ある刑罰法規が、当該法益を侵害・

---

122)　このことを、体系的な内的合理性という観点で示唆するものとして、*Hans-Ullrich Paeffgen*, Das „Rechtsgut" − ein obsoleter Begriff?, Gesamte Strafrechtswissenschaft in internationaler Dimension: Festschrift für Jürgen Wolter zum 70. Geburtstag am 7. September 2013, 2013, S. 131. なお、多数意見でもこのような観点が問われていないわけではない。しかし、これは平等の問題であって、ある行為の規制それ自体の合憲性が問われている場合の問題ではない。

123)　法益論だけでなく社会侵害性および相互承認という視点も加味された見解であるが、近親相姦決定との比較を論じるものとして、*Paeffgen*, a. a. O. (Anm. 122), S. 152 ff.

危殆化すると想定される行為と適合する行為を適切に把握しているか否か、および当該行為を刑罰によって適切に抑止できるか否かが審査される。そして、刑罰が最も重い手段であるという観点から、適合性が認められる行為規制に刑罰を用いることの必要性および狭義の比例性が審査され、また、当該行為が法益を侵害・危殆化する程度を考慮して、刑罰法規が相当な範囲の行為を規制しているか否かが審査されるのである。このような比例原則の適用方法は、連邦憲法裁判所が採る適用方法とは決定的に異なり、この点がまさに法益論を出発点とする立法批判手法の特徴をなしているのである。

第3節　法益論に対する疑問
——法益論の何がいけないのか

　これまでは、憲法学的な比例原則の適用による合憲性審査手法と、刑法学上の法益論（あるいは、比例原則と接合された法益論）の立法批判手法とを、近親相姦決定という具体的な事案に即して検討してきた。その検討からは、2つの手法が根本的に異なるものであるということが明らかになった。本書において以下では、従来主張されてきたような法益論に対して批判的な立場から、刑事立法の批判的検討の手法を確立していこうと考えている。その際中心的な役割を果たすのは、憲法上の比例原則である[124]。すなわち、Hassemerとは逆に、比例原則の方から、刑事立法批判手法を構成するのである。その理由は、考察の出発点でも述べた、立法者の行為準則に沿った議論の構築、および刑事立法の正統性を基礎付ける全要素を体系的に示す議論枠組の構築という目的にとって、そちらの方が有益だと考えられるからである。逆に法益論には、以下で検討するように、立法批判のための議論枠組の構築にあたって、それらの目的の達成を阻害する諸問題点が存在しているのである。

I　理論の妥当領域の不明確性——法益論が目指すもの

　法益論の第一の問題点は、その理論の妥当領域が明らかにされておらず、その法的帰結も明らかにされていないということである[125]。ここで法益論の妥

---

124) ドイツにおける比例原則と刑法の限界について論じた日本の論稿として、萩原滋「刑罰権の限界としての比例原則—ドイツの判例と学説(一) (二・完)」愛知大学法経論集155号（2001年）1頁以下、同156号（同年）31頁以下参照。また、中国との比較法的検討から制裁手法の選択に関しても論じる論稿として曾文科「可罰性と比例原則についての一考察(1) (2・完) —日中における制裁手法の比較を中心に」早稲田大学法研論集150号（2014年）241頁、同151号（同年）233頁参照。
125) *Carl-Friedrich Stuckenberg*, Grundrechtsdogmatik statt Rechtsgutslehre—Bemerkungen zum Verhältnis von Strafe und Staat, GA 2011, S. 660; *Kasper*, a. a. O. (Anm. 48), S. 209 ff.

当領域として考えられているのは、政策論領域と憲法論領域の 2 つである。前者は、立法者を説得して、一定の方針をとらせようとするための議論の領域、後者は、ある特定の振舞いを処罰することが立法者に禁止されているか否かを、法律の（違憲）無効という結論を伴って決定するための議論の領域である。端的にいえば、立法者がすべきでないことと（nicht sollen）、（法的に）してはならないこと（nicht dürfen）との間の区別である[126]。また、法益概念が法的拘束性を有するのか否かという問題でもある[127]。

法益論の主張者は、確かに、正統な刑法と違憲な刑法とを区別しているし[128]、法益論は、まさに政策論領域の問題であるとされてきたと思われるかもしれない[129]。しかし、自由主義的法益論の基礎には実質的犯罪概念があり、その背後には、国家の処罰権に前実定的制限を設定しようとする努力がある[130]。そこでは、まさに国家が為すことを許されていない活動もあるということが前提

---

126) Carl-Friedrich Stuckenberg, *The Constitutional Deficiencies of the German 'Rechtsgutslehre'*, Oñati Socio-Legal Series, v. 3, n. 1 - Ultima Ratio, a principle at risk. Europian Perspectives, 31, 38 (2013), *available at* http://ssrn.com/abstract=2200870　この学会の紹介として、*Sarah Haggenmüller/Heike Jung/Carl-Friedrich Stuckenberg*, „Ultima ratio" − ein Prinzip in Gefahr? Ein Tagungsbericht, GA 2012, S. 636 も参照。
127) この観点から法益論を批判するものとして、*Armin Engländer*, Revitalisierung der materiellen Rechtsgutslehre durch das Verfassungsrecht?, ZStW 127 (3), 2015, S. 618 f.
128) *Roxin*, a. a. O. (Anm. 54), S. 14 f., 40 ff.
129) *Luís Greco*, Verfassungskonformes oder legitimes Strafrecht? Zu den Grenzen einer verfassungsrechtlichen Orientierung der Strafrechtswissenschaft, in: *Beatrice Brunhöber/Katrin Höffler/Johannes Kasper/Tobias Reinbacher/Moritz Vormbaum* (Hrsg.), Strafrecht und Verfassung, 2013, S. 13. さらに結論において、正統な刑法に必要なものは、その合憲性だけよりもはるかに多いとする。その認識は正しいとしても、明確な境界を設定すべきであるということには変わりがない。
　　また、*Hassemer/Neumann*, a. a. O. (Anm. 89), S. 117 は、後述の第二の問題点とも関係して、「法益論にとって、──刑事立法者によって当然尊重されるべき──憲法上の諸準則の向こう側で、その諸準則によって定式化された、行為態様の正統な犯罪化の諸基準を充足しない犯罪構成要件の法的拘束力を疑うということは、問題となっていない」と述べる。確かに、法益論それ自体が、法規の法的拘束力を疑う理論ではないというのはその通りかもしれない。しかし、Hassemer が反対意見およびその他の論稿で行なったように、連邦憲法裁判所が法規の法的拘束力を問題とする際に適用する基準たる三段階審査および比例原則を、法益論の立場から再構成しようとすれば、それはまさに法益論が法規の法的拘束力を疑う理論へと再構成されることを意味しよう。法益論が、連邦憲法裁判所に何らかのことを訴えようとするならば、いずれにせよ第一の問題点は避けては通れないのである。*Engländer*, a. a. O. (Anm. 127), S. 619 参照。
130) *Appel*, a. a. O. (Anm. 83), S. 280 f.

とされており、法益論はその限りで、憲法論領域で議論すべき事柄をも包摂せざるを得なくなる。そして、法益論がその両議論レベルの境界線を明らかにすることなく、自らの理論を憲法的分析の文脈で機能するようにすることにほとんど関心を払ってこなかったことは、近親相姦決定の多数意見が、法益論を、憲法上の議論を全くせずに民主的立法者の権限を制限することを要求する奇妙な理論として退ける理由となっていると考えられる。Hassemerの見解は、憲法上の議論に法益論を接合させようとしたものと評価できるが、立法批判的な法益という概念自体の内実を、前実定的な刑法的伝統から導出しようとしている。そうだとすれば、Hassemer反対意見の判断構造は、法益論の内部で政策論領域と憲法論領域の境界をはっきりさせないままに、それを合憲性審査手法としての三段階審査・比例原則にはめ込んだだけのものであり、妥当領域の不明確性という問題点はそのまま残されることになるのである。

　そして、理論の妥当領域の不明確性という問題点は、刑事立法の正統性を基礎付ける全要素を体系的に示すという目的の達成を阻害するものでもある。というのも、法益論の枠組では、刑事立法の合憲性を基礎付ける最低限の諸要素と、そこに付加される政策論的望ましさを基礎付ける諸要素とを区別できないからである。法律が違憲であれば、政策論的議論をする余地がなく、政策論は合憲的な法律についてのみ語られるものであるということが、立法批判の議論枠組においても留意されていなければならないとすれば、憲法論

---

131) 法益論の主張者であるRoxinも、境界の不明確性については、認めている。*Claus Roxin*, Der gesetzgebungskritische Rechtsgutsbegriff auf dem Prüfstand, GA 2013, S. 451参照。
132) *Klaus Ferdinand Gärditz*, Strafbegründung und Demokratieprinzip, Der Staat 49 (2010), S. 334 f. この論文に対する批判として、*Rainer Zaczyk*, Demokratieprinzip und Strafbegründung. Eine Erwiderung auf Klaus Ferdinand Gärdiz, Der Staat 50 (2011), S. 295 ff. さらに、この論争を総括するものとして、*Shu-Perng Hwang*, Demokratische Willensbildung vor grundrechtlicher Rahmenordnung. Verfassungsrechtliche Überlegungen zur Auseinandersetzung von Gärditz und Zaczyk, Der Staat 51 (2012), S. 233 ff. および飯島暢「刑罰の目的とその現実性―法の目的、法の原理としての自由の保障との関係」川端博ほか編『理論刑法学の探究⑥』(成文堂・2013年) 59頁以下がある。
133) 本文前述でも明らかにしたように、このような意味での「法益論」を多数意見は明確に退けているのであって、多数意見が実際には法益論を放棄していないという見方は誤っている。
134) Stuckenberg, *supra* note 126, at 38; *Gärditz*, a. a. O. (Anm. 132), S. 352.
135) この点については、*Kasper*, a. a. O. (Anm. 48), S. 209 ff.

と政策論を審査要素の上で区別できない枠組は、立法批判枠組としては不完全なのである。

したがって、刑法学はまず、憲法論領域の議論において、刑事立法の合憲性を基礎付ける最低限の諸要素を確定し、その次に、政策論的望ましさを基礎付ける諸要素を探求していかなければならない。そして、合憲性に関する議論においては憲法上の議論を参照し、その中で刑法学上望ましい独自の合憲性基準を模索する努力をすべきなのである。[136]

II 民主主義からの乖離（Demokratieferne）[137]
――法益論は民主主義的ではない

憲法論領域の議論として行なわれる場合に[138]法益論が有する第二の問題点は、民主主義という観点を等閑視しているということである。そして、その結果として法益論は、民主的に正統化された立法者に対して課される行為準則としては、不適切な理論枠組となってしまっているのである。この問題点は、次のような諸点に表れている。

1 前憲法的あるいは非民主的な立法者像

ドイツ基本法および日本国憲法の構造によれば、民主主義的に選挙された[139]立法者は、その目的および規制形式の選択において原則として自由であり、憲法のみが立法者に限界を設ける。[140]それにもかかわらず法益論は、立法者を刑法学独自の観点から拘束しようとするのである。[141]

---

136) Stuckenberg, *supra* note 126, at 38; *Stuckenberg*, a. a. O.（Anm. 125), S. 661. このような思考の危険性を指摘し、伝統的な刑法学からの思考を目指すものとして、*Greco*, a. a. O.（Anm. 129), S. 13 ff.
137) *Stuckenberg*, a. a. O.（Anm. 125), S. 658.
138) Hassemer の理論をも想定している。
139) 長尾一紘「立法裁量の法理」『基本権解釈と利益衡量の法理』（中央大学出版部・2012年）129-130頁〔初出2008年〕参照。
140) 少なくとも、裁判所が法規の合憲性を審査する場合には、そうである。*Ivo Appel*, Verfassung und Strafe − Zu den verfassungsrechtlichen Grenzen staatlichen Strafens, 1998, S. 428.
141) *Gärditz*, a. a. O.（Anm. 132), S. 341 は「広範囲にその公法上の基準系から解き放たれている」と述べる。刑法理論の立場からこれを行なうことの批判として、*Appel*, a. a. O.（Anm. 140), S. 432 ff.

このような考え方の背後には、前憲法的な立法者像があるといわれる。刑事立法者には、刑法という手段の投入に関する決定が無制限に委ねられてはならず、そのための充分な憲法的拘束が欠けているので、別の刑法内在的な方法で制御することが必要であるという刑事立法者像が前提とされているのである。その際、立法者が直接民主的に正統化されている国家機関であり、立法者は憲法によって拘束されたものであり、民主的・法治国家的立憲国家においてはその憲法的拘束なくしては考えられ得ないということは、ほとんど考慮されていない。そして、そもそも民主主義は、個人の自由という理念に基づいており、支配を制限するための制度であって、憲法も権力を制限するためのものであるということも見落とされている。そのことは、他の公法学からみれば奇妙なことであろう。

2　法益の定義権力の所在

第二の点は今まで法益論が明らかにしてこなかったことであるが、何が「法益（あるいは保護に値する利益）」に該当するかを決定する定義権力（Definitionsmacht）は、誰が有しているのかということも問題となる。民主的国家においては、定義権力は第一次的には ── 憲法に拘束された ── 立法者にしか存在せず、少なくとも、前実定的・前憲法的な所与（またはそれを見出す刑法学者）には存在しない。すなわち、保護法益は民主的法の構成物であって、立法者が見出し、描き出さなければならないだけであるような存在的所与ではない。そして、憲法はその定義権力に対して、消極的な限

---

142)　その他の立法者と区別された「刑事立法者」はそれ自体として存在せず、憲法上予定されているわけではないことについて、*Appel*, a. a. O. (Anm. 140), S. 443 f.
143)　*Appel*, a. a. O. (Anm. 83), S. 286 f.
144)　*Gärditz*, a. a. O. (Anm. 132), S. 342.
145)　IAN SHAPIRO, THE STATE OF DEMOCRATIC THEORY 3, 51-55 (2003)（イアン・シャピロ（中道寿一訳）『民主主義理論の現在』（慶應義塾大学出版会・2010年）5頁、79頁以下等参照）参照。
146)　*Appel*, a. a. O. (Anm. 83), S. 299; Stuckenberg, *supra* note 126, at 36; *Heiko Maas*, Wann darf der Staat strafen?, NStZ 2015, S. 306.
147)　*Appel*, a. a. O. (Anm. 140), S. 450; *Gärditz*, a. a. O. (Anm. 132), S. 352.
148)　*Gärditz*, a. a. O. (Anm. 132), S. 352.

界付けしか設けていないのである。[149]

3 客観的正義の不存在

　前述のような考え方からすれば、客観的真理に基づく正しい法というものが民主的手続の成果から完全に独立した形で存在するということは前提とされず、そのような観点から主張される立法上の欠陥のうち憲法違反の閾値に至らない全ての欠陥は、政治過程においてしか治癒されない[151]。そして、その意味において民主主義は内容的開放性に基づいており、絶対的妥当要求を統治の正統化根拠から除外することによって[152]、民主主義による決定は取り消し可能な期限付きの統治となる[153]。だからこそ、現状の批判あるいは変革という観点から、学問的見地において立法者に対して、どのような目標を選択すべきで、どのような目標を選択すべきでないのかを指示しようとすることは、必要かつ重要なのであるが、それは政策論領域で行なわれなければならないことである[154]。そのような政策論領域では、論証が説得力を持つことが重要となるが、民主主義国家においては前実定的なものを引き合いに出すよりも、憲法を引き合いに出すという方向の方がより説得力を有すると考えられる[155]。

4 法益論からの憲法の参照の問題性

　このような、立法者を拘束するのは憲法だけであるという前提は、前述のRudolphi、RoxinやHassemerにもおそらく共有されている。だからこそ、立法批判的法益概念は、憲法との関係に留意せざるを得ないのであり、可罰性を法的に限界付けるための議論としての法益論は、憲法を参照しているの

---

149) *Otto Lagodny*, Strafrecht vor den Schranken der Grundrechte, 1996, S. 143 f.; *Appel*, a. a. O. (Anm. 83), S. 300.
150) *Gärditz*, a. a. O. (Anm. 132), S. 343 f., 365; *Maas*, a. a. O. (Anm. 146), S. 306. この点に関連して、Gärditzを批判するものとして、*Günther Jakobs*, System der strafrechtlichen Zurechnung, 2012, S. 18 f. Fn. 15参照。
151) *Stuckenberg*, a. a. O. (Anm. 125), S. 658.
152) *Gärditz*, a. a. O. (Anm. 132), S. 343.
153) *Gärditz*, a. a. O. (Anm. 132), S. 345. *Engländer*, a. a. O. (Anm. 127), S. 631 ff.も参照。
154) *Stuckenberg*, a. a. O. (Anm. 125), S. 658 f.
155) 批判として、*Greco*, a. a. O. (Anm. 129), S. 30 ff.

である。しかし、それにもかかわらず、そこで規定される法益は単純に実定法から取り出されるのか、それとも、立法者に——どのような場合も——あらかじめ与えられている財が問題であって、それらの所与の財は自然主義的または存在的範疇の描写によって構成されなければならず、その意味で民主主義的基準系の外側にとどまっているのかは、大抵不明確のものとなっている。[157]

そして、日本においても前述のように憲法上の価値判断から法益概念を定義しようとする見解がある。もっとも、それら全てに妥当することとして、定義権力の保持者についての不明確性は存在しており、ドイツの議論と同様の問題を抱えている。

しかし、そのような憲法の参照が行なわれる場合でも、民主主義の等閑視という観点からのさらなる問題が伏在している。そのような参照が行なわれる場合、〈法益〉という概念は、刑法が保護すべき（してよい）何らかのものを意味し、それが憲法上抽象的に決まっているということを前提としているように思われる。[158]しかし、法益の保護は刑法だけが行なうものではなく、[159]また保護に値するものを決定するのは、民主主義国家においては、政治的プロセスにおける複数の利益相互間の衡量なのであって、憲法上には、抽象的・絶対的な形で個々の財または価値の序列および意義ならびにその保護の

---

156) *Hassemer*, a. a. O. (Anm. 87), S. 58; *Roxin*, a. a. O. (Anm. 54), S. 40 ff. 法益論からの憲法の参照を批判するものとして、*Engländer*, a. a. O. (Anm. 127), S. 624 ff.

157) *Gärditz*, a. a. O. (Anm. 132), S. 334 f. なお、*Michael Kubiciel*, Die Wissenschaft vom Besonderen Teil des Strafrechts, 2013, S. 67 は、「憲法に挙げられた目標の範囲から刑法の任務のより狭い範囲を切り取ろうとする者は、憲法を引き合いに出すことはできず、むしろ、前実定的な国家理論的または刑法理論的諸基準にアクセスしなければならない」と述べている。

158) *Hassemer*, a. a. O. (Anm. 87), S. 59 f. また、人格的法益論について、個人的法益が集合的法益に優位することについて、*Hassemer/Neumann*, a. a. O. (Anm. 89), S. 119 ff. さらに、*Stächelin*, a. a. O. (Anm. 88), S. 80 ff. なお、この点の憲法学における議論については、長尾一紘「個人の権利と社会的利益——衡量可能性をめぐって」前掲注139）81頁以下、およびそこで引用されている *Robert Alexy*, Individuelle Rechte und kollektive Güter, in: *ders.*, Recht, Vernunft, Diskurs, 1995, S. 232 ff. 参照。

159) *Appel*, a. a. O. (Anm. 140), S. 452. 本書が前提とする立場と異なる立場であるが、*Günther Jakobs*, Rechtsgüterschutz? Zur Legitimation des Strafrechts, 2012, S. 17 f.; *ders*, Recht und Gut — Versuch einer strafrechtlichen Begriffsbildung, Grundlagen und Dogmatik des gesamten Strafrechtssystems: Festschrift für Wolfgang Frisch zum 70. Geburtstag, 2013, S. 82 ff.

ために許される手段が一般的に読み取られ得るような価値秩序があるわけではない。[160]

したがって、刑法的な法益論は、それが立法者に対する何らかの拘束的な基準を、刑法による保護が正統とされる対象（目的）を示すという形で具体化しようとする限り、民主的に正統化された立法者が解決すべき[161]、憲法上保護された複数の価値のこのような緊張関係をすでにアプローチ上把握し得ないのである。[162] そして、少なくとも、衡量を把握しようとすれば、法益論は、衡量の結果を先取りしたものを法益概念で規定しなければならないことになり[163]、抽象的なものにならざるを得ず、〈法益論〉が目指しているような立法批判機能は大きく減殺されるように思われる。[164] また、そのように考えたとしても、後述するように[165]、行為禁止の正統性を審査する段階で、行為禁止それ自体とは関係がないとも考えられる〈刑罰〉の法定という事情をもって、行為禁止を正当化する目的の要件を加重するというアプローチには問題がある。それゆえ、〈法益〉という形で刑法上保護に値する対象を規定する必要

---

160) *Appel*, a. a. O.（Anm. 83), S. 295, 300; *Gärditz*, a. a. O.（Anm. 132) S. 351 ff.; *Kubiciel*, a. a. O.（Anm. 157), S. 73 ff.; *Maas*, a. a. O.（Anm. 146), S. 306. また、このような価値序列を否定し法益論は衡量の結果を述べるものであるということを示唆するものとして、*Kasper*, a. a. O.（Anm. 48), S. 229 ff. なお、一応の優位があり得ることについては、*Alexy*, a. a. O.（Anm. 158), S. 232 ff. すなわち、憲法上の価値相互間に何らかの序列関係があることまで否定するものではない。

161) *Gärditz*, a. a. O.（Anm. 132) S. 353; BVerfGE 120, 224 [242].

162) *Appel*, a. a. O.（Anm. 83), S. 296. もっとも、法益論の主張が、比例原則における狭義の比例性における審査の結論を先取りしたものを表現しているとすれば、法益概念に衡量が内在しているともいえるかもしれない。しかし、そうだとしても、その衡量の基準として、利益の絶対的優劣関係を前提とするならば、同様の批判が妥当する。

163) このように理解したうえで、衡量に際しては比例原則が妥当すると解するならば、法益論は独自の意味をもはやほとんど有さなくなるであろう。*Engländer*, a. a. O.（Anm. 127), S. 625 ff.

164) Hassemer の見解もそのようなものとして理解することはできる。しかし、そうした場合、法益論は目的審査の問題ではなく、刑罰の投入という事情まで含めた過剰侵害の禁止（狭義の比例性）の問題となるのであり、目的の段階で審査できるように一般的に規定する必要はないように思われる。このように「法益論」を狭義の比例性の議論に位置付けることを示唆する論稿として、*Kasper*, a. a. O.（Anm. 48), S. 193 ff.; *Stächelin*, a. a. O.（Anm. 88), S. 163 f.参照。
　また、この観点から日本の議論をみた場合、伊東研祐が論じる「純粋規範によって保護されている」対象の憲法からの制約をも議論しようとするが、私見である。

165) 本節III参照。

性は、立法批判という場面においてはほとんど存在しないのである。

5　人格的法益論の民主的内容？

　Hassemer 等が主張するような人格的法益論には、民主主義の観点が内在しているとと評価する見解もある。まずそこでは、民主主義とは、討議によって正しい決定を集合的に探求するためのものであるという理解が前提とされ、その討議手続は、議会におけるものに限られない、再帰的・永続的なものとされる。したがって、法益も、そのような民主主義の実践によって定められるとされるのであるが、その決定プロセスにおいては、個々人がそれぞれの利益を主張して討議するプロセスが想定されているのであろう。ここで利益という概念は、討議のプロセスにおいて主張され、その結果、他の利益と調和し、論証的に貫徹され得るものであるから、ある程度の普遍性を有していなければならないとされる。

　しかし、そのような民主主義プロセスにおいても、議会における討議の結果、単なる道徳違反を処罰する場合のように、刑法的権力によって個人に、普遍化され得ない価値・選好が強制され、個人の私的領域への介入が行なわれるという事態が生じることも想定される。そのような事態において、法益

---

166) *Antonio Martins*, Der Begriff des Interesses und der demokratische Inhalt der personalen Rechtsgutslehre, ZStW 125 (2), 2013, S. 234 ff.; *ders*. Die personale Rechtsgutslehre als demokratische Schranke, in: *Martin Asholt / Milan Kuhli / Sascha Ziemann / Denis Basak / Mark Reiß / Susanne Beck / Nina Nestler* (Hrsg.), Grundlagen und Grenzen des Strafens, 2015, S. 79 ff.

167) *Martins*, a. a. O.（Anm. 166）ZStW, S. 242. ここでは詳論は避けるが、この理解の問題点としては、SHAPIRO, *supra* note 145, Chapter One（シャピロ（中道訳）・前掲注145）15頁以下）参照。

168) *Martins*, a. a. O.（Anm. 166）ZStW, S. 246, 249.

169) *Martins*, a. a. O.（Anm. 166）ZStW, S. 253. *Hassemer / Neumann*, a. a. O.（Anm. 89）, S. 122 ff. の利益の創造プロセスについての論証も参照。さらに、*Paeffgen*, a. a. O.（Anm. 122）, S. 136 ff.

170) *Martins*, a. a. O.（Anm. 166）Grundlagen und Grenzen des Strafens, S. 81 f.も参照。

171) *Martins*, a. a. O.（Anm. 166）Grundlagen und Grenzen des Strafens, S. 94 f.

172) *Martins*, a. a. O.（Anm. 166）Grundlagen und Grenzen des Strafens, S. 94 f.によればこのような説明となろう。Martins によれば、普遍化可能性の程度こそが、利益と道徳の区別基準となるのである。

173) *Martins*, a. a. O.（Anm. 166）ZStW, S. 243.

第3節　法益論に対する疑問　II　民主主義からの乖離（Demokratieferne）

論を含む刑事立法論は、超再帰的な機関として、犯罪化の正統性に関する社会的討議の結論を合理的試験台の上にのせようとし、学問的論争図式に統合しようとするものであるとされる。その中で人格的法益論は、「刑事立法の合理化プロセスの最初の機関として、犯罪構成要件は、それらが（共同の生活形態をともにする集合的グループとは区別される）個々人の（単なる倫理的、実践的、道徳的等々とは区別される）法的利益と結び付けられ得る場合にしか正統化され得ない」ということを主張するものとして位置付けられる[174]。このように位置付けられた人格的法益論は、人格として法的討議の参加者を引き合いに出し、刑法は人格のために機能化されるという意味において、「——多数決あるいは共同体の強制に対して——政治的アクターとしての全ての個人の権利を承認することの中に存在する民主主義も顧慮している」とされるのである[175]。

このような理解は、確かに民主主義国家における法益創造プロセスの理解としては正当であるかもしれない。しかし、法益論を超再帰的なものとして位置付けることに関しては疑問がある。というのも、そのような理解は結局、法益論の主張者が、民主的討議によって到達されるはずの〈正しい決定〉の要素、あるいは普遍化可能な利益の限界を知っているということを前提としているのであって、それを（自らの主張する）〈法益〉として定義しようとすれば自己中心的な議論しか導き得ないと思われるからである。

また、討議の結果としての法規範の限界は、やはり憲法が定めているのであって、そこにおいては、何らかのものを守っていない（あるいは、道徳等の何らかのものを守っている）ということ自体を理由とする形では、ほとんど限界が定められない。憲法上の権利への介入が存在することを前提として目的審査が行なわれる以上、ある法規定が法的限界を超えるのは、基本権を侵害していることを直接の理由とすることになるはずである。「人間の利益」と「公共の福祉」を同一視するのであれば、それはまさにこのような帰結と[176]

---

174)　*Martins*, a. a. O.（Anm. 166）ZStW, S. 248.
175)　*Martins*, a. a. O.（Anm. 166）ZStW, S. 249 ff.
176)　*Martins*, a. a. O.（Anm. 166）ZStW, S. 251. そして、このことは利益概念に普遍化可能性を要求することにも表れていると思われる。

なるはずであって、その意味で上述の見解は、目的審査において人格的法益論に独自の意味を持たせようとする Hassemer の議論も、憲法上の比例原則の意味も、両方共誤解しているように思われるのである。

III 3つの問題の混同――法益論が審査しようとしているもの

　法益論の第三の問題点は、可罰性の限定基準としての法益概念の背後で3つの異なる問題が混同されているということである。その問題とは、第一に、保護されるべき価値、状態または機能統一体についての問題（保護目的決定）、第二に、その保護のために行為規制（命令および禁止）が向けられてよいかどうか、ならびに、第三に、どのような条件で、この規制が目指す――すでに行為規範によって保護された――価値、状態または機能統一体の保護のために、その保護を超えて刑罰の投入を必要とするかどうか、および、どのような条件で、目指された法益保護の達成のために刑罰補強がなお相当であるのかという問題（刑罰の使用）である。[177]

　法益論において、法益が刑罰という重大な介入をその保護のために許す程のものであることが前提とされているとすれば、ひとたび法益の存在が認定されると、その法益を侵害・危殆化する行為の規制とその規制違反に対する刑罰の投入は自動的に許容されるという一貫した推論となり得る。また、比例原則（とりわけ狭義の比例性）や刑罰の謙抑主義による調整が可能であるとしても、[178] 法益保護という目的に関する審査において、刑罰投入の可否の議論の一部を先取りすることには変わりがなく、裁判所における審査では重要な側面であった、禁止される行為自由と立法目的との衡量という側面は、法[179]

---

177) *Appel*, a. a. O. (Anm. 83), S. 284; *Lagodny*, a. a. O. (Anm. 149), S. 22, 146, 424 ff.; *Wolfgang Frisch*, Voraussetzungen und Grenzen staatlichen Strafens, NStZ 2016, S. 17, 22. 日本の裁判所において、この3つの問題が区別されていることについて、第1章第1節II参照。この区別に批判的なのは、嘉門・前掲注46) 22-23頁。

178) *Otto Lagodny*, Das materielle Strafrecht als Prüfstein der Verfassungsdogmatik, in: *Roland Hefendehl/Andrew von Hirsch/Wolfgang Wohlers* (Hrsg.), Die Rechtsgutstheorie, 2003, S. 85 f.; *Appel*, a. a. O. (Anm. 83), S. 284 f.

179) *Hassemer*, a. a. O. (Anm. 87), S. 60.

益の侵害・危殆化の程度という形でしか考慮され得なくなる。しかも、行為自由の制約の強さを決定するうえで、制約される行為自由の重要性および制約される行為の範囲等の、刑罰が法定されていない場合も問題となる諸要素と、刑罰の法定という側面とが、どのような関係に立つのかが不明確にされたまま、刑罰の法定という一事をもって、刑罰法規の目的が刑罰を投入すべき法益保護という厳格な目的に限定されてしまうことになる[180]。その結果、行為禁止それ自体による憲法上の権利の制約という側面に着目した場合には当該憲法上の権利の制約と衡量され得る目的が、法益という厳格な目的に最初から限定されてしまう理由は、まったくもって不明なものとなってしまう。この理由を、法益概念の前実定的な基礎付けに求めるならば、前述した民主主義からの乖離という問題が生じることになる。そして、これら全ての問題点は、上記の３つの問題の混同に起因するものであり、行為自由の制約との衡量が不完全にしかできないという問題を解決するためには、３つの問題を分離して考察することが必要となるのである。それによってはじめて、法益論の背後で十把一絡げに考慮されていた刑事立法の正統性を基礎付ける全要素を体系的に示すことが可能となるであろう。

なお、ドイツ秩序違反法についても〈法益〉の存在は必要とされているが、秩序違反法と刑法が補充性および法益侵害（ないし責任）の軽微性により区別されるとすれば[181]、結局、秩序違反法か刑法かのどちらかを投入することまでは、〈法益〉の存在が認められれば一貫して演繹でき、法益の侵害・危殆化の程度の問題が残されるにすぎないので、上記の問題点は、秩序違反法を含めた問題においても妥当することになると思われる。

さらに、これら３つの問題の区別は、それぞれの場面で、正当化の要求さ

---

180) *Detlev Sternberg-Lieben*, Die Sinnhaftigkeit eines gesetzgebungskritischen Rechtsgutsbegriffs – exemplifiziert am Beispiel der Beschimpfung religiöser Bekenntnisse, Strafe und Prozess im freiheitlichen Rechtsstaat: Festschrift für Hans-Ullrich Paeffgen zum 70. Geburtstag am 2. Juli 2015, 2015, S. 37 ff. が、明示的にそのような論証を行なっている。そこでは、比例性の審査に服する目的が法益に限定される理由として、刑罰法規においては、行為自由の制約とともに、刑罰賦課による基本権制約が、累積的に存在することが挙げられているのである。しかし、なぜそのことが、刑法の目的を法益保護に限定する理由になるのかは不明なままである。*Frisch*, a. a. O.（Anm. 177), S. 22 も参照

181) *Roxin*, a. a. O.（Anm. 54), S. 31 f.

れる憲法上の権利の制約が異なり、三段階審査における段階も異なるということによっても基礎付けられる。保護目的の決定と行為の規制の問題とは、ある行為を禁止することによる基本権制約の正当化の問題であり、それぞれ目的審査と比例原則に対応する。そして、刑罰の使用の問題としては、制裁手段たる刑罰による基本権制約の正当化が全般的に問題となっているのである。

このように考えると、Hassemer の反対意見の判断手法（特に目的審査）には重大な問題のあることが明らかになる。「刑罰」によって「社会倫理的な反価値判断を向けられる」ということを理由として、なぜ、行為を禁止するための目的要件（保護目的の決定の問題）が加重されるのか、すなわち、行為の禁止に付随しているが、全く別の基本権制約である刑罰の使用という事情で、行為の禁止による基本権制約の要件が厳格化されることの理由が、Hassemer の反対意見では明らかにされていないのである。この理由が、伝統的な法益論の結論は憲法上の結論と一致するはずであるという、前実定的な法益論を前提とする論証のみであるならば、Hassemer の反対意見に対しても、上記の法益論に対する批判は全面的に妥当することになる。

---

182) *Lagodny*, a. a. O.（Anm. 149), S. 6 ff.; *Lagodny*, a. a. O.（Anm. 178), S. 83 ff.
183) *Lagodny*, a. a. O.（Anm. 149), S. 8, 89 ff., 137 ff. また、これは上で指摘した通り、刑法に特有のものではない。
184) 詳しくは後述するが、この場面ではさらに2つの基本権制約が問題となる。制裁に内在する非難の要素による基本権制約と、自由刑等の執行による基本権制約である。*Lagodny*, a. a. O.（Anm. 149), S. 96 ff., 129 ff. 前者の制約については、*Stächelin*, a. a. O.（Anm. 88), S. 112 f. も参照。
185) *Lagodny*, a. a. O.（Anm. 149), S. 273 ff.
186) おそらくこの点を批判するものとして、*Lagodny*, a. a. O.（Anm. 178), S. 83.
187) *Hassemer*, a. a. O.（Anm. 87), S. 59 f.

第4節　法益論から憲法へ
── 構築すべき立法批判枠組の基本構造

　以上のような検討を踏まえて、本書の以下で構築していく立法批判の基本枠組をここでまとめておこう。

I　三段階審査および比例原則の枠組の使用[188]
── どのように審査するのか

　何度か指摘した、立法者の行為準則に従った立法批判という観点からは、三段階審査および比例原則の枠組に従った議論が行なわれることになる。その際、Hassemer のように刑法的な法益論の視点から、それらの枠組を使用するのではなく、日独の裁判所が行なうように、憲法学の視点からすれば通常の使用方法によって、それらの枠組を使用する。すなわち、刑罰という手段の使用という事情を出発点として法律の合憲性の要件を規定するという手法ではなく、いかなる権利に対する制約が問題となるかを確認し、その制約を正当化するための要件が充足されているかを確認するという手法である。[189] そして、立法者を最終的に制限するのは憲法のみであって、前実定的なものではないこと、および民主主義国家においては立法者に少なからず立法裁量が認められるということが、正当化（比例原則）のそれぞれの段階で問題となることが留意されなければならない。

II　行為規範と制裁規範の分離[190]── 何を審査するのか

　三段階審査および比例原則の枠組を用いた審査においては、行為規範と制

---

188)　このような方向性を示唆するものとして、井田良「近年における刑事立法の活性化とその評価」井田＝松原編・前掲注75）106頁注11）も参照。
189)　*Lagodny*, a. a. O. (Anm. 149), S. 6 ff.
190)　伊東・前掲注68）412頁も同様のことを示唆するが、区別の根拠は異なるものであり、また、

裁規範とが分離されなければならない。重要なのは、この区分は、国家に対する授権という観点からも行なわれるということである。すなわち、当該規範が国家に、いかなる基本権を制約することを授権しているのかという観点である。これに従って、両規範を一応定義付ければ次のようになる。

　行為規範とは、個々人に一定の振舞い（作為または不作為）を、法的拘束力をもって命じる、すなわち、それに対する違反を禁じる、抽象的・一般的な法律上の法規である（それに対応して国家に行為規制が授権される）。行為規範のもとでは、禁止それ自体から生じる、特別な自由権（職業の自由、意見表明の自由等々）あるいは一般的行為自由（基本法2条1項、日本国憲法13条）の制約が問題となっている。そして、特に重要な点は、行為規範の正当化は刑法特有のものではないということである。ある振舞いを禁じる規範については、全て行為規範に関する議論が問題となるのである。

　制裁規範とは、国家に、第一に行為規定の違反ゆえに国家的非難の権限を与え、第二に特定の制裁手段を科すことの権限を与える法規範である。非難一般は、刑法特有のものではなく、制裁一般に含まれるものである。国家による非難は全て個人の社会的名誉要求および尊重要求の侵害として、一般的人格権（日本国憲法においても13条で保障されている）を制約するため、その観点での正当化が必要とされる。第二の授権の正当化は、それぞれの制裁手段によって制約される権利（例えば、自由刑であれば身体の自由）毎に異なるものとなる。

　　その区別に立脚したうえで、刑法の使用を限界付けるための「法益」概念を構築しようとしており（同書414頁）、その意味で、憲法上の審査という私見の観点からすれば、区別が貫徹されているわけではない。

191) *Lagodny*, a. a. O. (Anm. 149), S. 8; *Appel*, a. a. O. (Anm. 83), S. 306 ff.; *Frisch*, a. a. O. (Anm. 177), S. 16 f.（もっとも、Frisch は、制裁規範という言葉は用いていない。）

192) *Lagodny*, a. a. O. (Anm. 149), S. 79.

193) *Lagodny*, a. a. O. (Anm. 149), S. 8, 89 ff.

194) *Lagodny*, a. a. O. (Anm. 149), S. 8. *Appel*, a. a. O. (Anm. 83), S. 306 ff. および *Appel*, a. a. O. (Anm. 140), S. 431 ff.は、行為規範は既存のものであって、刑法はその保護のために投入される補助的なもの（保護法）であるとする。

195) *Lagodny*, a. a. O. (Anm. 149), S. 111、佐伯仁志『制裁論』（有斐閣・2009年）7-8頁。なお、刑罰特有の非難の説明として、*Appel*, a. a. O. (Anm. 140), S. 466 ff.

196) *Lagodny*, a. a. O. (Anm. 149), S. 127 f.; *Appel*, a. a. O. (Anm. 140), S. 491 ff.

197) *Appel*, a. a. O. (Anm. 140), S. 493 f.

制約される憲法上の権利が異なる以上、刑法規定の合憲性審査においては、行為規範および制裁規範の両方がそれぞれ審査されなければならない[198]。ある行為を法的に規制することと、そうした行為を刑罰によって規制・抑止すべきか否かは、憲法上は全く別の問題となるのである[199]。もっとも、制裁規範は行為規範を基礎として成り立つものであり、行為規範が違憲となる場合、制裁規範の審査は不要となる[200,201]。

以上のような理解からは、行為規範に対して制裁規範が二次的性格を有し、制裁を定める刑法も必然的に二次的性格を有することとなるが、そのことは、保護されるべきものの決定が体系的に常に刑法の前にある領域において、全法秩序によって確定されていなければならないということを意味しない[202]。刑法も行為規範と制裁規範によって構成されており、その行為規範も立法者（〈刑事〉立法者ではない）によって決定されている以上、刑法が民事法あるいはその他の公法に付従する必要はなく、行為規範に付従していればよいのである。

なお、行為規範と制裁規範の区別は、再び統合されなければならないと述べられることもあるが[203]、立法を批判するうえで議論となるレベルをひとまず分離しておくことは重要であり、あえて統合する必要はないように思われる。

III 合憲性の限界と政策論の分離——目標は何か

立法者を納得させることを目的とした刑事政策的討議への理論的寄与を目指す議論と刑事立法の憲法上の限界を厳密に設定しようという議論との区別に留意して、以下の議論は行なわれなければならない[204]。その際、重要となる

---

198) *Appel*, a. a. O. (Anm. 140), S. 490 ff. 国家に対する授権規範として区分されることについては、*Lagodny*, a. a. O. (Anm. 149), S. 85 ff., 97 ff., 127 ff.; *Appel*, a. a. O. (Anm. 140), S. 436.
199) *Lagodny*, a. a. O. (Anm. 178), S. 84; *Appel*, a. a. O. (Anm. 140), S. 436.
200) 日本の最高裁判例についていえば、刑罰を選択するか否かという部分の審査を、より厳格なものにする試みといえよう。
201) *Appel*, a. a. O. (Anm. 140), S. 436.
202) *Appel*, a. a. O. (Anm. 140), S. 444. この点に関する誤解が、いわゆる法秩序（違法性）の統一に関する議論に混乱をもたらしているようにも思われるのだが、詳論は避ける。
203) *Stächelin*, a. a. O. (Anm. 88), S. 51, 164.
204) なお、*Martins*, a. a. O. (Anm. 166), Grundlagen und Grenzen des Strafens, S. 83 f. 参照。

視点は、立法者と裁判所との役割の相違という視点である。裁判所が立法者に対して統制できる範囲は限定的なものなのである[205]。それゆえに刑法学者が主張できることも、立法者に対してと裁判所に対してとで異なることとなる。すなわち、立法者に対して刑事政策的討議を挑むことは正当であるが、刑事政策的視点を過度に裁判所に求めることはあってはならないのである。したがって、刑法学者は、刑法に関する政治的議論のなかで声をあげ、立法者をその議論をもって納得させる努力を怠るべきではない[206]。政治的議論は、理想的には議論の説得力のみによって一定の方向に導かれるものであるからである[207]。しかし、そのような政策論的議論のなかであっても、立法者が行なってはならないこと（憲法上の限界）との関係を顧慮しながら、立法者の無思慮を諌めることを忘れてはならない。いずれにしても刑法学者は、正統な刑法が守っていなければならない対象としての〈法益〉という曖昧な概念によって、立法批判を行なうということをこれ以上続けるべきではないのである[208]。

---

205) この考慮の必要性を述べる論稿として、*Detlev Sternberg-Lieben*, Rechtsgut, Verhältnismäßigkeit und die Freiheit des Strafgesetzgebers, in: *Roland Hefendehl/Andrew von Hirsch/Wolfgang Wohlers* (Hrsg.), Die Rechtsgutstheorie, 2003, S. 65 ff. また、近親相姦決定における連邦憲法裁判所の立場の説明としては、*Krauß*, a. a. O.（Anm. 4), S. 432 ff.参照。
206) Stuckenberg, *supra* note 126, at 38-39.
207) *Martins*, a. a. O.（Anm. 166), Grundlagen und Grenzen des Strafens, S. 85 も参照。
208) Stuckenberg, *supra* note 126, at 39.

第2章

刑事立法はどのように審査されるべきなのか
—— あるべき立法批判枠組の構築

　第1章で明らかとなったのは、刑法学において議論されてきた立法批判手法である法益論は、〈刑法〉によって保護されてよい対象（法益）を確定することに集中しすぎたため、裁判所が採る（憲法に基づく）合憲性審査手法から大きく乖離しているということである。立法批判手法を構築していくうえでは、とりわけ、保護目的（対象）の決定および行為規制の範囲の決定、制裁投入の決定および刑罰投入の決定ならびに法定刑の決定という、それぞれ別個の問題が混同されて議論されている点が、解消されなければならない。また、制裁投入の決定および刑罰投入の決定をめぐる問題は、裁判所の採る合憲性審査手法にとっても残された問題点であった。

　そこで以下では、上記の諸問題をそれぞれ、行為規範の正統性と制裁規範の正統性（非難提起の正統性・刑罰投入の正統性・法定刑の正統性）とに分類し、それらを三段階審査および比例原則の枠組に従って審査する場合に、どのような構造となるかを論じる（第2節〜第5節）。その前提として第1節では、本書における行為規範および制裁規範の定義を示す。

第1節　行為規範・制裁規範の具体的内容
—— 用語の整理

　本書で議論の対象となる行為規範・制裁規範とは、あくまでも憲法上の権利の制約についての論証枠組で利用することを前提とし、憲法上の権利の制約に関して、それぞれの規範によって国家に対して授権された権限という観

点から区別されるものである。したがって、行為規範・制裁規範の定義付けに際しては、刑法上の「行為規範／制裁規範」の議論とは異なる考慮を要する。例えば、行為規範は個人に対して事前的に機能し、制裁規範は行為規範の侵害を前提として国家に対する制裁授権のために事後的に機能するという刑法的な分類とは異なる考慮に基づく。また、行為規範の議論においては、前述したように、刑法上の規範であるということは完全に無視されなければならず、制裁規範においても一部分は刑法を含む制裁それ自体の授権を考慮しなければならない。

そこで、具体的な審査手法の検討に入る前提として、本書が想定する行為規範・制裁規範が、いかなる内容を有するのかを論じ、その内容が、解釈論に与える影響も必要な範囲で述べておくことにする。

I 行為を規制することの意味——行為規範とは何か

1 外界状態規制規範としての行為規範

本書では、行為規範を「外界における一定の状態（危険および侵害結果を含む）の発生を規制し、それと結び付く人間の行動を規律するもの」と定義することとする。行為規範とは、外界の変動状態のみを理由として行為を規制するものなのである。このような行為規範は、禁止規範および命令規範の両者を含み、（一部の）単純所持罪のように、ある状態そのもの（所持自体）を規制する規範をも含む。また、故意・過失・責任能力等の、行為者の行為

---

1) 刑法上の議論については、増田豊『規範論による責任刑法の再構成—認識論的自由意志論と批判的責任論のプロジェクト』（勁草書房・2009年）1頁以下、高橋則夫『刑法総論』（成文堂・第2版・2013年）2頁以下参照。また、訴訟法の観点まで取り入れた分類として、鈴木茂嗣『刑法総論』（成文堂・第2版・2011年）3頁以下も参照。
2) *Otto Lagodny*, Strafrecht vor den Schranken der Grundrechte, 1998, S. 165.
3) 抽象的危険犯における結果の概念について論じるものであるが、謝煜偉『抽象的危険犯論の新展開』（弘文堂・2012年）89-90頁、106頁等も参照。
4) 所持罪において「所持」そのものが、事実状態としての人と物との関係を把握するものにすぎないとしても、「所持」という動詞が使用されている以上、行為規範の段階では人間の行為を規制しているものといえる。いずれにしても、所持を規制されることによって制約を受ける憲法上の権利を想定することは可能である。所持罪の問題性は、事実状態としてしか把握できない人間の行為に、制裁を科すことにあるのであって、それは制裁規範の問題に属する。したが

規範違反を非難するための要件は、非難の授権が問題とはなっていない行為規範の要素からは除かれ、行為規範違反を行為者に帰属するための要件も制裁を科すための要件であるため、行為規範の問題ではなくなる。もっとも、行為規範も規範である以上は、規制の名宛人を画するという範囲では、行為の目的等の行為者の主観的事情も要素となり得る。このような点で、本書で述べられる行為規範違反は、犯罪論体系上の構成要件該当性とも、違法性とも厳密には一致しない。すなわち、憲法上の権利の制約という観点からみれば、潜在的加害者のいかなる行為が禁止（または要請）されるかが決定的に重要となるから、具体的事案における加害者が、そのように設定された行為規範に対して、どのような態度をもって違反したかどうかは、行為規範の段階では問題となっていないのである。

　行為規範を以上のように理解すれば、行為規範とは個人の自由領域を配分する利益配分規範を基礎として、国家（立法者）が定式化した個人（潜在的

　　って、制裁規範の正統性を説明する際に後述する。なお、この点は、松原芳博「所持罪における『所持』概念と行為性」佐々木史朗先生喜寿『刑事法の理論と実践』（第一法規・2002年）23頁以下参照。
5)　詳しくは、後述5(3)、本章第3節ⅢおよびⅤ3(2)(d)等参照。
6)　*Lagodny*, a. a. O. (Anm. 2), S. 189. 行為規範のみをもって国家に授権されるのは、予防警察活動のみであることについては、*Lagodny*, a. a. O. (Anm. 2), S. 85 ff.参照。なお、日本においては、あくまで（実質的）刑法上の行為規範の問題に限定されることになるが、警察官職務執行法5条の「犯罪の予防」において、警察官の措置を授権するものと位置付けられるということになろう。
7)　*Ivo Appel*, Verfassung und Strafe – Zu den verfassungsrechtlichen Grenzen staatlichen Strafens, 1998, S. 439 f.
8)　さらにいえば、許された危険等を判断する際に、行為規範が想定している事案類型に収まる事象かどうかを判断する際にも、行為者の内心は考慮される。例えば、狩猟に出かけた際になされた被害者に対する狙撃行為が、「狩猟」とは呼べないと判断し、狩猟に際する「許された危険」を想定した行為規範（より正確にいえば、行為規範の基礎にある利益衡量）が、当該事象には適用されないという判断をするのである。しかしこの場合、そのような内心が刑法学上、故意（あるいは過失）と認定されるかどうかは問題とならない。したがって、故意行為であるという理由で許された危険の範囲外になるわけではない。この場合には、「人に対する射撃行為」についての行為規範（およびそれに対応する許された危険）が問題となるのである。以上の点については、伊藤渉ほか『アクチュアル刑法総論』（弘文堂・2005年）130-131頁〔小林憲太郎〕参照。
9)　このような理由から、ここでいう行為規範という概念の導入が、結果無価値と行為無価値の争いに関して何らかの含意を有するとは考えていない。しかし、このような行為規範の理解から帰結される解釈論上の問題は存在し得ると考えられるので、その点は後述5で論ずる。

加害者）の行動を規制する規範ということになろう。すなわち、潜在的被害者の利益を保護するために潜在的加害者の行動の自由をどこまで制約してよいかを規定したものが行為規範なのである。もっとも、ここで「利益」とは、あくまでも憲法上一応認められるものを意味し、何らかの前実定的所与を意味するわけではない。したがって、行為規範を定式化する際には、潜在的行為者の利益と潜在的被害者の利益（あるいは公益）を憲法上衡量することが不可避となる。前述した通り、この点にも本書が三段階審査・比例原則を支持する理由があるのである。

また、行為規範は、ある一定の外界の状態が発生することを阻止するために人間の行為を規制（禁止または要請）するものであるから、その前提には、ある一定の状態およびそれを惹起する一定の行動に対する法的不承認決定が存在しなければならない。したがって、そのような前提を含まない税法上の課税措置等は、ここでの議論における行為規範には含まれない。この場合、金銭的負担等を甘受する限りで、国家はその行動を認めているからである。さらに、ある一定の行動が要件となっているが、あくまでも特定の人の危険性に着目して課される処分を授権する規範も行為規範には含まれないことになる。

---

10) *Appel*, a. a. O. (Anm. 7), S. 449 ff.; *Klaus Ferdinand Gärditz*, Strafbegründung und Demokratieprinzip, Der Staat 49 (2010), S. 351 ff. *Michael Kubiciel*, Die Wissenschaft vom Besonderen Teil des Strafrechts, 2013, S. 53 ff. も参照。正当防衛における侵害の「不正性」は、このような意味での利益配分規範に違反した侵害を意味することになると思われる。なお、*Lagodny*, a. a. O. (Anm. 2), S. 165.
11) *Wolfgang Frisch*, Voraussetzungen und Grenzen staatlichen Strafens, NStZ 2016, S. 16 f.
12) 潜在的被害者の利益といっても、刑法という公法による行為規制が問題となっている以上、私人間の利益関係がそのままの形で問題となっているのではなく、あくまでも国家が公益（公共の利益）という形で集約した潜在的被害者利益が問題となっている。この点については、*Appel*, a. a. O. (Anm. 7), S. 448参照。
13) *Appel*, a. a. O. (Anm. 7), S. 450. 許された危険に関する文脈であるが、小林憲太郎『刑法的帰責』（弘文堂・2007年）32頁以下参照。不法行為法について論じるものであり、公法である刑法とは異なる側面もあるが、ある権利の保護とある行為の規制に関して、衡量的視点の重要性を述べるものとして、潮見佳男『不法行為法Ⅰ』（信山社・第2版・2009年）25-36頁参照。
14) 前述の通り、逆に法益論の思考方法においては、このような衡量が含まれていない。
15) だからといって、憲法上の権利の制約が存在しないと述べているわけではない。刑罰法規の合憲性を審査する文脈での行為規範には概念上含まれないと述べているだけである。
16) 当該行為は、行為者の危険性を判断する契機として意味を持つのであって、実際になされた、その行為を規制しようとしているわけではないからである。

2　立法者による権威的指令としての行為規範

1で述べたように、行為規範は利益間の衡量を前提とする。ここでの衡量とは、「公共の利益」を達成するために、立法者が、行為規範の名宛人に適用される行為理由を衡量することであるといえる。そのような衡量を経て、行為規範は権威的指令として発せられるのである。そして、行為規範の名宛人が自身で行為理由を衡量して行動する場合よりも、民主的に正統化された立法者による衡量の結果としての行為規範に従った場合の方が、より良く「公共の利益」を享受できる可能性がある場合、すなわち、諸行為理由の適切な衡量の結果と一致する場合には、当該行為規範は権威的指令として受容され、正当化される。そのように権威的指令として正当化された行為規範は、名宛人にとっては行為理由となるが、その理由は、行為規範を制定する段階で衡量されたその他全ての理由に付加されて衡量されるような理由ではなく、それらの理由の個々の名宛人による衡量を排除し、全ての行為理由に取って代わるべき理由となる。したがって、行為規範の名宛人は、行為規範に従わなければならないのである。[17]

3　事後制約の授権規範としての行為規範

行為規範を以上のように理解することは、行為規範によって国家に授権される権限、すなわち人間の行動を制約するという権限からも説明される。

(1)　事前制約・事後制約の区別と刑法上の行為規範

国家に授権される権限という観点から行為規範を検討する場合に重要なのは、まず、事前制約と事後制約の区別である。[18] ここで事前制約とは、憲法上の権利として保護される自由の行使や利益の実現に先立ち国家権力がそれを規制するというものである。この典型例は許可制および差止めである。これに対して事後制約は、自由の行使の後に国家権力によって不利益を課される

---

17)　以上につき、Joseph Raz, *Authority, Law and Morality*, The Monist 68 (3) 295 (1985)（ジョセフ・ラズ（深田三徳訳）「権威・法・道徳」深田三徳編『権威としての法―法理学論集』（勁草書房・1994年）139頁）を参考とした。
18)　宍戸常寿「『憲法上の権利』の解釈枠組み」安西文雄ほか『憲法学の現代的論点』（有斐閣・第2版・2009年）248頁。これが特に問題となる表現の自由についてであるが、高橋和之『立憲主義と日本国憲法』（有斐閣・第3版・2013年）205頁も参照。

という性質のものである。この典型例は制裁である。

　刑法上の行為規範を事前制約／事後制約という観点から検討すると、そこで授権される国家権限に応じて行為規範が異なった形で理解されるということが明らかとなる。

　行為規範に関して事前的行動規制（の授権）という側面だけをみれば、行為規範設定の際に衡量の対象となった利益に対する侵害結果（危険結果等は含まない）[19]は、時間的に行為よりも後に発生するものであって、行為それ自体の性質として記述できないため[20]、行為規範の要素に含まれない。このことを国家に対する授権の側面から説明すれば、事前的な国家介入（行政警察活動等）の授権規範としての行為規範は侵害結果を含まないということである（このような意味での行為規範を、以下では、事前的行為規範と呼ぶ）[21]。この侵害結果と危険性の区別は、立法者の判断によって決定されるものであり、刑法学上の議論とは厳密にいえば異なるものである。後述するように、立法者がある利益を保護するためにある行為を規制する際の利益衡量において決定的に重要なのは、当該行為の当該利益に対する危険性である[22]。この衡量において立法者が、そのような行為の危険性として判断したものが「危険性」となり、この危険性が当該利益の侵害として現実化したものが「侵害結果」となる。

---

19) また、本文の以下では、具体的危険犯の行為規範について、行政警察活動が行なわれる場合には、具体的危険の発生が必要となると解するが、詳細な議論は行政法の分野の問題である。もっとも、抽象的危険犯／具体的危険犯の区別を危険判断の権限が誰にあるかという観点からみれば、抽象的危険犯は危険判断の権限が立法者のみにある類型ということになる。したがって、抽象的危険犯以外の行為規範においては、権限行使の際にその権限の行使権者が危険性の判断を行なうことができる（行なわなければならない）という解釈は可能であるように思われる。なお、警察法上の危険性概念については、ラルフ・ポッシャー（米田雅宏訳）「国内治安法制における介入閾―最近の憲法判例に照らして見たその体系」北大法学論集65巻4号（2014年）996頁以下も参照。

20) あくまで事前的な規制を問題としているので、行為に内在する性質しか規制対象として記述できないからである。例えば、事前に殺人行為を規制するという場合、その対象としての殺人行為は、「人を死に至らしめる危険のある行為（結果を発生させるような行為）」としてしか記述できず、「人を死に至らしめた行為（結果を発生させた行為）」という記述は不可能であって、そもそも事前制約として意味が無い。

21) このことはおそらく未遂犯処罰規定が存在するか否かには左右されない。もっとも、行政警察活動に関する議論においてそのような議論があるかどうかは不明である。

22) *Lagodny*, a. a. O. (Anm. 2), S. 165 ff.

また、行政警察活動において、国家が犯罪の予防および制止を行なう際には（警察官職務執行法5条参照）、当該予防または制止されるべき行動が、行為規範（行動規制の側面）に違反しているということで充分であり、その行為が故意または過失により行なわれていることは要しないと考えられる[23]。

しかし、刑法によって国家に授権されているのは、あくまでも事後制約である[24]。行為規範の審査の際には刑法であるということを完全に捨象するとしても、この点は捨象できない[25]。規制の手段が刑罰（あるいはその他の制裁）であるということだけが捨象でき、制裁が科される時点ではじめて行為規制が発現するという点は捨象できないのである。そうすると、事後制約としての刑法によって制約される行為は、侵害犯の行為規範においては、侵害結果を発生させた行為だけであり、具体的危険犯（さらに抽象的危険犯）の行為規範よりも行動の（事後）制約の範囲は狭くなる[26]。したがって、前述したことからも明らかなように、侵害犯の行為規範は、具体的危険犯の行為規範（あるいは、侵害犯の事前的行為規範）が規制する行為から侵害結果の発生しなかった行為を除いた行為を規制する規範となるのである（このような意味での行為規範を、以下では、事後的行為規範と呼ぶ）。

また、規範の名宛人という観点においても、ここで議論されている事後的

---

23) 古谷洋一編著『注釈警察官職務執行法』（立花書房・4訂版・2014年）284-285頁参照。また、他の行政上の事前制約についても同様であると考えられる。
24) 事前・事後の区別が、消極的一般予防論との関係で問題となり得ることについては、第1章注29）参照。
　　また、審査手法についても後述するLagodnyの見解においては、この区別が明確になされていないというよりも、むしろ行為規範による制約は事前制約が問題とされているように思われる。このことは、行為規範による制約が法規の公布・発効の時点で生じ、行為規範が授権するものが警察法的授権であると述べるところに明確に表れているように思われる。*Lagodny*, a. a. O. (Anm. 2), S. 85 ff. 参照。また、「強制法（Zwangsrecht）」として刑法を理解する見解も、基本権との関係では、このような見解を採ると考えられる。*Martin Böse*, Grundrechte und Strafrecht als „Zwangsrecht", in: *Roland Hefendehl/Andrew von Hirsch/Wolfgang Wohlers* (Hrsg.), Die Rechtsgutstheorie, 2003, S. 89 ff. 参照。
25) まさにLagodnyはこの点を見逃しているのであるが、これはドイツの憲法訴訟制度に起因するので、誤りではなく、むしろドイツの議論としては正しいといえるのではないかということについては、後述する。
26) 因果関係を危険の実現過程と理解し、その阻却があり得ることを認める限りそうなるはずである。
　　なお、本文と全く異なる結論を論じるものとして、髙橋（則）・前掲注1）100頁以下参照。

行為規範は、行為に出る前の行為者の行動を規制するための規範としてではなく、事後制約に服することとなる行為者を想定しているということが留意されなければならない。

そして、事後的行為規範はあくまでも事後制約を授権する規範であって、制裁という手段を用いて行なわれる事後制約を授権する規範ではないので、制裁賦課の要件としての故意・過失は、刑法において行なわれる事後制約を授権する規範としての行為規範の内容には含まれない。「人を死に至らしめた行為」を事後的に制約することしか事後的行為規範は授権しておらず、その点で、過失致死罪と殺人罪の行為規範は一致するのである。

(2) 予防論との関係

事前的行為規範および事後的行為規範を以上のように理解するとしても、一般予防論（消極的、積極的両方を含む）を採った場合、（刑罰威嚇等による）予防の効果は行為以前に生じていることが想定されている。このことは事前／事後の区別を困難にし得る。すなわち、予防論を前提とする限り、刑罰（あるいは制裁）の付いた行為規範による行為制約の効果は、行為以前に生じているのではないかということが問題となるのである。

そのことから直ちに、前述したような事前制約と事後制約との区別があっても両者の行為の規制範囲には変化がないとまでいえるかは問題である。行為準則という形で国民一般に伝えられる刑法においては、侵害犯と具体的危険犯で、禁止される行為の範囲は同じではないかという問題である。しかし、刑罰が事後制約として科される以上、（憲法上の権利の）制約が発現するのは

---

27) 井田良『刑法総論の理論構造』（成文堂・2005年）11-13頁および111-113頁は、前者を重視している。しかし、国家に対する規制権限の授権という側面をも考えれば、ある行為者が故意であるか、過失であるかによって向けられている行為規範が変わるわけではないと考える本書のような立場もあり得るであろう。なお、この争いについては、小林憲太郎『因果関係と客観的帰属』（弘文堂・2003年）178-181頁を参照。もっとも、両者のいずれにおいても、刑法による行為規制の効果がいつ生じるかということ、刑法上の行為規範にどのような機能（本書でいうところの授権規範としての機能）があるかということ、およびそれを犯罪論上のどの段階で行なわなければならないのかということが区別されて議論されているわけではないと考えられる。

28) 事後制約の手段として制裁を用いることを授権しているのは制裁規範である。もっとも、事後制約の構造と制裁の構造とは一致するのではないかという問題はあるが、あくまでも憲法上の審査としては区別できると考えている。

まさに刑罰が科された時点なのであるから、最終的な行為の制約範囲は上記のように考えざるを得ない。侵害犯について刑法は、「実際に侵害しない限りは規制しない（やってもよいということではなく、行なわれたこと自体は甘受するというにすぎない）」とする態度をとっていると理解されることになるのである[29]。むろん、だからといって、刑法上の行為規範が「侵害する危険のある行為をするな」と命じていないということまでも意味しているわけではない。すなわち、当該事前的な行為規範を妥当させる（あるいは、予防効を確証する）ために所為者に制裁を科すことが問題となっているのであるから、行為規制の範囲も、まずもって当該制裁を科される者を基準として画定されるべきであり、そのような行為規制が正当化されなければならない、と述べるにすぎないのである。殺人罪の行為規範を例とすれば、刑法上の行為規範が制裁予告と相まって、「人を死に至らしめる危険を創出するような行為」を禁じる効果を有するとしても、「人を死に至らしめた」行為者に対して事後的に不利益（刑罰）を課（科）すことが正当化されない限り、その効果は維持され得ないということである。

4　評価規範としての行為規範

　行為規範を国家に対する授権規範としても考えた場合に重要となるのは、事前的行為規範および事後的行為規範は両方とも評価規範としてのみ理解されなければならないということである。

　行為規範の名宛人は、規制権限を授権される国家とその規制に服する人間の両者である。また、行為規範とは、国家が規制してよい人間の行動を規定するものである。（事前的）行為規範が、意思決定規範として名宛人たる行為者の意思決定を規制することによって人間の行動を規制するとしても、国

---

[29]　さらにこのような議論は、訴訟上の問題（特に、主張適格や訴訟形式）によって左右されるのではないか、憲法論レベルと政策論レベルでは重視すべき事情が異なるのではないかという問題にまでつながり得るものである。例えば、刑罰による威嚇効果による行為制約を争う場合には、事前的行為規範による規制範囲が問題となるが、刑罰を科されることによる行為制約を争う場合には、事後的行為規範による規制範囲が問題となるのである。
　　しかし、これらの問題を網羅的に論じることは本書では不可能であるので、関連する限りで触れることにする。

家がそのような行動を規制してよいかを論じる際には、実際に国家が規制している行為を特定しなければならない。その意味で、国家による行為の規制の正統性を論じる際には、必然的に評価規範を問題とせざるを得ない。すなわち、「人を死に至らしめること」という禁止事項が「人を死に至らしめる危険を創出するような行為」を禁止するものだと理解されるのであれば、そのような行為を国家が規制すること自体の正統性が問われなければならないのである[30]。

　事後的行為規範において、それによる憲法上の権利の制約はなされた行為に関して不利益が課されることによってはじめて発現する。すなわち、(実質的意味での)刑法上の行為規範による規制の授権は全て、刑事訴訟手続を経て実現されるということである(憲法31条参照)。刑事手続においては、被告人の行為が実際に立法者の規制しようとした行為であったか否かが確定され、その一要素が上記のような事後的行為規範に対する違反の確定である。すなわち、刑法上の事後的行為規範は、刑事裁判官にとって行為規制実行要件[31]の評価規範の一部となっているのである[32]。そして、最終的な規制の範囲に対応する国家による規制の正統性を問題とする以上、その審査の俎上にのるのは、まさにその評価規範の内容である。

　このような論述からも明らかなように、事前的行為規範／事後的行為規範の区別は、決定規範／評価規範[33]の区別とは異なるものである。なぜなら、事前的行為規範・事後的行為規範はともに、ある外界変動状態に対する評価を前提としており、両行為規範が決定規範としては同じ内容であるということも排除されないからである。例えば、殺人罪の行為規範(事後的行為規範)は、「人を死に至らしめる危険を創出するような行為」ではなく、「人を死に

---

30) 繰り返し述べるように、そのように解釈できるからといって、刑法上の行為規範による行為制約が、全て事前的な行為制約であると解釈できるかは別問題である。
31) 刑法上は「違法性」がこれに該当する。当然のことながら、行為者に対して刑罰を科すことによって規制するための要件(＝責任)は、制裁規範が授権するものに関わる問題である。
32) 松原芳博「犯罪結果と刑法規範」『三原憲三先生古稀祝賀論文集』(成文堂・2002年)319頁、330-331頁、杉本一敏「行為無価値論と結果無価値論の対立はどこまで続くか」高橋則夫ほか『理論刑法学入門―刑法理論の味わい方』(日本評論社・2014年)313頁、318-320頁参照。
33) *Edmund Mezger*, Die subjektiven Unrechtselemente, Der Gerichtssaal 89 (1924), S. 207, 245 参照。

至らしめた行為」に対する不承認決定（評価）を行なっているが、決定規範としては、「人を死に至らしめる危険を創出するような行為」を禁止するものとして作用するということは充分あり得るのである。また、事前的行為規範・事後的行為規範はともに、全ての者を名宛人とする一般的・抽象的な規範として、審査の俎上にのせられる[34]。その点でも、名宛人の差異まで含意する、決定規範／評価規範の区別とは対応しない。すなわち、行為規範においては、それが個々人の意思決定に対してどのような作用をもたらすか自体は問題となっておらず、国家がどのような行為を規制しているかが決定的なのである。

5 犯罪論体系・刑法解釈論との関係

以上のように事後的制約として人間の行動を規制することを国家に授権するための規範として理解された行為規範を、刑法の法規定の合憲性の審査（および法政策上の議論）において想定することは、刑法の解釈論、特に犯罪論体系とどのような関係にあるのであろうか。そのような体系を示すことは本書の目的ではないが[35]、ここでは、立法批判手法という観点の反映として導かれる犯罪論体系に関する私見を、主要な部分についてのみ一応述べておこうと思う。もっとも、それを、本書で論じる立法批判手法と論理必然的な関係に立つものとは考えていないし、従来の議論に何らかの決定的な示唆を与えるものであるとも考えていない。

(1) 行為規範と構成要件

犯罪論体系上、構成要件とは、抽象的にいえば、刑罰という制裁を発動させる要件として、当罰的な行為態様を類型化したものである。このように構成要件は、刑罰という制裁による事後制約の根拠規範の一部である[36]。したが

---

34) *Lagodny*, a. a. O. (Anm. 2), S. 82-83, 84 参照。
35) 正当化事由あるいは処罰阻却事由に関して、憲法（基本権）の実体刑法への影響を論じた論稿として *Heiner Christian Schmidt*, Grundrechte als verfassungsunmittelbare Strafbefreiungsgründe – Zu Methode und Praxis der Verfassungseinwirkung auf das materielle Strafrecht, 2008.
36) 刑法全体としては、実際に違法かつ有責な構成要件該当行為に対して制裁を科すということを授権している以上、構成要件は授権規範の一部にすぎない。

って、行為類型を定めたという点で共通することから、行為規範違反は構成要件の一部である。もっとも、制裁規範から要求される要件が構成要件段階に含まれるということは排除されないので、行為規範違反と構成要件が完全に一致するとは限らない。

(2) 保障人的地位・因果関係・客観的帰属

　刑法上の行為規範に対する違反を、刑事訴訟上確定するにあたって認定すべき事実は、侵害犯においては次のような事実である。①被告人が当該行為規範の名宛人であること（潜在的加害者であること）[37]、②行為規範によって保護される潜在的被害者の利益に対する行為規範が想定した危殆化行為の存在、③当該利益における侵害結果の発生、④危殆化行為と侵害結果との間の因果関係である。①、②および③が要求されるのは、行為規範が前述の通り利益衡量を経て確定されているからであり、衡量にのった両利益およびその衡量結果としての行為規制が実際に問題となっていることを認定しなければならないからである。また、④がなければ侵害結果をも含めた行為規範に対する違反は認定できない。そして、行為規範が、外界の変動状態を規制することを国家に授権する規範である以上、①～④各事実の認定は事後的客観的に行なわれなければならない。[38]

　個々の事実について検討すると、①の事実は、不作為犯における保障人的地位に対応する事実である。すなわち、保障人的地位とは行為規範の一部である作為規範の名宛人の問題であるが、実は作為犯においても同様の問題は潜在しているのである。[39]

　②～④はまさに許されない危険と結果との間の因果関係を論じたものであり[40]、いわゆる客観的帰属論のいうところの規範の保護目的論等[41]は、行為規範

---

37) 身分犯等を考えればわかるであろう。
38) ある者の行為が行為規範違反であるということの確定が事後的客観的に行なわれなければならないということであり、行為者の行為規範違反を非難するという段階では、行為者の行為以前の主観的事情も考慮される。
39) 通常の作為犯（例えば、殺人罪）の行為規範は、全ての者が名宛人となっているから問題とならないだけである。
40) この表現については、小林・前掲注13) 42頁参照。
41) 客観的帰属論については、*Claus Roxin*, Strafrecht Allgemeiner Teil Bd. I, 4. Aufl., 2006, S. 343 ff. 参照。

違反を認定することに還元されるのである[42]。

(3) 故意・過失

　故意・過失は、行為者を処罰する（刑罰を科す）ための要件であって、事後的に行為を規制することの要件ではなく、行為規範の要素とはならないということは前述した通りである。このことは、行為規範違反の段階では故意犯と過失犯は区別されないということを意味する。したがって結局、故意がある場合に限って行為規範違反を構成する行為というものは存在せず、そのように考えられている行為については、たとえ故意があったとしても同じく行為規範違反を構成し得ないことになる[43]。

　例えば、あるホテルの経営・管理事務を統括する地位にある者が、当該ホテルにおいて人的・物的な防火管理体制を整備したうえでホテルを営業していたとする。そのような状況でそのホテルにおいて火災が発生し、多数の客が死傷した場合に、当該経営者に対して過失犯の罪責（管理過失）を問えないのであれば[44]、その経営者が実際には、火事になって客が死亡することを望んでいたとしても、故意犯の罪責を負わない。この場合、行為規範の内容は、「防火管理体制を整備せずにホテルを営業するな」[45]というものであり、そもそもそれに違反していない限り、犯罪は成立しないのである。

(4) 客観的処罰条件

　客観的処罰条件は、立法者が、処罰範囲の限定の見地から、処罰のために存在することを要求する条件であり、その名の通り処罰（Strafbarkeit）の条件である。そのことが意味するのは、客観的処罰条件は、行為規範の段階では問題とならず、行為規範の範囲を限定するものではないということである[46]。すなわち、客観的処罰条件は、行為規範の前提となっている法的不承認[47]

---

42) 具体的被害者が潜在的被害者の範囲内か否かが答責領域の問題、侵害された利益が行為規範によって保護された利益か否かが保護目的論の問題、行為規範が想定した危殆化行為の存在が許されない危険の惹起の問題となろう。
43) 構成要件について述べるものであるが、小林・前掲注13) 11頁参照。
44) ホテルの火災に関する過失犯の事例としては、最決平成5年11月25日刑集47巻9号242頁（ホテルニュージャパン事件）等を参照。
45) その具体的な内容について、消防法等の特別規範が参照されることについて、小林・前掲注13) 35頁以下参照。
46) *Lagodny*, a. a. O. (Anm. 2), S. 233.
47) *Lagodny*, a. a. O. (Anm. 2), S. 237.

決定の範囲に影響を与えるものではない（処罰の必要性を基礎付けるにすぎない）ため、構成要件には属さない。したがって、客観的処罰条件は、それ自体として正統な行為規範に対する違反が生じた場合に、その違反に対する制裁賦課のみを制限するものであるから、制裁規範に関してはじめて問題となる。例えば、事前収賄罪（刑法197条2項）の場合、「公務員になろうとする者が、その担当すべき職務に関し、請託を受けて、賄賂を収受」等することのみが行為規範の内容であり、「公務員となった」ことは行為規範違反に対する制裁の範囲を限定するための条件にすぎないのである。

II 制裁を科すことの意味──制裁規範とは何か

制裁規範とは、単純にいえば、行為規範違反に対して制裁を科すことを国家に授権する規範である。行為規範のみによっても行為を規制することそれ自体は授権されているから、制裁という手段を使って事後規制を行なうことを授権するのが制裁規範ということになる。したがって、制裁規範の具体的内容は、制裁をどのように理解するかに左右されるので、以下ではまず、制裁の意味および機能について論じる。

1 制裁の意味・構造

制裁とは、「行為規範の違反に対して、その行為を否認したり思いとどまらせたりする意図でもって行なわれる反作用であり、一定の価値・利益の剥奪ないし一定の反価値・不利益の賦課をその内容とするもの」と一応定義することができる。この定義のうち、国家に対する授権という観点から重要な

---

48) 逆に、そのような解釈が不可能な要件は、客観的処罰条件ではない。
49) 客観的処罰条件を以上のように理解する、いわゆる処罰制限事由説について詳しく展開した論稿として、北野通世「客観的処罰条件論（一）～（七・完）」山形大学紀要（社会科学）24巻1号（1993年）23頁、同25巻1号（1994年）29頁、同25巻2号（1995年）1頁、同26巻1号（同年）1頁、同26巻2号（1996年）1頁、同27巻1号（同年）1頁、同27巻2号（1997年）1頁。その他の見解については、浅田和茂「客観的処罰条件」西田典之＝山口厚＝佐伯仁志編『刑法の争点』（有斐閣・2007年）30頁参照。
50) 佐伯仁志『制裁論』（有斐閣・2009年）7‐8頁参照。刑罰の定義に関して、髙橋直哉「刑罰の定義」駿河台法学24巻1＝2合併号（2010年）95頁、101頁以下は、有害性、意図性、法違反

のは、行為規範違反行為の否認（およびそれと結び付いた行為者に対する非難提起）と、一定の価値・利益の剥奪等（実体的不利益の賦課）の区別である。そして、前者は制裁一般に妥当するものであるが、後者はそれぞれの制裁秩序によって異なる。制裁規範とはこの２つを国家に授権するものである。

そこで制裁を伴った行為規範による行動制御の構造を、行為規範との関係および制裁規範による授権と合わせて説明すると次のようになる。まず、行為規範違反に対して一定の苦痛を予告しておく。この事前の予告がなければ、制裁は行動制御の効果を持ち得ず、行為規範を補強するものとはなり得ない。いい換えれば、制裁の規定によって行為規範は権威的指令であることが示されるのである。

もっとも、ここで注意を要するのは、事前の行動制御というレベルにおいては、おそらく侵害結果を含まない事前的行為規範しか問題となっていないということである。制裁予告（制裁を科すことではない）は、予防警察活動の代替手段なのである。したがって、制裁予告が有する、行為を思いとどまらせるという行動制御の側面は、制裁が行為規範を保護し、貫徹するためのものであり、その行為規範自体が（予防警察活動による）行動制御を授権しているということの反映にすぎず、そのような行動制御の効果自体が制裁賦課を正当化することはない。そして後述するように、このような制裁予告による威嚇を用いた行為規範の貫徹は、行為規範違反に対して制裁を科すこと

　　対応性、応報性、非難性、有権性および手続性を、その要素として挙げる。また、瀧川裕英「国家刑罰権の正当化―リバタリアニズムの刑罰論を批判する」ホセ・ヨンパルトほか編『法の理論28　特集：今、刑罰を考える』（成文堂・2009年）25頁は、「害悪・意図・非難・加害」を要素として挙げている。
51)　*Lagodny*, a. a. O. (Anm. 2), S. 6 ff., 96 ff., 127 ff.
52)　制裁の構造については、小林憲太郎「刑罰に関する小講義（改）」立教法学78号（2010年）410頁、407頁参照。
53)　この場面における行為制約を争えるかどうかによって、事前制約と事後制約の区別は問題となるのである。
54)　*Kubiciel*, a. a. O. (Anm. 10), S. 151 が、「消極的一般予防は、刑罰基礎付け理論ではなく、刑罰威嚇理論である」と述べるのは、本文のように考えれば全くその通りかもしれない。さらに *Gärditz*, a. a. O. (Anm. 10), S. 354 ff.も参照。
55)　*Appel*, a. a. O. (Anm. 7), S. 440 ff., 459 ff.
56)　制裁の行動制御の側面を捉えて刑法解釈論（とりわけ過失犯論）を論じたものとして、小林・前掲注13）第１部参照。

（制裁賦課または応報の側面）が正統である限りにおいて行なわれるにすぎないものと考えるべきなのである。

　次に、事前の予告にもかかわらず事後的行為規範の違反が生じたときは、もはや行為規範違反結果を苦痛によって除去し得ないことは当然としても、なお苦痛の事前予告が行動制御の効果を将来失わないようにするために、あえて苦痛を与える。この苦痛の賦課とともに、制裁は、行為規範違反を犯した行為者に対する非難の意味をも含む。制裁賦課による非難の提起は、あくまでも行為規範違反〈行為〉に対して行なわれるものであるが、制裁制度のもとでは、行為者に実体的不利益を賦課するという形でしか非難は行なわれ得ないから、必然的に（行為規範違反行為をなしたという限りにおいて）行為者を非難するという効果をも有することになる。行為規範違反行為を否認するという効果は、行為者を非難するという形でしかもたらされ得ない。いい換えれば、「あなたは行為規範に違反する行為をした、非難に値する人間である」というメッセージを公的に伝達することによって、行為規範違反行為を否認するとともに、行為者を非難し、スティグマを付与することにつなげるのが、制裁という制度なのである。そして、行為者を非難することにより発せられる行為規範違反行為を否認するというメッセージを通じて、事前的行為規範が違反されてもなお妥当していることが確証される。より正確にいえば、国家が設定した行為規範の方が、行為者が実際に行動する際に準拠した行為規範よりも正しいということを表明することによって、国家が設定した権威的指令としての行為規範の妥当が示され、行為者によって違反された行為規範が有する法の権威性が回復される。もし、回復のための作用がなければ、個々人が自ら行為理由（利益）を衡量して行動するよりも、当該衡量

---

57) この非難の意味についても、各制裁秩序間で異なることについては、本章第4節参照。
58) あるいは、「行為規範を尊重しなかった非難に値する人物である」というメッセージとなる。*Appel*, a. a. O. (Anm. 7), S. 468 参照。Martha C. Nussbaum, Hiding from Humanty-Disgust, Shame, and the Law 230-231 (2004)（マーサ・ヌスバウム（河野哲也監訳）『感情と法―現代アメリカ社会の政治的リベラリズム』（慶應義塾大学出版会・2010年）293-294頁）は、恥辱刑（shame penalty）との関係で、「罪の刑罰（guilt punishment）」は、「あなたは悪い行いをした」という言明であるとする。
59) 深町晋也「路上喫煙条例・ポイ捨て禁止条例と刑罰論―刑事立法学序説」立教法学79号（2010年）57頁、76頁参照。

を適切に先取りしている行為規範に従って行動した方が、より良く公共の利益を享受できるという、法の権威の正当化根拠に対する信頼が崩壊してしまい、行為規範は受容されなくなるであろう。以上のような意味において、制裁賦課の目的は違反された行為規範の回復（規範回復）なのである。

また、それと同時に、制裁予告が真摯なものであることも確証されることになろう。すなわち、制裁賦課が正統とされる限りにおいて、制裁予告による行動制御効果の確証も行なわれるのである。しかも、事後制約としての制裁の授権の基礎にあるのは、あくまでも事後制約を授権する事後的行為規範であるから、非難のメッセージが発せられるのは、事後的行為規範の違反があった場合だけである。この点で、予防されるべき行為と、制裁を科されるべき行為はずれることになり、制裁予告による行為統制および予防は、事後的な制裁賦課が正当化される限りで正統なものとなると考えられることとなる。再び、殺人罪の行為規範についていえば、制裁を科されるべき行為は「人を死に至らしめた行為」（事後的行為規範違反行為）であるが、予防されるべき行為は「人を死に至らしめる危険を創出するような行為」（事後的行為規範に違反する可能性のある行為）となる。

以上を簡単にまとめると、制裁とは事後制約の手段であり、規範回復を目的として、行為者に非難と特別な不利益を与えるものであるということである。このような制裁を科すことを国家に授権しているのが制裁規範なのである。

---

60) したがって、社会の構成員相互間の行為予期は直接問題とはなっておらず、権威が権威であることに対する信頼が問題となっているのである。すなわち、権威的指令としての行為規範に従わず、自己の行為理由の衡量に従って行動する者が存在するという状態が放置されると、権威による衡量の方がより良いものであるという一般的信頼が失われかねず、最終的に、権威が権威として受容される根拠が喪失してしまうのである。なお、「予期：Erwartung」、「違背：Enttäuschung」、「規範妥当：Normgeltung」については、Günther Jakobs, Strafrecht, Allgemeiner Teil, 2. Aufl., 1991, S. 6 ff. およびそれが依拠する Niklas Luhmann, Rechtssoziologie Bd. I, 1972 も参照。

61) Appel, a. a. O. (Anm. 7), S. 459 ff., 467 ff. Appel は、非難によって行為者が格下げされ（degradieren）、規範および規範設定機関の権威が強調されることによって、規範が回復（復権 Rehabilitierung）されると述べる。したがって、日本で理解されているところの積極的一般予防とは若干異なり、どちらかといえば応報刑論に近く、この用語法のもとで引用するのは若干ミスリーディングではある。

このような形で制裁を理解すれば、自由剝奪等の実体的不利益の賦課それ自体は制裁にとって決定的な要素ではないということになる。実体的不利益の賦課自体によって生じる基本権制約は、制裁ではない（非難を含まない）国家の措置等（例えば、強制入院）によっても同様に制約されるからである。このような実体的不利益の賦課は、行為者の非難と結合することによってはじめて制裁として機能するのである。

2 制裁の機能・目的――刑罰論との関係

制裁の意味についての論述から明らかとなるように、いわゆる刑罰論で議論されるところの制裁予告の消極的一般予防効果および制裁賦課の積極的一般予防効果は刑罰特有のものではなく、制裁一般に妥当する議論である。制裁は全体として行為規範の妥当を確保するためにあるのである。そして、妥当が確証され、回復されるところの行為規範は、民主的討議を経て立法者（規範制定機関）によって制定された行為規範であるから、制裁賦課の基礎付けとしての積極的一般予防（規範回復）も、実定的な行為規範と関連付けられなければならない。すなわち、立法者によって制定された行為規範が侵害された場合に、それを回復し、その妥当を確証することが制裁賦課の目的なのである。また、そのように確証されたところの行為規範と制裁予告が相まって消極的一般予防効果が生じることとなる。

しかし前述の通り、制裁の構造において一般予防は、行為者の非難という

---

62) *Appel*, a. a. O. (Anm. 7), S. 494-495. Appel は、実体的不利益の賦課を二次制裁（Sekundärsanktion）と呼称する。
63) 髙橋（直）・前掲注50) 107頁、瀧川・前掲注50) 26頁。
64) 刑罰論についての詳細な議論については、中村悠人「刑罰の正当化根拠に関する一考察（1）～（4・完）」立命館法学341号（2012年）244頁、同342号（同年）208頁、同343号（同年）134頁、同344号（同年）164頁および同「刑罰目的論と刑罰の正当化根拠論」現代法学28号（2015年）175頁参照。
65) *Lagodny*, a. a. O. (Anm. 2), S. 288 ff., *Appel*, a. a. O. (Anm. 7), S. 459.
66) 詳細については、*Gärditz*, a. a. O. (Anm. 10), S. 357 ff.
67) この点でも、社会における行為予期それ自体が問題となっているわけではない。なお、実定的な行為規範と行為予期とが相互に関係し得ることについて、*Gärditz*, a. a. O. (Anm. 10), S. 357 ff.参照。
　　また、ここでの「目的」とは刑罰の正当化根拠ではなく、国家が用いることが許される刑罰をどこに投入するかを論じる際に問題となる目的である。

手段を使って行なわれるものである。国家が行為規範違反を犯した行為者を非難することを応報と呼ぶのであれば、そもそも国家が、行為者を非難するという手段を用いてよいのかという議論[68](あるいは、なぜ国家が行為規範違反を犯した行為者を非難しなければならないのかという議論)に関しては、応報刑論が参照されなければならないように思われる[69]。ここでも、その違反に対して応報がなされるところの行為規範は、立法者が制定したものであるということが留意されなければならない。行為規範とは、まさに国家が権威をもって妥当させようとしたものであり、行為規範に違反するということは、まさにその国家の意思にも反する(そして、国家の権威を侵害する)ことを意味する。したがって、国家が制裁を科す段階では、行為規範に違反した行為によって害される利益(あるいは法益)はもはや直接には問題となっておらず、行為者と国家との間のコンフリクトしか問題となっていない。だからこそ、国家は行為者を非難し、応報としての制裁を科してよいのである[70]。

　以上のように考えれば、制裁とは、(行為者を非難する)応報という手段を用いて(積極的および消極的)一般予防目的を追求するものとなる[71]。このこ

---

68) 国家が刑罰を科すことができる権限に関する法的根拠をどこに求めるのかという議論については、小野坂弘「刑罰制度の構成原理としての憲法―刑罰権・処遇権を中心に」刑雑24巻3 = 4号(1982年)473頁、482頁以下および平川宗信『憲法的刑法学の展開―仏教思想を基盤として』(有斐閣・2014年)71頁以下参照。また、なぜ、そもそも国家は刑罰権を持つことができるのかについては、宗岡嗣郎「刑罰から国家を考える―刑事訴訟における『被害者参加制度』を契機として」ヨンパルトほか編・前掲注50) 3頁および瀧川・前掲注50) 46頁(もっとも、瀧川は、「権力統制のメカニズムを内包するのであれば、国家以外の機関に処罰責任が割り当てられても理論上全く問題ない」とする)。なお、髙橋(直)・前掲注50) 106頁および117頁注(24)も参照。
69) 最近の応報刑論については、Kubiciel, a. a. O. (Anm. 10), S. 159 ff. その基本発想は、法としての法の違反の反作用として刑罰は科されるのであり、その結果もたらされる規範の安定化はその帰結にすぎないとするものである。しかし、本書のように行為規範自体を民主的討議による構成物として把握するならば、刑罰は、「その社会的実効性が制裁によって強調されるべき実定的に定められた法の一定の違反に対する反作用手段でしかあり得ない」のであって、「『法として』違反され得る『その法』が定めるわけではない」という批判が妥当することになる。Gärditz, a. a. O. (Anm. 10), S. 350-351.
70) 刑罰の特殊性の文脈で、規範妥当の回復方法に関して述べるものであるが、Appel, a. a. O. (Anm. 7), S. 460 ff.参照。もっとも、これは国家が所為者を非難してよい理由を述べたものとも考えられ、そうであれば主語さえ変えれば国家機関の科す制裁一般に妥当することになる。
71) 応報という視点を無視すれば、例えば、血縁者その他の所為者と密接な関係にある者に、〈刑罰〉(ここでは、何らかの実体的不利益の賦課ということしか意味しない)を科すことによっても、一般予防目的は達成され得る以上、そのようなものまで〈制裁〉として正当化されてしま

とは、応報(非難)という手段を国家が用いてよいかという問題と、応報という手段をどのような場合に、どのような目的で用いてよいかという問題を区別して論じることを意味する。また、国家による応報という性質が制裁に含まれる以上、それに応じた限界が制裁には内在することとなる。[72]

うことにもなろう。クラウス・シュテルン(井上典之ほか編訳)『ドイツ憲法Ⅱ 基本権編』(信山社・2009年)268頁〔浮田徹訳〕参照。

なお、国家制度としての刑罰制度の正当化(マクロレベルの正当化)と特定個人の処罰の正当化(ミクロレベルの正当化)を区別し、刑罰制度の正当化としては一般予防論を採り、個人処罰の正当化としては応報刑論を採る見解がある(佐伯仁志『刑法総論の考え方・楽しみ方』(有斐閣・2013年)5‐6頁)。そのような見解と比較すると、私見は、刑罰制度の利用可能性という意味での「マクロレベルの正当化」として応報刑論を採り、特定の潜在的行為規範違反者の処罰の正当化という意味での「ミクロレベルの正当化」として一般予防論を採るものである。特定個人の処罰の正当化の問題は、刑罰制度がマクロレベルにおいて応報として正当化されていることの反映にすぎない。すなわち、特定個人を処罰する制度としての刑罰制度がマクロレベルにおいて正当化されているのであって、どのような行為規範に違反した個人を処罰することが正当化されるのかを問題とする(その意味で、いかなる行為を予防するかが問われる)のが、ミクロレベルの正当化である。

さらに、応報と抑止の関係については、小林憲太郎「刑法判例と実務─第一回 刑罰の目的」判時2274号(2016年)3頁、6頁以下参照。

[72] 行為者の非難可能性の要求、責任相応の刑罰等の議論がそれである。そして、具体的な行為者自身が行為規範によって行動制御され得たということが非難可能性の最低限の要件であるとすれば、本書は、小林・前掲注13) 43頁以下の記述に基本的には従うことになる。

第2節　行為規範の正統性
——どのような行為が規制されてよいのか

　前述したように、行為規範の問題は刑法特有のものではなく、国家が行為を禁止・要請する場合全てで問題となるものである。したがって、何らかの行為が規制される場合に、どのような憲法上の権利が制約され、いかなる基準のもとで合憲性が審査されるかについては、基本的には憲法学上の議論に委ねられる部分が大きい。そこで、ここでは行為規範の合憲性の審査に際して、刑法特有の問題と関わる部分に限定して詳しく述べ、その後その審査と政策論とで、どのような違いがあるのかについて述べていく。

I　どのような行為が規制されているのか
——保護範囲、制約される憲法上の権利

　行為規範について比例性審査を行なう前提として、行為規範（あるいはその適用）によって制約される憲法上の権利およびその制約の態様が確定されなければならない。

　刑法上（制裁法上）の行為規範は、ある行為が行なわれた後にその法的責任を追及すること（事後制約）を授権するものである。したがって、特定の行為規範が対象とする行為をなす自由について、これを保障するところの憲法上の権利が、行為規範によって制約されることになる。そのような憲法上の権利としては、表現の自由（憲法21条1項）等の特別な憲法上の権利か、あるいは、憲法13条の一般的行為自由が考えられる。例えば、ストーカー行為等の規制等に関する法律2条1項、2項、13条1項の行為規範は、ストーカー行為（同法2条2項）を処罰することによって、「恋愛感情その他好意の感情等を表明するなどの行為[73]」を規制しており（制約）、それは私生活上の

---

73)　最判平成15年12月11日刑集57巻11号1147頁。

自由に属する権利として憲法13条、21条1項により保障される（保護範囲）。また、風営法上の無許可営業規制の行為規範は、憲法22条1項によって保障される職業の自由を制約する。

憲法上の権利の保護範囲については、「殺人の自由」等の重大な他者加害を伴う行為が憲法上そもそも保護されるのかという問題が議論されることがある。これらの行為については憲法上一応の保障すら否定されると考えることもできる。しかし、そのような行為であっても、個人間の相互作用として現れるものであり、前述のような利益の分配という視点がないわけではない（例えば、車の運転は生命に対する危険を有する行為であるが、それを理由に車の運転自体を禁止するのは不合理であり、許された運転行為の範囲が衡量によって画定されなければならない）。したがって、そのような行為の規制についても利益衡量の余地を残しておかなければならないであろう。もっとも、おそらく衡量の結果はほぼ一義的なものとなり、それらの行為の規制は通常憲法上正統なものとなる。

II 行為規範による制約とは何か
―― 行為はどのように規制されるのか

制約とは、「各人に対して基本権の保護範囲に属する行為態様を不可能にするあらゆる国家行為」であるとされる。制裁を伴う行為規範によって憲法

---

74) 「私生活上の自由」という文言の詳細な分析として、蟻川恒正「行為『禁止』事案の起案(1)・(2)・補論」法教414号（2015年）111頁、同415号（同年）98頁、同416号（同年）94頁参照。

75) 山田耕司「判解」最判解刑事篇平成15年度（2006年）624頁、630頁、蟻川・前掲注74)「起案(2)」105-106頁および「起案・補論」97頁以下。その他の見解として、藤井樹也「判批」重判平成15年度（ジュリ臨増1269号）12頁および上村都「判批」別冊判例セレクト2004（法教294号）3頁参照。

76) 大阪地判平成26年4月25日裁判所HP（平成24年(わ)1923号）および大阪高判平成27年1月21日（LEX/DB 25505605）参照。

77) *Gregor Stächelin*, Strafgesetzgebung im Verfassungsstaat, 1998, S. 105 ff.; *Lagodny*, a. a. O. (Anm. 2), S. 90 ff. 批判として、*Stefan Haack*, Verfassungshorizont und Taburaum, AöR 136 (2011), S. 373 ff., 381ff.

78) *Bodo Pieroth/Bernhard Schlink/Thorsten Kingreen/Ralf Poscher*, Grundrechte Staatsrecht II, 29 Aufl., 2013, S. 62.

上の権利が制約されるということについては、争いがないであろう[79]。しかし、行為規範による憲法上の権利の制約がどのように生じるのかについては争いがある。これに関連して、後述の狭義の比例性審査において考慮される、制約の強度についても見解の相違があるところである[80]。

1 制裁威嚇による制約か、制裁賦課による制約か

ひとつには、行為規範が存在するだけでは、市民の振舞いは完全にも部分的にも不可能にはされないということを出発点として、行為規範による制約の実質を制裁威嚇（予告）に見出すことが考えられる[81]。すなわち、憲法上の権利の保有者は、行為規範違反の場合に科される制裁を予測することによって、当該行為規範に規定された行為を差し控える（あるいは、実行する）ということが、（制裁を伴った）行為規範による制約として想定されているのである。さらに、このような制約が想定されることによって、行為規範による制約が制裁関連性を有することになり、制裁の種類に制約の強さが左右されるという考えが主張される[82]。その際、刑罰を伴う行為規範による制約が最も強いものとされ、それに伴って、後述する狭義の比例性における衡量の結果として要求される目的の重要性が相対的に高められるとされる[83]。

制裁威嚇が、憲法上の権利として保障された行為に対する干渉的作用をこのような形で有することは否定できない。しかし、行為規範の正当化の段階で正当化されるべき制約は、まずもって制裁を科すことによって発現する行為規範による制約である。すなわち、行為規範は制裁を科される（潜在的）行為者との関係で正当化されなければならないのである。

（潜在的）行為者は、事後的行為規範に違反したことに対して制裁を科されるという形で一定の行為を規制される[84]。その事後的行為規制の正統性が行

---

79) *Pieroth/Schlink/Kingreen/Poscher*, a. a. O.（Anm. 78）, S. 63.
80) このような見解の相違については、*Johannes Kasper*, Verhältnismäßigkeit und Grundrechtsschutz im Präventionsstrafrecht, 2014, S. 223 ff., 364 ff.参照。
81) *Kasper*, a. a. O.（Anm. 80）, S. 364 ff.
82) *Kasper*, a. a. O.（Anm. 80）, S. 224 ff.; *Böse*, a. a. O.（Anm. 24）, S. 91 ff.
83) *Kasper*, a. a. O.（Anm. 80）, S. 218 f., 242 ff. また、第1章第2節Ⅲで論述した Hassemer の見解もこのようなものとして位置付けられよう。
84) *Appel*, a. a. O.（Anm. 7）, S. 473 f.

為規範の正統性段階で審査されるのである。実際に制裁を科すことが憲法上許容されるか否かは、後述する制裁規範の正統性の審査を経た後でなければ確定されないが、それら両審査を経ることによって、特定の行為規範違反に対する〈応報〉手段としての制裁賦課が正当化される。制裁予告の一般予防効果は、上記のような制裁の応報的側面と不即不離に結び付いているものにすぎない。[85] したがって、このような一般予防効果は、〈応報〉手段たる制裁を科す目的として、制裁規範の正統性審査の段階で顧慮されるものなのである。[86]

　もっとも、行為規範による制約を事後的制約であると考えると、客観的処罰条件の不充足や捜査協力等を理由として実際に制裁が科されない場合には、行為規範による制約も存在しなくなってしまうのではないかという疑問が生じる。しかし、それらの場合における制裁賦課の断念は、行為の違法性に関係しない、制裁賦課の政策的必要性の欠如や、制裁（とりわけ実体的不利益の側面）の減免による政策目的達成を理由とするものである。また、制裁賦課のみを制限するこれらの事由は、行為規範の要素とはなり得ない。したがって、立法者が行為規範の前提とした、一定の外界変動状態に対する法的不承認決定の範囲は、これらの制裁賦課の断念によっては影響を受けない。つまり、立法者が権威をもってその発生を阻止しようとし、事後的に規制した外界変動状態の範囲は、客観的処罰条件等による制裁賦課の制限によっては影響を受けないのである。そうだとすれば、行為規範それ自体による制約は、客観的処罰条件等の事由により限定される制裁賦課の前提条件となっている行為規範違反状態に基づく、条件付けられた制裁賦課権限の発生をもって発現すると考えるべきである。立法者が事後的行為規範によって制約しているのは、まさに、法的不承認決定を下した行為規範に違反する外界変動状態なのである。

　以上のように行為規範による制約を理解する場合、行為規範による行為規制に関する保護範囲および制約の確定について、留意しておかなければなら

---

85) *Kubiciel*, a. a. O.（Anm. 10）, S. 159 ff. も参照。また、応報という言葉を用いていないが、本書と類似する立場を採るものとして、*Appel*, a. a. O.（Anm. 7）, S. 577 ff.
86) *Appel*, a. a. O.（Anm. 7）, S. 473 f.

ないことがある。それは、行為規範に刑罰(あるいは、制裁)が付加されたとしても、行為規範段階の保護範囲および制約についての確定に何ら変化がないということである。すなわち、刑罰が付加されることによって、行為規範段階で異なる憲法上の権利が制約されたり、制約の強度が強まったりすることはない。[87] このことは、制裁威嚇による一般予防効果が事後的行為規範による制約とは無関係であるということの帰結である。行為規範の審査の段階では、制裁賦課によって制約される行為の範囲しか問題とならないのである。また、このように考えることによって、行為規範違反に制裁を科すことの正統性と、当該制裁として刑罰を選ぶことの正統性という2つの問題を区別して考えることが可能となる。その意味において、行為規範の審査は、制裁の種類については中立的なものなのである。

2 訴訟形態との関係

以上で説明した制約の理解は、日本の付随的違憲審査制を前提として、具体的に被告人となった者が、自己に適用される刑罰法規を争う場面を想定している。したがって、そこでは自らの憲法上の権利が制約されていることを主張しなければならないということが原則となる。[88] そうすると、行為後の被告人、すなわちいうなれば制裁威嚇の作用(一般予防による制約)によって行為を規制されなかった者が、問題となっている行為規範が威嚇効果によって不特定の仮定的な第三者の行為に干渉しているということを、自らの刑事訴訟で違憲性の根拠として主張できるかが問題となる。[89] このような理由からも、上記のように行為規範による制約は、制裁賦課による制約と理解されるべきなのである。

したがって、まさに制裁威嚇による行為規制自体による制約を争う場合は、制裁賦課を争う場合と別異に考えることが可能である。そのような訴訟として、理論的には、制裁を受けずに行為を行なうことの地位の確認を求める訴

---

87) *Appel*, a. a. O. (Anm. 7), S. 490 f., S. 570.
88) 違憲主張の適格については、小山剛『「憲法上の権利」の作法』(尚学社・新版・2011年) 216頁以下参照。
89) 表現の自由に対する畏縮効果の問題等、これを争うことが可能な場合は存在する。

訟や、制裁を伴う行為規範の適用の差止めを求める訴訟等が考えられよう[90]。そのような訴訟においては、制裁威嚇による制約が正当化されるべき制約として争われることになるのである[91]。もっとも、行為規範違反に対する制裁賦課が正統である限りにおいて制裁予告による威嚇が正統であると考えるならば、当該威嚇による制約を争う場合であっても制裁賦課の正統性が基礎付けられなければならない。しかしそれを超えて、制裁予告それ自体の正統性まで基礎付けなければならないかという問題はなおこの場合も検討を要する問題であろう[92]。

また、個人に対する具体的な権利制約とは無関係に裁判所において法規の合憲性を争うという制度自体は構想可能である。ドイツにおける抽象的規範統制制度は、このような制度の典型例といえよう。そのような訴訟において刑罰法規が争われる場合には、行為規範そのものの合憲性が争うことが可能である[93]。すなわち、行為規範による国家への行為規制の権限授権それ自体の合憲性を審査することが可能となるのである。このような審査を想定すれば、Otto Lagodnyが行為規範の審査の段階で警察法的措置の授権を問題としていることも説明可能である[94]。ドイツ連邦憲法裁判所の判決を出発点とするLagodnyの議論においては、行為規範の審査の段階で、国家にある行為の規制を授権することの正統性（あるいは、国家がある一定の行為について不承認を決定することそれ自体の正統性）が審査され、制裁規範の審査の段階で、当該行為規範を刑罰（あるいは制裁）によって妥当させようとすることの正統性[95]が審査されているのである[96]。

---

90) 訴訟要件等の関係で、実際に可能かどうかについての詳論は避ける。
91) しかし、ここにおいてもまさに刑罰という手段を用いることを、制約の強度の要素として行為規範段階で審査することが妥当か否かには議論の余地があるかもしれない。
92) 問題となっている憲法上の権利が、制裁予告による威嚇によって生じる畏縮効果からどの程度保護されるべきかとも関わる問題である。しかし、本書では問題点の指摘にとどめておく。
93) クラウス・シュテルン（赤坂正浩ほか編訳）『ドイツ憲法Ⅰ 総論・統治編』（信山社・2009年）493頁以下〔大石和彦訳〕、シュテルン（井上ほか編訳）・前掲注71）378頁以下〔杉原周治訳〕参照。
94) *Lagodny*, a. a. O. (Anm. 2), S. 86 ff. なお、*Kasper*, a. a. O. (Anm. 80), S. 224 ff.は、警察法的措置においても消極的一般予防効を想定し、Lagodnyの見解を批判する。
95) ここでの妥当は、積極的一般予防論のいう規範妥当だけでなく、消極的一般予防効果によって規範を遵守させるという意味をも含む。

しかし、日本においては抽象的規範統制のような制度は存在しない。それゆえ、Lagodnyの議論は、日本において裁判上で刑罰法規の合憲性が争われる場面では妥当しないのであり、立法過程あるいは政策論領域で妥当するにすぎないのである。そこで以下の論述は、憲法論領域の議論に関する限り、刑事訴訟において具体的な被告人が刑罰法規の合憲性を争う場合を想定して、審査手法の議論を行なうこととする。

III　制約の正当化（1）目的審査——なぜ規制されるのか

行為規範に基づいて、憲法上の権利が制約を受けていることが確定されると、当該制約が憲法上正当化されない限り、当該行為規範に基づく制約は違憲となる。制約の正当化は、目的審査と手段審査に大きく区分されるが、以下ではまず、目的審査について論じる。

1　行為規範の目的と〈法益〉の2つの意味について——用語法の整理

これまで本書は、〈法益〉という用語を用いる際、立法批判機能を有し、刑法の正統性を審査する際に基準として作用するようなものとして、それを用いてきた。しかし、〈法益〉という用語はそのような意味においてのみ用いられるわけではない。例えば、日本においては、単に立法目的を指す用語としても〈法益（保護）〉という用語が用いられる。したがって、行為規範の目的審査の前提として、行為規範の〈目的〉と〈法益〉という用語との関係を検討し、用語法を整理しておくことが重要であろう。

刑法学上、「法益」という言葉は2つの意味で用いられているとされる[97]。すなわち、「法益保護主義にいう法益」（第一の意味の法益）と「不法の構成要素として、その侵害・危殆化を掲げるところの法益」（第二の意味の法益）である[98]。そして、第一の意味の法益と第二の意味の法益は分離することがあ

---

96)　*Lagodny*, a. a. O.（Anm. 2), S. 288 ff.は、制裁規範の目的として刑罰目的（制裁目的）の議論をしている。
97)　小林憲太郎「『法益』について」立教法学85号（2012年）485頁。
98)　小林・前掲注97）485頁、482頁参照。

るとされる⁹⁹⁾。このことは次のような例で説明される。

　景観を保護する目的で街中にビラを貼ることを規制するとする¹⁰⁰⁾。この場合、ビラ1枚を電柱に貼っただけでは、街全体の景観が汚される抽象的な危険があったとさえいえない(ビラ1枚で全体的な景観が汚されたとは、ほとんど解され得ない)¹⁰¹⁾。その場合、ビラ1枚を貼るという行為には景観の因果的な侵害ないし危殆化を、少なくとも処罰に値すると考えられる程度では、観念しようがない。そうすると、結果無価値を維持しようとする限り、景観侵害(危殆化)とは別の結果無価値を想定しなければならない。そこで、第一の意味の法益は景観であり、第二の意味の法益はビラが貼られていない状態である¹⁰²⁾とするのである¹⁰³⁾。

　このように2つの意味の法益を分離してよい根拠は、論者によれば、ここでは景観という(第一の意味の)法益(いわゆる公共財)の特性に応じた侵襲手段が問題になっているということであるとされる。上記のビラ貼り規制の例においては、ある個人がビラ1枚を貼ることのもたらす効用に比して、その個人が街全体の景観を楽しめなくなる度合いは無視できるくらいに小さいから、当該個人が合理的に振る舞おうとすれば、景観を維持するコストを免れつつビラを貼るという、いわば「フリーライド」が正しいことになる。しかし、全員が同じことをすれば街全体の景観が著しく損なわれてしまうことになる。すなわち、フリーライドによる過少供給こそが公共財(=景観)の特徴であり¹⁰⁴⁾、したがって、フリーライド(=ここでは、ビラ1枚を貼ること)¹⁰⁵⁾は、公共財への侵襲として固有の結果無価値を構成し、第二の意味での法益を侵害するとされるのである¹⁰⁶⁾。

---

99) 小林・前掲注97) 473頁。
100) 通貨偽造も例として挙げられる。小林・前掲注97) 471-470頁参照。また、小林・前掲注52) 393-392頁も参照。
101) 小林・前掲注97) 475-474頁。
102) 小林・前掲注97) 473頁は、第二の意味における法益を「ビラ貼り」であるとしているが、このような意味であろう。
103) 小林・前掲注97) 473頁。
104) 小林・前掲注52) 392頁。
105) 裏からいえば、「公共財はその性質上、フリーライドの集合的禁止によって供給されるものである」ということである。小林・前掲注52) 382頁。
106) 小林・前掲注52) 392頁、小林・前掲注97) 473頁。

では、このような2つの意味での法益は、本書にいう行為規範においてはどのように位置付けられるであろうか。まず、第一の意味での法益とは、それを保護することが行為規範による行為規制の目的となるものを意味する。これは、憲法上の目的審査の対象となる目的でもある。したがって、第一の意味での法益は、規制目的（立法目的）たる法益と呼ぶことができよう。

　次に、第二の意味の法益であるが、これは私見によれば、行為規範が把握する外界状態のいい換えにすぎないものであると考えられる。すなわち、規制目的たる法益を保護するために、立法者が阻止しようとした行為が向けられる外界状態を「侵害対象たる法益[107]」という形で記述したものにすぎないのである。立法者が規制目的たる法益に対する攻撃としてある外界状態の変化を記述している以上、当該外界状態の変化に対する立法者の無価値判断が行為規範上でなされており、まさにその意味で結果無価値（＝外界状態の無価値判断）が存在しているのである。残る問題は、立法者のそのような判断が、憲法上正統なものであるかどうかであり、それは目的審査ではなく、手段審査において中心的に審査される問題である[108]。したがって、あえてこの結果無価値を構成するものを「法益侵害」と呼ぶ必要はないであろう。そこで以下で「法益」という場合には、原則的に第一の意味の、規制目的たる法益を意味するものとする。

2　規制目的と「公共の福祉」[109]

　以上のような用語法を前提とすると、目的審査とは、手段審査に移る前にフィルターとして、規制目的が、問題となっている憲法上の権利を制約するための正当化理由たり得るかという問題を審査するものといえる。

　このような憲法上の権利の制約を正当化する理由に関し、従来、日本の憲

---

107)　嘉門優「行為原理と法益論」立命館法学327=328号（2009年）192頁、207頁以下、同「法益論の現代的意義」刑雑50巻2号（2011年）119頁、124-125頁の用語法である。もっとも、嘉門の見解は、規制目的たる法益と侵害対象たる法益とを分離させておらず、むしろ、法益が侵害対象であることから法益関連性等の分析の必要性を論じるものである。
108)　すなわち、当該外界状態を行為規範によって把握することが、立法目的たる法益を保護することに役立つかどうかが問われることになるのである。
109)　*Lagodny*, a. a. O. (Anm. 2), S. 138 ff.も参照。

法学においては、「公共の福祉」の内容の問題として論じられてきた。そして、「公共の福祉」論が刑法学の文献において参照されることはあまり多くないように思われるが、参照がなされる際には、公共の福祉を「人権相互の矛盾・衝突を解消する実質的公平の原理」とし、「人権を制限し得るものは他者の人権のみである」と理解する、いわゆる一元的内在的制約説が参照されていた。しかし近年、一元的内在的制約説は憲法学上、批判されることが多く、日本の裁判所の判例の説明としても有益ではないとされている。そうした批判において「公共の福祉」とは、個人を超越した全体の利益としてそれ自体で正当化事由となるものではなく、正当化事由としての規制目的は、いかなる憲法上の権利に対するいかなる態様の制限が問題となっているかに応じて、具体的に引き出されなければならないとされている。したがって、「公共の福祉」の内容は、人権衝突を調整するための原理には限られず、憲法に直接根拠を持たない法律レベルの公益による憲法上の権利の制限となることも、原理的には可能となる。そして、行為規範の問題は刑法特有のものではない以上、刑罰（あるいは制裁）が科されているという事情は、このような「公共の福祉」に関する理解を変更するものではない。

3 目的審査の機能

以上のような「公共の福祉」に関する理解を前提して、行為規範の目的審査では以下のことが審査・検討されなければならない。[114]

(1) 規制目的の確定・明確化

第一に、規制目的（立法目的）が確定・明確化されなければならない。[115] 目

---

110) その他の学説については、髙橋（和）・前掲注18) 118頁以下参照。
111) 平川・前掲注68) 104-105頁。平川は、公共の福祉についての一元的内在的制約説的理解から、個人的法益への還元論を主張している（同書108頁参照）。
112) 小山・前掲注88) 64-65頁、髙橋（和）・前掲注18) 121頁以下、宍戸常寿『憲法 解釈論の応用と展開』（日本評論社・第2版・2014年) 8頁以下参照。
113) 佐藤幸治『日本国憲法論』（成文堂・2011年) 133頁、小山・前掲注88) 65頁参照。
114) 以下の枠組については、柴田憲司「比例原則と目的審査―自由権制限の局面を中心に」法学新報120巻1＝2号（2013年) 201頁、204頁以下参照。
115) これこそ目的論的法益概念が目指してきたものであろう。もっとも、目的の確定自体にも困難が伴うことについては、Kubiciel, a. a. O. (Anm. 10), S. 52 ff.参照。

的の把握が抽象的であればあるほど、目的審査は安易かつ有名無実なものとなり、その後の手段審査をも害することになる。すなわち逆からいえば、目的が明確化されていればいるほど、立法者がその目的のために採り得る手段の選択の幅は減少し、したがって選択された手段が目的達成のために比例的か否かを事後的に審査することが容易になるということである[117]。また、立法目的の明確化を図る際には、ある目的がより高次の目的の手段となっているという目的・手段の連鎖が存在し得ることも留意されなければならない[118]。例えば、前述した堀越・世田谷事件についていえば、「行政の中立的運営の確保」という抽象的目的のために、「公務員の職務の遂行の政治的中立性の確保」という中間目的を設定し、最終的に政治的中立性を損なう実質的おそれのある政治的行為を禁止するという連鎖が問題となっているのである[119]。

　そして、立法者が法律の制定過程および目的規定等で定式化している立法目的が不明確・多義的に定式化されている場合には、法適用者（裁判所および立法批判をする者）は解釈によってその目的を明確化しなければならない。もっとも、第一次的に規制目的を決定するのは立法者であり、目的設定に際して立法者は裁量を有する[120]。したがって、規制目的の解釈の際には、立法者の意図から離れることが憲法上どこまで要請・禁止・許容されているのか、どのような法解釈の方法を用いることが憲法上要請・禁止・許容されているのか、という問題が生じ得るということを意識しておく必要がある[121]。しかし、これらの問題に解答することは、筆者の手に余るものであるので、本書では問題の指摘にとどめておく[122]。

---

116) 小山剛「比例原則と猿払基準」法学研究87巻2号（2014年）29頁、34頁。
117) 柴田・前掲注114) 221頁、*Stächelin*, a. a. O. (Anm. 77), S. 124.
118) 柴田・前掲注114) 222頁。このことは、上記のような2つの意味の法益という理解とも関係する。本書の理解によれば「侵害対象たる法益」とは、中間目的たる手段によって保護される対象と理解されることになろう。
119) 宍戸・前掲注112) 54-55頁。第1章注37) も参照。
120) 「立法事実」の把握自体が、民主的に正統化された立法者の規範的決断であることについて、西原博史「憲法構造における立法の位置と立法学の役割」同編『立法学のフロンティア2 立法システムの再構築』（ナカニシヤ出版・2014年）17頁、26頁参照。
121) 柴田・前掲注114) 230頁。
122) なお、ドイツの近親相姦決定における多数意見と Hassemer 反対意見が、この点に関しても相違していることについては、第1章第2節Ⅲ2および4(1)参照。

実際の裁判例においては、法律の目的規定がそのまま援用されることも多く、例えば、ストーカー規制法の目的については、「ストーカー行為等について必要な規制を行う（中略）ことにより、個人の身体、自由及び名誉に対する危害の発生を防止し、あわせて国民の生活の安全と平穏に資すること」であるとされている。[123]

(2) 違憲の目的の排除

第二に、立法者が違憲の目的を追求してはならないのは当然であるから、規制目的の合憲性が審査されなければならない。もっとも、目的審査の趣旨は、憲法上の権利を制約するための目的を限定的に解することによって制約を最小限化することにはないので、規制目的の合憲性を基礎付ける事由を積極的に論証するというよりは、その目的の違憲性を基礎付ける事由がないかが確認される。[124]すなわち、この段階では、法益論が要求するような、目的に関する高められた要件を充たしているかどうかの審査は行なわれないのである。[125]ある規制目的が、この段階の審査をパスしなかった場合には、比例原則の3つの部分原則に関する審査は行なわれないことになる。例えば、尊属殺重罰規定違憲判決の田中二郎裁判官意見で挙げられた[126]「一種の身分制道徳」、「旧家族制度的倫理観」は、日本国憲法が前提とする「個人の尊厳と人格価値の平等を基本的な立脚点とする民主主義の理念と牴触するもの」であり、違憲の目的とされるであろう。もっとも、憲法上明示的・黙示的に明らかに禁止されている目的として挙げられるものは、それほど多くはない。

また、仮に立法者において〈不当な動機〉があったとしても、制定過程や目的規定等には、大抵の場合、もっともらしい理由・目的が挙げられる。このように隠された動機が明らかでない場合には、裁判所（あるいは、立法批判を行なう者）は、もっともらしい目的を基準として、立法者が投入した手

---

123) 前掲注73）最判平成15年12月11日参照。ストーキングに対する構成要件の保護法益に関する争いについては、四條北斗「ストーキングに対する構成要件の正当化ないし正統性について——Kristian Kühl の見解を中心に」東北学院法学75号（2014年）156頁、140-139頁参照。
124) 小山・前掲注88）66頁、西原・前掲注120）27頁参照。
125) *Kasper*, a. a. O. (Anm. 80), S. 212 ff. もっとも Kasper 自身は、狭義の相当性（過剰侵害の禁止）の段階において、法益論の主張の意義を認めている。
126) 最大判昭和48年4月4日刑集27巻3号265頁。

段とその目的との関係を審査せざるを得ないであろう。そして、その結果〈不当な動機〉が炙り出されることがあり得る。[127] すなわち、手段が規制目的との間に全く合理的な関係がない場合には、挙げられた規制目的とは別の〈不当な動機〉が推認されるのである。[128]

このように考えると、目的のみを単体で観察して、それを違憲の目的として排除できる局面は、それほど多いとはいえない。[129] そして、このことは、〈法益論〉が目的審査の段階で厳格な基準を適用し、規制目的を審査しようとする場合にも、同様に妥当しよう。

(3) 目的の重要度の確認

最後に、以上のように確定された規制目的の重要度が確認されなければならない。もっとも、目的の重要度の確認は、比例原則の第三原則（狭義の比例性）を適用する前提として行なわれるものであり、独自の機能を有しているわけではない。[130] また、〈法益論〉が主張するように、行為規範が刑罰によって補強されているという事情から目的について特別な重要度が必要とされるわけでもない。

一般的・抽象的に、規制目的の重要度は、他者の人権に基礎を持つ法益、その他の憲法条項に基礎を持つ法益、立法者が定立した法律レベルの法益に区別することができよう。[131] もっともこれはあくまで指標であって、具体的な重要度の確認に際しては、当該法益の社会における意義等も考慮することが必要である。このような意味においては、個人の利益との関係という視点をもたらす人格的法益論の主張は、個人の利益との距離でもって規制目的の重要度を測る基準として機能するであろう。[132] しかし、個人の利益との関連性も、

---

127) 柴田・前掲注114) 214-215頁、宍戸・前掲注112) 55頁参照。
128) いわゆる「見せかけの法益」という問題もこの一部であるといえよう。*Kasper*, a. a. O. (Anm. 80), S. 234 は、この問題をまさに狭義の相当性の段階で論じている。
129) 柴田・前掲注114) 231頁。
130) 柴田・前掲注114) 218-220頁。最終的には法益論的思考を採るが、この点を明確にするものとして、*Kasper*, a. a. O. (Anm. 80), S. 229 ff.
131) 小山・前掲注88) 64頁。
132) *Kasper*, a. a. O. (Anm. 80), S. 230. 法益論の主張者からの見解であるが、嘉門優「法益論の現代的意義―環境刑法を題材にして（2・完）」大阪市立大学法学雑誌51巻1号（2004年）96頁、118頁、同・前掲注107)「行為原理」215頁、217頁等も参照。また、法益の序列という観点を述

規制目的が「公共の福祉」に該当すること以上のことを要求するものではない。

堀越事件判決においては、「公務員の職務の遂行の政治的中立性を保持することによって行政の中立的運営を確保し、これに対する国民の信頼を維持すること」は、「議会制民主主義に基づく統治機構の仕組みを定める憲法の要請にかなう国民全体の重要な利益」であると確認されているところである。

Ⅳ 制約の正当化（2）手段審査——本当に規制してよいのか

目的審査において目的の正統性が確認されれば、次は当該正統とされた規制目的と立法者が投入した手段との関係が審査されなければならない。その際の審査基準が比例原則である。比例原則は、前述の通り、手段の適合性、手段の必要性、狭義の比例性という3つの審査を内容とするものである。

1 適合性
(1) 判断基準

適合性は次のように定式化される。すなわち、ある「措置は、それを用いることによって望まれた結果に近づくのであれば、適合的である。措置が非適合的であるのは、その措置が意図された目標の達成を阻害するか、目標に対して何の作用も展開しない場合である[133]」。立法目的の完全な実現までは要求されない。

行為規範による制約の適合性においては、立法者が行為規範の定立に際して法的不承認決定を下した「行為と結び付いた外界変動状態[134]」がもし存在しなければ、立法目的たる法益が保護されている状態が促進されるという関係が成り立つか否かが審査される。ここではまだ、行為規範に規定される行為

べるものとして、Winfried Hassemer, Darf es Straftaten geben, die ein strafrechtliches Rechtsgut nicht in Mitleidenschaft ziehen?, in: Roland Hefendehl／Andrew von Hirsch／Wolfgang Wohlers（Hrsg.）, Die Rechtsgutstheorie, 2003, S. 60.

133) シュテルン（井上ほか編訳）・前掲注71）314頁〔小山剛訳〕。
134) 謝・前掲注3）114頁参照。

態様が〈制裁威嚇〉によって控えられるという効果は顧慮されない。あくまでも、(事後的に)制約されている行為態様に関して、立法者が社会において存在してはならないと判断して事後的に制約したこと、逆にいえば、立法者が行為規範において、それに適合した行為を要求していることが問題となっているのである。以上のことを制約されている行為態様の性質から定式化すれば、立法目的たる法益に対して何ら害をもたらさないような行為態様を、行為規範が規定している場合には、当該行為規範による制約は非適合的となる(行為の危険性の問題)[136]。ここで留意しておかなければならないのは、行為規範の審査のレベルでは、〈刑法〉的な意味での〈危険性〉は問題となっていないことである。刑法的意味での〈危険性〉は、刑罰規範(行為規範およびそれを前提とする制裁規範)の適用場面を想定した概念であり、刑罰規範であるか否かに関わらない行為規範設定場面では問題とならないのである[137]。

また、行為規定を遵守することが、一般的・抽象的に可能であるかどうか(一般人の行為能力・他行為可能性の問題)も、行為規範の適合性の段階で審査される(行為規範の遵守可能性の問題)[138]。すなわち、規範の名宛人にとって行為規範に適合して行動することが、客観的・事前的に判断して全く不可能なのであれば、行為規範によってそのような行為を要求し、行為規範に反する行為を制約するということは全く無意味であるから、当該制約は非適合的となる[139]。

以上の判断、特に危険性の判断においては、立法者の経験的判断が審査の俎上にのせられることになる[140]。すなわち、行為規範に違反する行為と立法目

---

135) これに対して、*Kasper*, a. a. O. (Anm. 80), S. 219 ff.は、上記の制約の理解に対応して、制裁威嚇の実効性も適合性で問題とされるとする。
136) *Lagodny*, a. a. O. (Anm. 2), S. 165; *Kasper*, a. a. O. (Anm. 80), S. 219 ff. もっとも、行為それ自体の危険性ではなく、行為規範の全要素からなる危険性の問題である。謝・前掲注3) 114頁参照。
137) *Lagodny*, a. a. O. (Anm. 2), S. 169 ff.
138) *Appel*, a. a. O. (Anm. 7), S. 438 ff. なお、具体的事例における具体的行為者の行為能力・遵守可能性は、制裁規範の適用前提として顧慮される。
139) この意味で、構成要件該当性の判断には、一般的・抽象的な遵守可能性の考慮が含まれていることになる。
140) 謝・前掲注3) 113頁以下参照。

的たる法益との関係に関する仮定的判断が問題となっているのである。した
がって、ここでは立法者の経験的判断が、科学的知見、社会学的知見等に照
らして、合理的かどうかが問題とされる。この文脈において、環境犯罪にお
ける将来予測等は論じられるべきである。また、立法者が判断の前提とした
事実的認識が、誤ったものであったかどうか、憲法と矛盾する不適切なもの
であったかどうかも審査される。前提事実の認識が誤っていれば、経験則が
正しくとも誤った結論が導き出されてしまうからである。

　もっとも、裁判上の統制という側面からみれば、確実な経験的知見がなけ
れば適合性が認められないということは意味しない。すなわち、立法目的た
る法益に対する侵害・危殆化が、科学的・経験的に証明可能であることまで
は要求されないのであって、推定上のリスクを引き合いに出すことが憲法上
直ちに排斥されるわけではないのである。それを要求すれば、立法者の活動
範囲は法的に著しく狭められてしまうであろう。その意味で、立法者には評
価特権が認められ、裁判的統制の権限は自ずから制限される。また、危険性
の経験的判断の確実性は、行為者側の行為を制約する目的に関わる事情であ
り、行為者側の憲法上の権利との衡量を要する事情でもある。したがって、
「疑わしきは自由の利益」原則のような単純な論証責任ルールは妥当しない。

(2)　規定形式との関係

　上記のような適合性判断は、侵害犯、具体的危険犯および抽象的危険犯の
ような犯罪類型毎の規定形式との関係では次のように具体化される。以下の

---

141)　*Lagodny*, a. a. O.（Anm. 2), S. 172; *Kasper*, a. a. O.（Anm. 80), S. 220.
142)　*Kasper*, a. a. O.（Anm. 80), S. 220.
143)　立法者の将来予測については、宍戸常寿「立法の『質』と議会による将来予測」西原編・前掲注120) 60頁参照。
144)　*Lagodny*, a. a. O.（Anm. 2), S. 174.
145)　*Lagodny*, a. a. O.（Anm. 2), S. 176.
146)　*Appel*, a. a. O.（Anm. 7), S. 572 f.
147)　*Lagodny*, a. a. O.（Anm. 2), S. 173 ff., 178.
148)　*Carl-Friedrich Stuckenberg*, Grundrechtsdogmatik statt Rechtsgutslehre‐Bemerkungen zum Verhältnis von Strafe und Staat, GA 2011, S. 660 f. これに反対するものとして、*Kasper*, a. a. O.（Anm. 80), S. 220.「疑わしきは自由の利益」原則については、小野坂・前掲注68) 489頁以下も参照。
149)　*Lagodny*, a. a. O.（Anm. 2), S. 171 f.参照。また、憲法上の審査全体との関係を述べたものとして、宍戸・前掲注18) 248-249頁参照。

記述からも明らかとなるように、侵害犯、具体的危険犯、抽象的危険犯の区別は、立法目的たる法益との関係で行なわれることになる。[150]

まず、侵害犯および具体的危険犯の行為規範（侵害禁止および具体的危殆化の禁止）において、行為規範に違反する行為態様が立法目的たる法益に対して害をもたらし得るか否かという危険性の判断は、行為態様と侵害結果および具体的危険との間の因果関係（あるいは、行為の具体的危険性）の判断の中に包含され、その判断は刑事訴訟において裁判官が行なうことになる。[151]したがって、侵害犯および具体的危険犯においては、立法目的たる法益に何ら害をもたらし得ないような行為態様が（事後的に）制約されるということは考えられず、適合性が問題となることはない。また、立法目的たる法益に対する具体的危険が判断される類型である限りにおいて、未遂犯の行為規範も同様である。[152]

それに対して、抽象的危険犯の行為規範（抽象的危殆化の禁止）においては、一般的・類型的に危険と判断される行為態様が、立法目的たる法益に対する具体的危険または侵害結果と無関係に規定されている。すなわち、個別事例における行為態様の危険性の認定は裁判官に委ねられておらず、立法者による事前的・経験的な危険性判断しか問題となっていないのである。[153]したがって、抽象的危険犯の行為規範の審査においては、立法者の当該危険性判断が上記基準に従って判断されることになる。予備罪、および立法目的たる法益に対する具体的危険が判断されない類型の未遂犯の行為規定にも同様のことが妥当するであろう。

また、一定の客体に対する侵害・危殆化ないし一定の外界変動状態を結果として要求するが、立法目的たる法益に対する具体的危険は要求しないという規定形式も考えられ、このような犯罪類型も抽象的危殆化の禁止に分類さ

---

150) 人格的法益論の立場からの論述であるが、Stächelin, a. a. O.（Anm. 77）, S. 91 ff.参照。また、適合性において問題とされる行為の危険性と、刑法の犯罪類型において問題となる危険性概念の違いについて示唆を与えるものとして、謝・前掲注3）91頁以下参照。
151) いわゆる実行行為性の判断の中で、行為の具体的危険性は判断されているように思われる。
152) 行為規範段階で故意・過失を問わない以上、この場合、未遂犯の行為規範は、具体的危険犯の行為規範と同様の内容となる。
153) 謝・前掲注3）106-107頁参照。

れる。このような場合には、行為規範に規定される当該一定の状態を、立法目的たる法益に対する一般的・類型的危険を判断する指標として選択したことの合理性が、行為規範の審査で問われることになる。

　もっとも、以上のような分類にもかかわらず、行為規範を定立する根拠が、そこに規定される行為の、立法目的たる法益に対する一般的・類型的な経験的危険性であるということには、変わりがない。前述したように、侵害結果および具体的危険の認定は、行為規範の適用のために要求されるのであって、行為規範定立の段階における規制されるべき行為態様それ自体の選択の場面では問題となっていない。すなわち、侵害犯および具体的危険犯の行為規範において最終的に規制される行為は、立法者が一般的・抽象的に危険であると判断した行為態様に該当する行為のうち、その危険性判断の前提となった因果関係を通じて、具体的危殆化状態および侵害に至った行為なのである。

2　必要性

　必要性は次のように定式化される。「等しく実効的な手段のうち、等しい成果ないしよりよい成果を、より重大でない制約によって達成できる場合には、必要性は存在しない」。したがって、ここでは2つのことが問題となる。まず、制約の少ないより緩やかな手段としてどのような手段が使用可能かということが明確にされなければならない。そして次に、考えられるより緩やかな手段が、立法者が選択した手段と比較して、等しく実効的・適合的であるか否かが検討されなければならない。この点においては、適合性判断に際してと同様に経験的判断が問題となっており、裁判的統制に際しては、「より過酷ではない他の手段を用いることが一義的に認定できる」ということが必要とされる。確実な経験的知見が欠ける場合には、立法者の評価特権が存

---

154)　Lagodny, a. a. O. (Anm. 2), S. 171 f.
155)　殺人等の致死罪の行為規範は、侵害結果を規定することによって、それに対して危険性を有すると判断される行為態様全てを包括的に把握していると理解することになる。
156)　シュテルン（井上ほか編訳）・前掲注71）317頁〔小山訳〕。
157)　Lagodny, a. a. O. (Anm. 2), S. 179; シュテルン（井上ほか編訳）・前掲注71）317-318頁〔小山訳〕参照。
158)　シュテルン（井上ほか編訳）・前掲注71）318頁〔小山訳〕参照。

在することとされるのである。

　以上の問題を刑罰規範の行為規範の審査において具体化するならば、次のような問題が検討されなければならないであろう。すなわち、第一に、本書で定義したような禁止・要請を含む行為規範による制約よりも緩やかな制約というものがそもそも考えられるか否かという問題、そして第二に、行為規範内部における規定形式毎に制約の強弱が存在するか否か、存在するとすればどのような順序となるかという問題である。そして、そのそれぞれにおいて考えられたより緩やかな手段について、その適合性が検討されなければならないのである。

(1)　行為規範に対するより緩やかな手段

　(a)　**法的不承認決定を伴わない手段**　本書が基礎とする理解によれば行為規範とは、一定の外界変動状態に対して法的不承認決定を行ない、それと結び付く行為態様を事後的に制約することを授権する規範である。制約の強度という観点からみれば、事後的制約という側面は、前述の通り、事前的制約よりも緩やかな手段であるため、ここで問題となる、より緩やかな手段の確定に関連しない。したがってここで問題となるのは、外界変動状態およびそれと結び付く行為態様に対する法的不承認という側面である。

　法的不承認決定とは、立法者が社会において存在してはならないものと判断することを意味する。このような不承認決定に基づいて、当該状態を発生させるような行為態様の禁止（あるいは、発生させないような行為態様の命令）という行為要請が発せられる。したがって、行為規範上では、後に制約として賦課される制裁等を甘受することによって、行為規範に反する行為をなすという選択の自由は認められていない。[159]

　他方で、同一の行為態様に対する法的不承認決定を含まない制約も考えられる。例えば、一定の行為態様に対する、当該行為態様の削減を目的とする課税措置等である。この場合、立法者は当該行為を社会において存在してはならないものと判断しているわけではない（ない方が望ましいと判断しているにすぎない）。したがって、課税等の不利益を甘受することによって、当該

---

159)　*Lagodny*, a. a. O. (Anm. 2), S. 183; *Böse*, a. a. O. (Anm. 24), S. 91 f.

行為をなすという選択の自由が（潜在的）行為者には法的に認められているのである[160]。

以上から、法的不承認決定を含まない手段は、行為規範による制約に対して、より緩やかな手段であることが確定される[161]。

(b) **適合性**　法的不承認決定を含まない手段が、行為規範による制約に対してより緩やかな手段として確定されれば、続いてそれが、行為規範による制約と同程度以上に実効的かどうかが判断されなければならない。すなわち、実効性の観点から、行為規範において立法者が行なう選択の自由を残さない形での行為要求と、選択の自由を認める形の手段との比較が行なわれるのである。その比較の際には、それぞれの手段が、阻止または削減が求められている一定の外観変動状態（あるいは、それと結び付く行為態様）を発生しないようにすることについて、どの程度適合的か否かが問われることになる。しかし、この判断は非常に困難なものであり、立法者に評価特権が認められるとされる[162]。

もっとも、政策論レベルの議論まで視野に入れて、考慮要素を示すことは可能であろう[163]。まず、実際上の規制の実行可能性および潜脱可能性が考慮されなければならない。ここでは、国家による禁止の貫徹可能性（訴追機関のキャパシティ等）も考慮される[164]。例えば、行為規範においては行為選択の自由が法的には認められていないとしても、訴追可能性が小さいまたは発覚の可能性が少ないという事情があれば、事実上は行為選択の自由が存在する状態に近似することになろう[165]。

次に憲法上の権利を有する者の側面においては、行為選択に伴うコストおよび行為選択の動機の強さが考慮されなければならない。例えば、行為選択

---

160) *Lagodny*, a. a. O. (Anm. 2), S. 182. 刑罰についての特殊性を述べる文脈ではあるが、*Böse*, a. a. O. (Anm. 24), S. 93.
161) *Lagodny*, a. a. O. (Anm. 2), S. 182 f.
162) *Lagodny*, a. a. O. (Anm. 2), S. 184.
163) 刑罰を用いた行為規制との関係を述べるものであり、本書の立場とは前提が異なるが、必要性について様々な手段を検討した論稿として、*Stächelin*, a. a. O. (Anm. 77), S. 126 ff.が参考となろう。
164) *Lagodny*, a. a. O. (Anm. 2), S. 183 f.
165) *Stächelin*, a. a. O. (Anm. 77), S. 129 ff.も参照。

の動機が強い領域においてコストが安ければ、当該規制に行為を統制する効果は小さくなり、逆であれば行為選択の自由が認められていない状態に近似することになろう。そして、当該コストを勘案するにあたっては、規制の実行可能性および潜脱可能性も考慮され、その可能性が高ければコストは低くなるのである。

(2) 行為規範内部における制約の強弱関係

より緩やかな手段の確定は、行為規範内部でも問題となる。適合性の検討において既に言及したように、立法者は、様々な形で行為規範を定式化することができる。そのような規定形式間の制約の強弱を検討するうえで重要な要素は、当該行為規範によって制約される行為の量(範囲)である。すなわち、どのような行為が制約され、あるいは制約されないのかが重要なのである。そこで以下では、様々な行為規範の規定形式毎に、行為の制約量の比較を行なっていく。

なお、問題となっている刑罰法規に客観的処罰条件が規定されているか否かは、ここでの行為の制約量に影響を与えない。というのも、前述した通り、行為規範による不承認決定の範囲には関係せず、制裁賦課の範囲のみを制限する客観的処罰条件は、行為規範に含まれる要素ではないからである。した

---

166) *Lagodny*, a. a. O. (Anm. 2), S. 182 f.
167) 本章第2節IV1(2)参照。
168) 作為を命じる不作為犯の行為規範による制約の程度をどのように位置付けるかは検討を要する問題である。通常は、作為を命じることは不作為を命じることよりも自由制約の程度が高いと考えられているからである。もっとも、立法目的たる法益に対する危険性という観点からは、作為犯であれ、不作為犯であれ、不発生が望まれている危険性が行為規範の根拠であることに変わりはない。したがって、個人にとって行為規範において問題となるのは、抽象的・一般的には、当該危険性を発生させないためにどのような義務を負うかということだけである。そうだとすれば、不作為しか命じない行為規範よりも、作為まで命じる行為規範の方が、本書の文脈では制約の度合いが高いということさえ確定しておけばよい。残る問題は、作為義務を負うとされる者が、当該危険性を除去する義務を負わせることに合理的根拠があるかどうかだけである。以上のような理解を前提として、本文では、禁止される行為の量という観点のみを論じることにする。

なお、作為犯と不作為犯の自由制約の程度という問題に関しては、萩野貴史「刑法における『禁止』と『命令』の自由制約の程度差」早稲田大学大学院法研論集127号(2008年)121頁および今井猛嘉ほか『刑法総論』(有斐閣・第2版・2012年)101頁〔小林憲太郎〕参照。
169) *Lagodny*, a. a. O. (Anm. 2), S. 185, 187.
170) 本章第1節I5(4)および第2節II参照。

がって、憲法上、行為規範は客観的処罰条件を除いて定式化されなければならず、そのような行為規範の正統性が、まずもって確定されなければならない。[171] つまり例えば、事前収賄罪（刑法197条2項）の場合、「公務員になろうとする者が、その担当すべき職務に関し、請託を受けて、賄賂を収受」等することを規制することの正統性が、行為規範の正統性審査においては確定されなければならないのである。

(a) **侵害犯、具体的危険犯および抽象的危険犯の行為規範**　行為の制約量について、侵害犯、具体的危険犯および抽象的危険犯という犯罪類型間での比較を行なうために、まずは次のような行為規範を想定する。行為規範違反として文言上認定し得る行為態様は同一であるが（例えば、アルコールの影響により正常の運転ができないおそれがあり、実際にも正常な運転が困難な状態で、自動車を走行させること）、立法目的たる法益（例えば、生命・身体）に対する侵害結果（死亡・傷害結果）まで要件として規定しているか、それとも具体的または抽象的危殆化で足りるとされているか等のみで区別されるような諸行為規範である。[172]

第一に、これらの行為規範の中で、より緩やかな手段が確定されなければならない。そこで制約される行為の量という観点からそれぞれの行為規範をみると、侵害犯および具体的危険犯の行為規範と抽象的危険犯の行為規範との間に有意な差がある。抽象的危険犯は規定形式上、行為規範において規定される行為態様があれば充分であり、それ以上に具体的に危険であることを要しない。すなわち、経験的判断に基づいて立法者が行為規範において規定した危険性を徴表する事情を充足すれば、抽象的危険犯の行為規範に基づいて制約を課す者（刑事訴訟においては裁判官）は、その違反を認定できるのである。[173] また、行為者の側からみれば、行為の危険性を自ら予測して行動する

---

171) *Lagodny*, a. a. O.（Anm. 2), S. 237 ff. また、そのように解さないと、「客観的処罰条件は、行為の違法性と関係を有さない、構成要件に属さないものであり、処罰の範囲を制限するのみである」という定式が成り立たないことになる。

172) *Lagodny*, a. a. O.（Anm. 2), S. 189. もっとも Lagodny は、前述の通り警察法的授権という観点から、事前的行為規範による制約を検討しており、おそらくそのような意味で禁止量（Verbotsmenge）という言葉を用いている。

173) 謝・前掲注3）114頁。

自由が剝奪されている。この場合、行為の危険性の判断は、立法者が抽象的・一般的かつ終局的・排他的に行なうのであり、他の者には委ねられていない。他方で、具体的危険犯および侵害犯の行為規範に際しては、それらに基づいて制約を課す者は、行為規範に違反する行為態様の具体的危険性を自ら判断しなければならない。すなわち、具体的危険犯および侵害犯の行為規範によっては、制約を課す者が具体的事情のもとで危険と判断した行為しか制約されないのである。また、行為者にも自らに危険を予測して行動する自由が認められる。この意味で、抽象的危険犯の行為規範と比べて、具体的危険犯および侵害犯の行為規範は一義的により緩やかな手段となる。そしてまた、その中間に、制約を課す者に、個々の行為の一般的・抽象的危険性の判断を委ねた、いわゆる適性犯がある。

このことを、上記の酒酔い運転の例を使って説明すれば、次のようになる。危険運転致死傷罪のような侵害犯の行為規範しか存在しないとすれば、アルコールの影響により正常な運転が困難な状態で、人影の全くない道路上で自動車を走行させたとしても、当該行為は制約されないであろう。しかし、酒酔い運転罪のような抽象的危険犯の行為規範が存在すれば、そのような行為も制約されることになるのである。

さらに具体的危険犯の行為規範と侵害犯の行為規範を比較すれば、侵害犯の行為規範がより緩やかな手段となる。なぜなら、侵害犯においては、具体的に危険と認定された行為のうちで、実際にその危険が侵害結果に現実化した行為しか制約されないからである。例えば、生命を保護する行為規範として殺人罪しかないとすれば、生命に対して具体的に危険な行為をなしたとしても、人が死なない限りその行為は（事後的に）制約されないのである。

第二に、確定されたより緩やかな手段についてその適合性が審査されなければならない。ここでは制約される行為の量が増えれば増えるほど、立法目的たる法益に対する危険性を有する行為がより多く制約されることになるので、国家の側からみれば、立法目的の達成にとって、それだけ実効的な手段

---

174) *Lagodny*, a. a. O.（Anm. 2), S. 194.
175) *Lagodny*, a. a. O.（Anm. 2), S. 186 f.
176) *Lagodny*, a. a. O.（Anm. 2), S. 198.

となる。しかしこれは同時に、（潜在的）行為者の観点からみれば、制約される行為の量の増大は、憲法上の権利がより一層制約されることを意味する[177]。したがって、行為規範内部の規定形式の問題は、必要性の審査段階では解決され得ず、最終的な衡量を経ることによってしか解決できないのである[178]。

　(b)　**行政行為に付随する行為規範**　　行為の制約量は、一定の行為に許可制、届出制等の事前制約が定められると同時に、そのような事前制約を免れる無許可行為、届出義務違反を規制する行為規範についても問題となる。重要なのは、抽象的危険犯の行為規範との比較である[179]。

　許可制とは、一定の国民の活動を一般的に禁止したうえで、国民からの申請に基づき審査を行ない、一定の要件に合致する場合、禁止を個別具体的に解除する法的仕組みである[180]。ここでの一般的禁止の基礎には、当該規制の対象となる行為が有する立法目的たる法益（規制を定める法規の目的）に対する危険性に関する立法者の一般的・類型的な判断があると考えられる。したがって、そのような危険性判断の諸前提事情を充足しないような行為は、形式的に法規の文言に該当するとしても、そもそも許可制の規制には服さない[181]。そして、許可要件を充たし、許可を得てその範囲内で行なわれる行為は、一般的・類型的には危険性が認められるが、具体的には国家が最低限許容できると判断した危険性しかない行為である[182]。逆に、許可事由を充たさない行為

---

177)　*Lagodny*, a. a. O.（Anm. 2), S. 198.
178)　*Lagodny*, a. a. O.（Anm. 2), S. 215, 240 ff.; *Kasper*, a. a. O.（Anm. 80), S. 221 f.
179)　嘉門・前掲注132)「現代的意義―環境刑法（2・完）」107頁以下、謝・前掲注3）108頁以下も参照。
180)　宇賀克也『行政法概説Ⅰ　行政法総論』（有斐閣・第5版・2013年）82頁。
181)　この意味で、許可制に服する行為に該当するか否かの判断と、抽象的危険犯の行為規範に違反する行為に該当するか否かの判断は、全く同一のものである。前掲注76) 大阪高判平成27年1月21日も、「許可を得るべき風俗営業の無許可営業を処罰することで、許可制の実効性を担保するという無許可営業罪（49条1号）の趣旨からすると、3号営業について、許可を要する営業の範囲と無許可営業として処罰される営業の範囲は同一と理解すべき」であるとしている。
182)　本文のような理解から、前掲注76) 大阪地判平成26年4月25日も説明可能である。すなわち、本判決は、風営法2条1項3号「ナイトクラブその他設備を設けて客にダンスをさせ、かつ、客に飲食をさせる営業」を許可制によって規制している根拠として、「その具体的な営業態様によっては、歓楽的、享楽的な雰囲気を過度に醸成し、わいせつな行為の発生を招くなど、性風俗秩序の乱れにつながるおそれがある」とする。そこから、許可の対象とされる3号営業とは、形式的に「『ナイトクラブその他設備を設けて客にダンスをさせ、かつ、客に飲食をさせる営業』との文言に該当することはもちろん、その具体的な営業態様から、歓楽的、享楽的な雰囲

第2節　行為規範の正統性　Ⅳ　制約の正当化（2）手段審査　　105

とは、一般的・類型的危険性を超えて、当該危険が現実化する具体的危険が
あると国家が判定した行為である[183]。その意味で許可要件は、原則禁止の根拠
となっている一般的・類型的な危険性の除去事由なのである[184]。この場合、具
体的危険性の予測判断は、第一次的には許可要件への該当性を判断する行政
庁に属することになる[185]。

　許可制を以上のように理解すれば、一定の行為に一般的・類型的危険性が

　　気を過度に醸成し、わいせつな行為の発生を招くなどの性風俗秩序の乱れにつながるおそれが、単に抽象的なものにとどまらず、現実的に起こり得るものとして実質的に認められる営業を指すものと解するのが相当である」とされるのである。そして許可要件についても「適性を欠く者が経営に参入したり、不適切な設備を設けたりすることによってその営業内容が不健全なものとなり、性風俗秩序の乱れが現実化する事態が容易に想定されるからである」としている。これらの判示は、許可制の法的仕組みを、一般的・類型的に危険な行為の原則禁止と、それに該当するが具体的に危険性の少ない行為の許可という仕組みと理解する私見となじむものであろう。本判決に関する論文・評釈として、新井誠「風営法によるダンス営業規制をめぐる憲法論―大阪地裁平成26年4月25日判決の検討」法時86巻9号（2014年）89頁以下、髙山佳奈子「風営法『ダンス』規制の問題性」生田勝義先生古稀『自由と安全の刑事法学』（法律文化社・2014年）155頁以下、大野友也「判批」新・判例解説Watch 15号（2014年）27頁以下および小野上真也「判批」刑ジャ42号（2014年）143頁以下がある。

　　なお、控訴審判決である前掲注76）大阪高判平成27年1月21日は、この判決について、「3号営業に対する規制目的を性風俗秩序の維持と少年の健全育成に限定し、他の規制目的を考慮していないと解される点で、相当でなく、また、3号営業の解釈自体においても、3号営業に対する事前許可制と両立し難い不適当な基準を定めた点で、法令の解釈適用を誤ったものである」とする。しかし、「ダンスをさせる営業をその態様を問わず一律に規制対象とすることは合理性を欠くと解釈したことは相当」であるとし、基準の明確性および事前許可制との整合という観点を顧慮したうえで、3号営業の要件となるダンスの種類・様式を限定解釈することで、規制の対象とすることが合理的な営業の態様を導き出している。すなわち、「性風俗秩序の維持と少年の健全育成という3号営業に対する主たる規制目的」からみて規制が必要なダンスとは、「これを客にさせる営業によって男女間の享楽的雰囲気を過度に醸成し、売春等の風俗犯罪を始めとした性的な逸脱行動を誘発するなど、性風俗秩序を害するおそれがある類型」のダンスであり、それは「男女が組になり、かつ、身体を接触して踊るのが通常の形態とされているダンス」を指すとされるのである。したがって、控訴審判決についても、上記のような理解は維持できると考えられる。控訴審判決の評釈としては、新井誠「判批」広島法学39巻1号（2015年）67頁以下および平地秀哉「判批」重判平成26年度（ジュリ臨増1479号）22頁。

183)　許可要件が具体的危険性の判断と無関係な形で設定されている場合には、当該許可要件の設定自体が違憲となる。しかし、そのことと許可制自体が合憲であることとは別問題である。許可制自体の合憲性は、立法者による抽象的危険性の判断が合理的か否かによって決せられるからである。前掲注76）大阪地判平成26年4月25日は、行為の抽象的危険性を判断するための要件を限定解釈したのであって、許可要件を限定解釈しているわけではない。

184)　*Lagodny*, a. a. O. (Anm. 2), S. 200.

185)　*Lagodny*, a. a. O. (Anm. 2), S. 198 ff. 集会等を規制する公安条例についてのものであるが、田上穣治「公安条例における許可制と届出制」警研45巻7号（1974年）54頁、57頁も参照。

あり、それを根拠に許可制による規制に服せしめることが合憲であると認められる以上[186]、無許可行為を禁止する行為規範は、抽象的危険犯の行為規範として合憲であるといえる[187][188]。許可要件が合憲であるかどうか、および無許可行為に制裁を科すかどうかという問題は、ここでの問題とは別の問題である。

届出制についても同様に考えることができるであろう。届出制は、国民がある行動をとる前に、行政機関への届出を義務付ける仕組みである[189]。許可制との違いは、許可制においては許可処分によって禁止が解除されるまでは法的自由がないのに対して、届出制においては届出によって行政処分を待たず、法的自由が回復される[190]ということにある。すなわち、届出制も、一般的禁止が個別的に解除されることにおいては許可制と異ならず、ただ許可制のように行政裁量権の介入を認めないことにおいて区別されているのである[191]。したがって、届出制についても一般的禁止を課す前提として、立法者は行為の一般的・類型的危険性を評価していることになる。そして、届出によって国家の側に情報が提供されることによって、危険性除去等の準備措置を執ることが可能になり、その限りで行政の統制が及ぶことによって、届出の対象となった行為の一般的・類型的危険性が除去されるのである[192]。

---

186) 薬事法違憲判決（最大判昭和50年4月30日民集29巻4号572頁）も、薬事法が医薬品等の供給業務に関して許可制を採用したこと自体は、公共の福祉に適合する目的のための必要かつ合理的措置として是認している。
187) 小林憲太郎「刑法判例と実務―第二回 法益保護主義」判時2277号（2016年）3頁、3-4頁も、無許可営業罪の不法の実体は、行為単体が許可要件を充足しているか否か（保護法益への侵襲性の有無）と無関係であるとしている。
188) このような行為規範においては、許可なく行なうことの中に一般的・類型的な危険が見出されているわけであるから、同時に、許可制度そのものを保護することになる。小林・前掲注187) 4頁も参照。
189) 届出制については、事後の場合もあるが、ここでは届出義務を履行せずに行動した場合を論じるために事後の届出義務については論じない。
190) 宇賀・前掲注180) 98頁。
191) 田上・前掲注185) 56-57頁。
192) 河原畯一郎「集会、集団行進の許可制と届出制」ジュリ82号（1955年）19頁、22頁参照。また、最判平成26年1月16日刑集68巻1号1頁も、インターネット異性紹介事業を利用して児童を誘引する行為の規制等に関する届出制度について、「［法律所定の］事項を事業者自身からの届出により事業開始段階で把握することは、［法律］各規定に基づく監督等を適切かつ実効的に行い、ひいては本法の上記目的［インターネット異性紹介事業の利用に起因する児童買春その他の犯罪から児童（18歳に満たない者）を保護し、もって児童の健全な育成に資すること］を達成することに資する」と判示しており、これも本文のように理解し得るであろう。曽我部真

以上から、届出義務違反の行為規範も、無許可行為を禁止する行為規範と同様、抽象的危険犯の行為規範として審査されることになる。

次に、行政行為に付随する行為規範においては、直罰規定と間接罰規定との比較も問題となる。最終的に制裁を科されることによって発現する制約に着目すれば、制裁賦課の前提となる行為規範としては、規制対象となる行為全体を把握している直罰規定よりも、規制対象行為のうちで命令に違反した行為しか把握していない間接罰規定の方が、より緩やかな手段であると考えることができる。[193]

(c) **未遂犯の行為規範**　未遂犯の行為規範は、既遂犯の行為規範違反を実現する具体的危険の発生という外界変動状態を規制する行為規範であるといえる。[194] したがって、未遂犯処罰規定を伴う犯罪の行為規範は、既遂犯のみが処罰される犯罪の行為規範よりも、時間的にも内容的にも行為の制約量が増加する。

また、未遂犯も処罰される侵害犯、具体的危険犯および抽象的危険犯の行為規範が、既遂犯のみが処罰されるそれぞれの行為規範と、どのような関係にあるかも問題となる。[195] その問題を解決するためには、未遂犯成立にとって重要な既遂犯構成要件実現の蓋然性の判断が、どのような構造で行なわれ、いかなる行為がそのように判断されるのかを解明しなければならない。このような問題があるため、例えば、侵害犯の未遂犯の行為規範が、具体的危険犯の行為規範と一致するとは単純にはいえない可能性がある。[196] しかし、未遂犯の成立に必要な具体的危険の判断構造を詳しく論じることは本書の範囲を

　　裕「判批」重判平成26年度（ジュリ臨増1479号）18頁および辻川靖夫「判批」ジュリ1493号（2016年）74頁も参照。
193)　宍戸・前掲注112）139-140頁、山下純司＝島田聡一郎＝宍戸常寿『法解釈入門―「法的」に考えるための第一歩』（有斐閣・2013年）189-190頁〔島田聡一郎〕参照。
194)　山口厚『刑法総論』（有斐閣・第2版・2007年）269頁以下、謝・前掲注3）91-92頁参照。
195)　なお、行為規範の内容として、故意・過失等は含まないため、故意の内容の違い等はここでは問題とならない。
196)　*Lagodny*, a. a. O.（Anm. 2), S. 202 ff.は、具体的危険犯の行為規範と侵害犯の行為規範が防御権的には同列であるということを前提に、後者について未遂犯が処罰されても、その関係は変わらないと述べる。確かに、立法目的たる法益における侵害結果の具体的危険を発生させるという点に限れば、2つは同一かもしれない。しかし、未遂犯の成否の判断はそれだけにはとどまらないであろう。

超えるため、本書では未遂犯の行為規範による制約範囲については、これ以上論述しないこととする。

(d) **さらなる行為の目的を要求する予備罪の行為規範**　予備罪の行為規範（後の行為を予定した準備段階を把握する行為規範を広く含むものとする）[197]については、後に予定された行為を直接把握する既遂犯の行為規範に違反する行為態様よりも前段階の行為を把握し、それらの既遂犯の実現に至る危険性は未遂犯に比べて類型的に低いもので足りるとされているから、それらの行為規範よりも時間的にも内容的にも、より多くの行為を制約する行為規範となる。また、予備罪の行為規範においては、目的要件以外では後に予定されている行為が実際に行なわれる蓋然性は問題とされず、後に予定される行為に関して具体的危険が存在するか否かも行為制約の時点では問題とされないから[198]、その意味でも、同じ行為態様を規制するとしても未遂犯の行為規範よりも広い行為制約を伴う[199]。すなわち、実際には未遂に至る前に行為者が思いとどまる可能性があるとしても、予備が処罰されることになるため、その分制約される行為は増加するのである。

抽象的危険犯との関係では、武器やその他の危険な物質の所持等を把握する予備的犯罪の行為規範との関係が問題となる[200]。例えば、銃砲刀剣類所持等取締法3条においては、銃砲または刀剣類の所持が禁止されている。この規定の趣旨は、殺人、傷害等の「犯罪を未然に防止するため」の規制によって「国民の生命財産の安全を期する」ことであるとされており[201]、その意味でこれは抽象的危険犯の行為規範である。そして、所持罪の場合は、所持の認識があれば足り、それ以上の動機や積極的目的は不要である[202]。

---

197) 例えば、文書偽造罪も行使を前提とする予備を禁止する行為規範である。
198) 未遂犯の成立について、後の行為の蓋然性を犯罪計画等に照らして判断していると考えられるものとして、最決平成16年3月22日刑集58巻3号187頁（いわゆるクロロホルム事件）を参照。
199) *Lagodny*, a. a. O. (Anm. 2), S. 208 ff.
200) 「予備的犯罪（Vorbereitungsdelikte）」とは、行為者自身または他人のどちらかが、問題となる先行行為の結果を受け継ぎ得るところに存在する、潜在的危険性を有する行為態様を把握する犯罪類型であり、抽象的危険犯の一種である。*Wolfgang Wohlers*, Rechtsgutstheorie und Deliktstruktur, GA 2002, S. 19.
201) 最判昭和33年2月12日刑集12巻2号209頁。銃砲刀剣類所持等取締法1条も参照。
202) 辻義之監修・大塚尚著『注釈 銃砲刀剣類所持等取締法』（立花書房・2011年）54頁。

予備罪の行為規範についてみると、同じく銃砲刀剣類の所持であっても、例えば殺人罪を犯す目的（刑法201条）がなければ、当該行為は制約されない。したがって、予備罪の行為規範に基づいて制約を課す者は、目的要件を通じてさらなる危険創出行為の可能性を判断しなければならない。他方で予備的犯罪においては、そのような予測をしてはならない[203]。

以上によれば、予備罪の行為規範は、抽象的危険犯としての予備的犯罪の行為規範と比べて、より緩やかな手段であるといえるのである[204]。

(e) 小括　以上のように、行為規範内部においても、手段の厳格さにいくつもの段階がある。しかし、厳格さの段階付けとは反比例の関係で、規制形式の実効性は（建前上）増大する。それは、国家の介入が早ければ早いほど、制約される行為の量が多ければ多いほど、法益が保護されているという状態はより多く存在し得るという関係が認定されるからである。それゆえ、相対的に厳格な手段が必要性の審査において否定されることはほとんど考えられない[205]。最終的には衡量の問題に持ち込まれざるを得ないのである。

3　狭義の比例性（相当性）

狭義の比例性とは、制約理由たる立法目的と、制約対象たる憲法上の権利とを衡量する段階である[206]。すなわち、個人の自由の地位に対する侵害によって生じる犠牲は公共のために得るべき利益と比例を失してはならないと定式化される[207]。その際、「憲法上の権利に対する制約が重大であればあるほど、その制約を正当化する公益は重要でなければならず、その制約を正当化する公益に対する危険が差し迫っていなければならない」という原則的基準（je-desto 公式）が妥当するとされる。

このような定式化からも明らかなように、衡量決定には不安定性と不充分性が伴い、一義的な結論が推論されるわけではないが、それはある程度甘受

---

203) *Lagodny*, a. a. O. (Anm. 2), S. 210.
204) *Lagodny*, a. a. O. (Anm. 2), S. 210.
205) *Lagodny*, a. a. O. (Anm. 2), S. 215.
206) 柴田憲司「憲法上の比例原則について（一）―ドイツにおけるその法的根拠・基礎づけをめぐる議論を中心に」法学新報116巻9＝10号（2010年）183頁、193頁。
207) シュテルン（井上ほか編訳）・前掲注71) 319頁〔小山訳〕。

されなければならない。しかし、衡量を全くの恣意的なものとしないために[208]は、衡量要素の体系化は必要である。そこで以下では、行為規範の審査に際して、衡量すべき要素を、制約に関する側面と目的に関する側面とに分けて挙げていく。[209]

(1) 制約に関する諸要素

(a) **制約される憲法上の権利の性質**　制約の態様および重大性を考慮するにあたっては、まず、制約される憲法上の権利の性質が問題とされなければならない。

前提として前述したように、一般的な行為自由が一応は憲法上保障されると考える。すなわち、望むことを行なうことおよび行なわないことについて、形式的・実質的に憲法に違反する規制を受けないという形で、人間のあらゆる行為態様が憲法上保障されるのである。[210]

あらゆる行為態様が憲法上原則として保護されるとしても、それが制約される場合には、許される制約の程度に差がある。憲法13条前段の「個人の尊重」においては、憲法上の権利の主体としての個人が、自らが最善と考える自己の生き方を自ら選択して生きていく人格的・自律的主体として想定されている。[211]そのことはまず、「望むことを行なうことおよび行なわないことについて、他者、すなわち国家による妨害行為から自由であること」として理解されなくてはならない。[212]したがって、上記のような形で、一般的行為自由が憲法上保障される。そして、そのような自由のうち、人格的自律の存在としての個人を尊重するために不可欠なものと判断された権利が、（表現の自由や職業選択の自由のように）憲法典に個別的に規定されているのであり、一般的行為自由よりも強い保障を受ける。[213]そうだとすれば、憲法の個別条項に規定されていなくとも、人格的自律にとって重要な利益に関する行為は、

---

208) *Kasper*, a. a. O. (Anm. 80), S. 222.
209) *Kasper*, a. a. O. (Anm. 80), S. 222 ff.
210) 松原光宏「幸福追求権の射程」小山剛＝駒村圭吾編『論点探究憲法』（弘文堂・第2版・2013年）115頁以下、小山・前掲注88）95頁以下参照。
211) 高橋（和）・前掲注18）139頁、佐藤（幸）・前掲注113）121頁。
212) 松原（光）・前掲注210）122頁。
213) 宍戸・前掲注112）15-16頁。

「幸福追求権」（憲法13条後段）から派生する憲法上の権利として、強い保障が与えられなければならない。[214]

また、規制される行為に関わる憲法上の権利が保護している利益、目的あるいは幸福をより良く実現するために、国家による規制が適切と考えられる程度も、保障の程度に影響する。すなわち、例えば経済的自由は、秩序ある活気に満ちた市場とそれを成り立たしめる制度的仕組みやその都度の状況に見合った経済政策に依拠しつつその意義を発揮するが、精神的自由は、即自的価値として、そうした社会的・経済的便益の向上を理由に制約することは認められないといわれるのである。[215]

以上のことを制約の強さという点からいい換えれば、より強度の保障が与えられるべき憲法上の権利に対する制約であればあるほど、また、国家による規制が適切と考えられない憲法上の権利に対する制約であればあるほど、憲法上の権利に対する制約は重大なものとなり、それに対応する、より重要な目的が要求されるということになる。

(b) **制約される行為の量**　制約される行為の量については、必要性の段階において詳細に論じたように、制約される行為の量が増えれば増えるほど、より重大な制約となる。したがって、問題となっている行為規範が、どの範囲の行為を禁止（あるいは要請）するのかを検討することが重要である。

そこで必要性の段階で論じた、ある行為の危険性に着目した行為規範の規定方式毎の制約の重大性を段階的にまとめると、次のようになる。[216]

まず時的観点からは、侵害禁止および具体的危殆化の禁止の行為規範、それらの犯罪の未遂犯の行為規範、具体的危殆化行為（侵害禁止の行為規範に違反する行為態様を含む）の予備の禁止の行為規範（抽象的危険犯としての予備的犯罪の行為規範も含む）の順に重大な制約となる。

次に内容的観点からは、侵害禁止の行為規範、具体的危殆化禁止の行為規範、危殆化適性のある行為の禁止の行為規範、抽象的危殆化禁止の行為規範（無許可営業罪等を含む）の順に重大な制約となる。

---

214) 髙橋（和）・前掲注18）138頁以下、佐藤（幸）・前掲注113）173頁以下も参照。
215) 佐藤（幸）・前掲注113）662-663頁。
216) *Lagodny*, a. a. O. (Anm. 2), S. 215 も参照。

もっとも、行為の制約量の問題において、行為規範の規定方式の違いによる差異は二次的なものである。第一次的には、行為規範によって制約される行為態様それ自体について、憲法上の権利によって保障された行為をどの程度広く把握しているかが問題とされなければならないことには留意しておかなければならない。

(c) **制裁が予定されていることの意味** これまで述べてきたように[217)]、行為規範は制裁規範が付随しているか否かにかかわらず、それ自体として独立に存在するものである。したがって、行為規範による制約の重大性に対して、当該行為規範に刑罰が付加されているという事情は、何の影響も与えないのである。同様にさらに、法定刑等の制裁の重さもここではさしあたり無関係な要素である[218)]。

(2) 目的に関する諸要素

(a) **目的の重要度** 行為規範の目的とは、ある一定の行為を規制することによって、立法目的たる法益を保護することである。したがって、目的に関する諸要素としてまず決定的なのは、追求される立法目的の重要度（保護に値する程度）[219)]である。目的審査の部分で述べたように[220)]、目的の重要度の確認における第一の指標は、当該目的が憲法に基礎を持つ目的かどうかという視点である[221)]。

さらに、日本国憲法が13条において、個人の尊重を基礎とする個人主義の原理を規定していることから、個人の利益を保護するという目的は、相対的に高い重要度が認められる。いわゆる集合的法益についても、公共の福祉に合致すると目的審査の段階で判断される限りは、最終的には「全ての個人を等しく尊重する」ために追求される目的であるから[222)]、それ自体として憲法上疑問を持たれるものではない。しかし、個人の利益の相対的重要性という観点からは、いわゆる個人的法益から距離が離れれば離れるほど、集合的法益

---

217) 特に、本節II参照。
218) *Appel*, a. a. O. (Anm. 7), S. 490 f. さらに、*Kasper*, a. a. O. (Anm. 80), S. 224 ff. も参照。
219) *Kasper*, a. a. O. (Anm. 80), S. 229 ff.
220) 本節III 3(3)参照。
221) *Kasper*, a. a. O. (Anm. 80), S. 229.
222) 髙橋（和）・前掲注18) 115-116頁。

の立法目的としての重要性は低下すると考えられる[223]。もっとも、個人的法益との距離は、ある社会的法益がどのように個人的法益に役立っているかという評価的要素に影響される。したがって、その距離の判断についてもある程度の立法裁量が認められることになろう。

(b) **行為規範に規定される行為の危険性の程度**　　目的に関連する要素としては、行為規範によって制約される行為の危険性も問題となる。制約される行為の危険性の程度が高ければ高いほど、当該行為を制約することが相当であるとされやすいのである[224]。

危険性の程度の判断については、危険の高低、遠近、軽重という3つの問題を区別する見解が参考となる[225]。危険の「高低」とは、立法目的たる法益に対する侵害結果発生の蓋然性・可能性の程度の問題であり、「遠近」とは、当該侵害結果への時間的な接近の程度、つまり危険の切迫性に関わる問題である。また「軽重」とは、危険が現実化した場合の結果の重大さをめぐる問題である。「軽重」の問題については、目的の重要性と重複する部分もあるが、侵害結果の影響範囲（多数か不特定か）等が問題とされる[226]。

本書の理解では、抽象的危険犯と具体的危険犯とは、立法目的たる法益に対する危険性を、実際に制約を課す者が判断できるかどうかによって区別される。すなわち理論的には、具体的危険犯（さらには侵害犯）においても、行為規範に違反する行為態様の有する一般的・抽象的な危険性については、立法者が判断しており、制約を課す者はそのような一般的・抽象的な危険性を有すると立法者が判断した行為（経験則判断の前提事情を充たした行為）についてのみ、その想定された危険性が具体的場面で実際に立法目的たる法益に対して発生しているかどうか（さらには侵害にまで至っているか）を判断するのである。したがって、侵害犯および具体的危険犯の行為規範においても、実際になされた行為態様が、立法者が一般的・抽象的に危険であると判断し

---

223) *Kasper*, a. a. O. (Anm. 80), S. 230.
224) *Kasper*, a. a. O. (Anm. 80), S. 232 ff. 宍戸・前掲注112) 51頁以下、小山・前掲注88) 76頁も参照。
225) 鈴木・前掲注1) 156-157頁、謝・前掲注3) 93頁以下、123頁以下参照。
226) 謝・前掲注3) 97頁。

た行為態様に該当するかどうかの判断は必要となる。そのうえで具体的危険犯の行為規範については、制約を課す者は、想定された当該危険が、立法目的たる法益ないしその具体的な客体に対して発生しているかを具体的事情に即して判断するのである。さらに、立法者の想定した危険性に応じて、具体的危険性の判断に必要とされる危険性の程度も変動することが考えられよう。つまり、立法者が一般的・抽象的に低度の危険性まで行為規範によって把握しているならば、その危険性が具体的に発生したか否かの判断を裁判官に委ねたとしても、実際に発生している危険性は低度のものである可能性もある。侵害犯の行為規範の場合にも、客観的構成要件の充足について、結果発生の確率の程度が論じられることも、この文脈で理解することができよう。

　侵害犯、具体的危険犯および抽象的危険犯の行為規範の間の関係を以上のように理解すれば、危険の「高低」「遠近」「軽重」の問題は、抽象的危険犯の行為規範だけでなく、侵害犯および具体的危険犯の行為規範にも妥当することになる。すなわち、侵害犯の行為規範においては、侵害結果が発生している以上「遠近」は問題とならないとしても、結果として要求される侵害の一般的・抽象的な「軽重」は問題となるし、当該侵害結果を発生させる一般的・抽象的な可能性について、どの程度の行為まで行為規範によって把握されているのかという意味では「高低」も問題とされるのである。もっとも、侵害が実際に発生したという事情は、結果の重大性を上昇させる事情として考慮してよいであろう。

　具体的危険犯の行為規範においても、一般的・抽象的な危険性の判断については侵害犯の行為規範の場合と同様である。具体的危険の要件で危険の切迫性が要求されるので、「遠近」については、比較的に高いものに固定され

---

227) 例えば、人の生命・身体にとって危険な態様の運転行為のうち、飲酒運転を処罰する規定しかないと仮定するならば、立法者は、抽象的・一般的な危険性を飲酒して運転するという行為についてしか判断しておらず、生命・身体に対して危険な運転行為であっても、それが薬物の影響によるものであれば、当該行為規範によっては把握されないことになる。
228) 伊藤ほか・前掲注8) 133頁〔小林〕参照。過失犯についての記述ではあるが、故意・過失が行為規範段階で区別されないとすれば、その論理は故意犯と過失犯両者に妥当するはずである。さらに、具体的危険犯についてはそれ固有の解釈として、侵害犯の実行行為について要求される危険性よりも高度のものを要求するということは考えられるかもしれない。
229) 山口厚『危険犯の研究』(東京大学出版会・1982年) 172頁、謝・前掲注3) 95-96頁参照。

るとしても、「高低」「軽重」の点は侵害犯の行為規範の場合と同様に問題となるのである。

　しかし、このように侵害犯、具体的危険犯、抽象的危険犯の全ての行為規範において危険性の程度が問題となるとしても、制約を課す者が判断できる事項に応じて、正当化の容易性は変動する。侵害犯の行為規範においては、制約を課す段階で、行為と侵害結果の因果関係が判断され、その意味で、立法者が行為規範においていかに低度の危険性しかない行為を把握しているとしても、その危険性は侵害結果という形で確証される。具体的危険犯の行為規範においても、具体的危険の発生が判断されることにより、(危険性の「高低」については問題が残るとしても)実際に具体的に危険な行為しか制約されない。他方で、抽象的危険犯の行為規範においては、立法者の抽象的・一般的判断がそのままの形で適用されることになる。すなわち、侵害犯、具体的危険犯、抽象的危険犯の順に、予測に基づいて行為を制約するという事情が強まり、違憲の疑いの程度が高まるのである。したがって、この意味においては、侵害犯、具体的危険犯、抽象的危険犯の順に、その行為規範は正当化され難くなるということができる。[231]

(3) 小括——衡量的統制と行為規範の限界

　以上のような衡量要素をまとめる形で、衡量の基準を定式化するなら次のようになるであろう。重要な憲法上の権利によって保障される、侵害から遠い、危険性の低い行為を幅広く制約するためには、当該規制された行為から予測される結果が、それだけ重要な目的に関するものであり、重大なものでなければならない。

　このような衡量的統制からは、行為規範の限界に関して、一義的に解答することは不可能かもしれない。しかし、少なくとも、これまで刑法学において議論されてきたいわゆる思想処罰の禁止や、道徳を保護することの禁止等は、この衡量の限界点を形成するものと理解されよう。思想処罰の禁止については、いかに危険性が証明されようとも、内心にとどまっている限り、そ

---

230) 宍戸・前掲注18) 248-249頁、宍戸・前掲注112) 44頁参照。
231) *Kasper*, a. a. O. (Anm. 80), S. 232 ff. も参照。

れは市民の自由領域として保障されなければならないという意味で理解される（憲法19条参照）。
[232]

　また、道徳を保護することの禁止は、立法者が想定する危険性やそれが現実化した侵害が推定上・観念上のものにすぎないと判断される場合には、一定の価値観の押し付けと同一視される場合があるという意味で理解されよう（規制されている行為が私的生活における行動であると判断できるものであればあるほど、このような道徳の押し付けになっている可能性は高いといえよう）。このような場合であっても、立法を支持する者は何らかの侵害や危険性を主張するであろう。しかし、これらの侵害・危険性が特定の価値観（道徳的教義や宗教的教義）に基づいてしか説明できないようなものとなっていないかどうかは常に注意しなければならないのである。[233]

　以上のように、衡量という判断が不可避である以上、一義的な結論を示すことはできない。しかし、明らかに限界とみなされているものは存在するのであるから、その限界点からの距離を意識しつつ衡量を行なうことは、恣意的な衡量であるとの批判を免れるために重要なこととなろう。

---

232) 思想が処罰されない理由については、*Luís Greco*, Strafbarer Drogenbesitz, Privatsphäre, Autonomie: Überlegungen anlässlich der Entscheidung des argentinischen Verfassungsgerichts zur Verfassungswidrigkeit des Straftatbestandes des Besitzes von Betäubungsmitteln zum Zweck des Eigenkonsums, in: *Roland Hefendehl* （Hrsg.）, Grenzenlose Vorverlagerung des Strafrechts?, 2010, S. 80 ff. もっとも Greco は、法益論および比例原則の帰結主義的な性格を批判し、衡量になじまない私的領域ないし自律というものを認め、その領域に思想は属するということを前提としている。この見解と衡量的統制の関係については、*Kasper*, a. a. O. (Anm. 80), S. 238 ff.

233) このような視点を嫌悪感・羞恥心という感情から説明するものとして、NUSSBAUM, *supra* note 58, chs. 1-5（ヌスバウム（河野監訳）・前掲注58）第 1 章～第 5 章）参照。Nussbaum の見解と刑法学上の議論との関係については、内海朋子「マーサ・ヌスバウム『感情と法―現代アメリカ社会の政治的リベラリズム』（2010年）を読む」横浜法学22巻 2 号（2013年）127頁参照。

第3節　制裁規範の正統性（１）非難提起の正統性
　　　──非難されるべき行為なのか

　行為規範の正統性が確認されれば、次の段階では制裁規範の正統性が審査されることとなる。（制裁を伴う法規定全体ではなく）〈制裁規範〉単体の正統性という問題は、日本において憲法上も刑法上もほとんど議論されていない。したがって、ここではまず、議論の出発点として、合憲性審査の手法を中心に議論を進めていく。それは、何度も述べるように、本書は、その審査手法を出発点として立法論・政策論レベルの議論を行なうことを目指すものであるからである。

I　制裁規範の正統性という問題設定の必要性とその内容
　　　──行為を規制してよい≠処罰してよい

　行為規範は、名宛人たる国民の意思に反してでも国家によって貫徹されるものでなければ、ほとんどその意味を喪失するであろう。しかし、このことは行為規範の貫徹が必然的に制裁という手段を用いて行なわれるということを意味しない。例えば、行為規範違反状態を阻止あるいは除去することを目的とした警察法的措置も考えられるし、行為規範違反の危険がある者を社会から隔離する（例えば、保安処分）等の手段も考えられる。その意味において、行為規範を通じて国家が国民に一定の振舞いを要求するということと、その行為規範を貫徹、妥当させるためにどのような手段を用いるかということは全く別問題なのである。

　刑罰法規の審査に際して、このように禁止それ自体と、それに対する違反に刑罰を科すこととが、区別されなければならないことは、ドイツ連邦憲法裁判所の判例においても、示唆されている。ドイツ麻薬取締法上の刑罰規定の合憲性が争われた判例（カンナビス決定）[235]において、一般原則として、刑

---

234)　*Frisch*, a. a. O. (Anm. 11), S. 17.
235)　BVerfGE 90, 145, Beschl. v. 9. 3. 1994.

罰によって補強された禁止については基本法2条1項（一般的行為自由）が、法定されている自由刑については基本法2条2項2文（人身の自由）が審査基準となると述べられ、狭義の比例性審査の段階においては、「カンナビス製品の取扱いを原則的に禁止していることと、この禁止に対する様々な種類の違反行為について刑事罰を科していることとは、区別されなければならない」と述べられているのである。このような判示からは、まず刑罰によって補強された禁止が単一の制約として審査され、その後に法定刑としての自由剥奪の部分が審査されるということが要求されているように思われる。しかし実際には、カンナビス決定の判示は、次のような構造となっている。まず、刑罰が法定された禁止の憲法的正統性に対する一般的な諸要求が説明され、その際、自由刑の威嚇に対しては当該要求が高められていることが強調される。次いで、この基準が、まず危険に関連する目的設定、適合性および必要性、ならびに狭義の比例性が審査されるという形で、ドイツ麻薬取締法の薬物取扱禁止に適用される。そして、それら全ての審査点において、裁判所は、まず禁止それ自体に言及し、その後はじめて（自由刑の威嚇を含む）刑罰補強に言及しているのである。このことが意味するのは、禁止それ自体と刑罰補強とが審査の全段階において区別されているということである。

　禁止それ自体と刑罰補強とを刑事立法審査において区別することが可能であり、かつ、その区別が必要であるとして、禁止それ自体の審査とは区別される、刑罰補強を独立の対象とした審査とは、どのような内容を持つものなのであろうか。これを考えるにあたっては、警察法的措置による禁止の貫徹および処分といったものから、まさに（刑罰を含む）制裁補強との間を区別するメルクマールを考察することが重要である。それが行為者に対する非難という要素である。制裁とは、前述の通り、行為者を非難することによって、行為規範の妥当を回復し確証することで、行為規範を貫徹するものである。それに対して警察法的措置および処分は、行為者に対する非難を提起しない。

---

236) BVerfGE 90, 145 [171].
237) BVerfGE 90, 145 [183 f.].
238) *Lagodny*, a. a. O. (Anm. 2), S. 60 f.
239) *Lagodny*, a. a. O. (Anm. 2), S. 276 ff.; *Kubiciel*, a. a. O. (Anm. 10), S. 135 ff. 佐伯・前

したがって、その非難という性質が何らかの憲法上の権利に関係するならば、制裁規範の正統性審査としてはまず、行為者を非難すること（あるいは、それを国家に授権すること）の正統性が審査されなければならない。それが正当化されてはじめて、その非難を行なう手段として刑罰という制裁を用いてよいのか、また、非難と結び付く実体的不利益がどの程度であるべきなのかという問題を論じることが可能なのである。[240]

　以上のように、刑法上の制裁規範の正統性という問題の中には、制裁による非難という手段を用いることの正統性、制裁のうち刑罰を使用することの正統性、制裁が伴う実体的不利益の程度という3つの問題が含まれる。そこで以下ではまず、その審査の第一段階として、非難提起の正統性の問題を論じることにする。その際、審査の抽象的な枠組自体は、行為規範の審査と同様に、三段階審査および比例原則という枠組である。[241]

II　制約される憲法上の権利、保護範囲および制約
　　――非難が傷つけるもの

　制裁による非難提起の過程は、前述したように、[242]行為者の行為規範違反を主題化し、国家の行為規範に対する行為者の態度が誤っているということを一定の手続に基づいて認定し、それを通じて国家が制定した行為規範の方が正しいことを表明することを内容とする。[243]この誤った態度という評価は、通

掲注50）18頁、髙橋（直）・前掲注50）107頁および瀧川・前掲注50）26頁参照。刑罰と処分との関係については、アルント・ジン（浅田和茂訳）「刑罰と処分の機能―ドイツおよび日本における社会の不安感の増大を背景とした選択肢」金尚均＝ヘニング・ローゼナウ編著『刑罰論と刑罰正義』（成文堂・2012年）137頁、166頁以下、およびアルント・ジン（石塚伸一訳）「［講演］刑罰とは何か。そして、処分とは何か？」龍谷法学47巻1号（2014年）149頁以下も参照。

240)　刑罰によって侵害される人権に2つのものが存在することに言及するものとして、平川・前掲注68）105頁。

241)　本文のように考えれば、髙橋直哉「犯罪化論の試み」法学新報121巻11＝12号（2015年）1頁、26頁脚注(27)が批判するように、「刑事立法の規制原理を比例原則のみに求める」ことによって、必然的に「刑法に固有の問題（例えば、刑罰には非難の意味が込められているというような点）が見失われる」ということは生じない。髙橋（直）が引用するKasperの見解が、刑罰特有（とりわけ有罪判決に特有）の非難という要素を重視しない形で、比例原則を用いているにすぎないのである。この点については、本節IIも参照。

242)　本章第1節II参照。

243)　*Appel*, a. a. O. (Anm. 7), S. 574 f.

常、行為者に対する実体的不利益の賦課とともに行なわれることから、行為者個人と直接結び付くこととなる。それによって、行為規範違反行為の非難は、「あなたは行為規範に違反する行為をした、非難に値する人間である」というメッセージとなって、公的に伝達される。その中に行為者の非難という要素が含まれる。したがって、制裁による非難提起は、個人の人格的価値についての評価を目的的に低下させるものであり、憲法13条によって保障される人格権を制約するものなのである。[245]

　なお、ここでは、前科を有する者（前に刑に処せられたことがある者）が社会において受ける事実的な社会的評価の低下が問題となっているわけではない。国家が行為者に対して、法的否定的評価を与え、それを公的に伝達することそれ自体が問題となっているのである。そして、そのような評価は、前科に伴う一定の資格制限（すなわち、「ある職種への適格性」に対する社会的評価の剥奪や選挙権・被選挙権の制限等）[246]に表れていると考えられる。すなわち、国家が制裁賦課を通じて行為者に対して行なった「あなたは行為規範に違反する行為をした、非難に値する人間である」という全般的な評価を前提として、「一定の職種に止まることによって同種の犯罪を繰り返し易い」という推定[247]や、その者が一定の職種・地位に就くことによる当該職種・地位に対する社会的評価の低下[248]を考慮することが可能となるのである。[249]

244）　実体的不利益の賦課が断念される場合（刑の免除等の場合）にも、刑事訴訟および有罪判決が、行為者を名宛人として行なわれるため、以下の論述に変更はない。

245）　*Appel*, a. a. O. (Anm. 7), S. 575; *Lagodny*, a. a. O. (Anm. 2), S. 115 ff., 287; *Stächelin*, a. a. O. (Anm. 77), S. 112 ff. 日本の憲法学の用語法でいえば、名誉権の方が良いかもしれない。人格権と憲法13条の関係については、高橋（和）・前掲注18) 146頁、佐藤（幸）・前掲注113) 179頁以下参照。

246）　米山哲夫「資格制限の目的と機能」駿河台法学5巻2号（1992年）21頁、23頁。なお、米山は、資格制限の目的ないし機能として、名誉刑的性格を論じるが、私見によれば、それは制裁のもつ非難的側面に起因して資格制限が行なわれることの反映にすぎないものと考えられる。資格制限制度の全般的な解説としては、大霜憲司＝冨永康雄「刑罰の現状(4) 前科と資格制限制度」犯罪と非行162号（2009年）136頁も参照。

247）　米山・前掲注246) 29頁、32頁参照。

248）　公務員の失職についてであるが、西崎健児「社会的制裁・行政処分と量刑」大阪刑事実務研究会編『量刑実務大系 第3巻 一般情状等に関する諸問題』（判例タイムズ社・2011年）247頁、263頁参照。

249）　国家は制裁賦課によって、行為者をある意味で「格下げ」するのである。その格下げが実体

もっとも、そもそも制裁に含まれる非難という要素と実体的不利益の賦課という要素とを分離して考察し、それぞれについて別個の憲法上の権利の制約を想定することには、次のような批判もあり得るであろう。[250]

　第一に考えられる批判としては、制裁による非難提起という事象を分離して審査することは無意味であるというものである。しかし、有罪の確定裁判の中には、刑が免除され、実体的な不利益が何ら課されない場合が存在する（必要的なものとして刑法43条、80条、93条等、任意的なものとして刑法36条2項、37条1項但書、170条等）。そのような場合であっても、「前に刑に処せられた」という事実には変わりがなく、なされた行為に対する非難は表明されていると考えられる以上[251]、制裁による非難提起という事象を分離して審査する意味はなお存在する。[252]

　第二に、刑の免除の場合において、制裁による非難提起という事象が独立して現れるとしても、一般的に制裁による非難提起の正統性を分離して審査する必要はないのであって、まさに刑の免除の場合についてのみ、そのような審査を行なえば足りるという批判もあり得る。[253] 刑が免除され、有罪判決のみが宣告される事案は例外的なものであり、通常は実体的な不利益と不即不離に結び付いた形でしか非難は提起されない。そのような場合、有罪判決を受けた者にとって重大な制約であり、特別な正当化を要するのは、実体的な不利益の賦課（例えば、数年間の自由剥奪）の方であり、非難の方ではないとされるのである。[254] また、刑罰のコミュニケーション的理解[255]においても、量刑という意味での実体的不利益の賦課は、所為の否認・非難の程度を表すとい

　　的に現実化させられたものが、一定の職種に関する資格制限なのである。もっとも、当該資格制限自体も別個の憲法上の権利の制約として観念できる以上、（特定の行為規範違反に限定された）「格下げ」から合理的に説明できる資格制限でなければならない等の限界はあるだろう。
250)　*Kasper*, a. a. O. (Anm. 80), S. 622 ff.
251)　大霜＝冨永・前掲注246) 137頁。
252)　*Lagodny*, a. a. O. (Anm. 2), S. 99 ff. なお、私見によれば、後述するように、制裁による非難提起と実体的害悪の賦課は、異なる目的で行なわれるものである。そして、刑の免除は、実体的害悪の賦課の目的との衡量のもとで考えるべきものであり、免除の目的も制度毎に異なるものになると考えられる。
253)　*Kasper*, a. a. O. (Anm. 80), S. 625 ff.
254)　*Kasper*, a. a. O. (Anm. 80), S. 625 f.
255)　これについては、中村・前掲注64)「刑罰の正当化根拠(2)」244頁以下参照。

う重要な意義を有しているのであって、実体的不利益の賦課から分離された有罪判決による非難提起の正統性の優先的審査は拒絶されるべきともされる。

　この批判にはもっともな部分もあり、刑罰においては、「否認による害悪賦課（Übelzufügung durch Missbilligung）」だけでなく、「害悪賦課による否認（Missbilligung durch Übelzufügung）」も問題となっているという指摘はその通りである。すなわち、行為規範違反に反応する形で実体的な不利益を制裁として賦課することにこそ意味があるのであって、単に行為規範違反の否認を表明するだけでは刑罰（あるいは制裁）として充分ではないのである。しかし、そのことは、制裁賦課による非難提起を独立して審査することを排除する根拠とはなり得ないと考えられる。というのも、実体的不利益の賦課が刑罰（制裁）内在的な要素であり、実体的不利益の賦課を伴わない行為規範違反の否認の表明を論じる意味が刑罰論的には乏しいとしても、非難提起という側面から生じる憲法上の権利の制約（有罪判決の効果）と、実体的不利益の賦課という側面から生じる憲法上の権利の制約（自由や財産に対する制限）とが、異なる憲法上の権利の制約であると考えることは排除されないように思われるからである。たとえ、実体的不利益の賦課による非難が重要な側面であるとしても、異なる憲法上の権利の制約が問題となる以上、１つが正当化されれば、刑罰（制裁）の賦課全体が正当化されるとはいい得ないのであって、それらを別個独立に正当化することは要請されるのである。

　また、刑罰が全体としてどのようなメッセージを伝達するかということと、刑罰に内在する諸要素がそれぞれどのような目的・機能を有するのかということは、両立し得る議論である。例えば私見のように、非難提起の目的が規範回復であり、実体的不利益の賦課の目的が不公正に獲得された利益の象徴

---

256) *Wolfgang Frisch*, Zur Bedeutung von Schuld, Gefährlichkeit und Prävention im Rahmen der Strafzumessung, in: *Wolfgang Frisch*（Hrsg.）, Grundfragen des Strafzumessungsrechts aus deutscher und japanischer Sicht, 2011, S. 9 ff.
257) *Kasper*, a. a. O.（Anm. 80）, S. 626.
258) *Kasper*, a. a. O.（Anm. 80）, S. 626.
259) しかも前者の制約については、前科に伴う資格制限等も考えれば、人格権侵害を想定せざるを得ないことについては、前述した。
260) *Kasper*, a. a. O.（Anm. 80）, S. 626 が主張する、分離することによる審査密度の低下という問題も、分離することに当然付随する問題ではなく、審査内容の問題であると考えられる。

的清算であると理解したとしても、最終的にそれら両者が結合する形で実際に科される刑罰が、所為の否認・非難の程度を表すということは充分に説明可能である[261]。そして、そのように理解するとしても、分離され得る個々の要素は独立して審査されなければならず、制裁賦課による非難提起は、実体的不利益の賦課を捨象した刑罰（制裁）の最低限の要素として正当化されなければならないのである。

　第三に、上記2つの批判とは全く異なる観点から、次のような批判も考え得るかもしれない。すなわち、制裁規範（とりわけ非難提起）の正統性という問題を、別個独立に憲法上の問題として立てることによって、憲法上の権利としては保障されないような行為に対する刑法的（制裁法的）禁止も、憲法問題とされることになり、結局、一般的行為自由全てを憲法上の権利として強度に保護することになってしまうのではないかという批判である[262]。

　このような批判に対してまず前提とされるべきは、私見が刑罰法規の審査において、制裁規範の正統性という問題を別個独立に立てている目的は、行為禁止とは独立した、まさに制裁賦課による憲法上の権利の制約を正当化する要件を検討するためであるということである。したがって、固有の憲法上の権利として保障されているわけではない一般的行為自由に含まれる行為の禁止（さらには、憲法の保護範囲外に位置付けられる行為の禁止）に際して、その違反に対して制裁を賦課することの正統性が別個独立に憲法問題とされるということは、何ら私見の問題点とはならない[263]。むしろ、制裁の特殊性を考慮するのであれば、その方が望ましい審査手法であるとさえいえる。また、制裁賦課に伴う憲法上の権利の制約が憲法問題となっているにすぎず、行為規範の審査に際して検討した行為自由の問題の性質が遡って変化するということはないと考えられる。

---

261) 本節Ⅳおよび第5節Ⅲ参照。私見においても、所為の否認・非難の程度は、実体的不利益の賦課の程度を決定するに際して考慮される。
262) 一般的行為自由の保護のあり方については、本章第2節ⅠおよびⅣ3(1)(a)参照。批判が懸念するような事態は、一般的行為自由の保護に関する私見とは矛盾するものである。
263) Haack, a. a. O. (Anm. 77), S. 386 ff.は、憲法の保護範囲外にある行為の禁止に際しても、制裁が用いられる以上、制裁を対象とする憲法上の制限は全て妥当するとする。

III 特別な憲法上の制限としての責任主義
    ──責任なければ刑罰なし

　「責任なければ刑罰なし」という意味での責任主義は刑罰を制限するものである。さらに、この原理は非難という要素を伴う制裁一般に妥当するものでもある。責任主義の内容を本書の制裁の理解に合わせて定式化すれば、行為規範違反が生じた場合には、行為者自身の責任が判断され、それがなければ規範回復のための制裁は発動しないという内容となろう。

　このように責任主義が制裁一般を制限するものであるとすれば、その憲法上の位置付けおよび制裁規範の正統性審査における機能が論じられなければならない。

1　責任主義の具体的内容とその憲法的基礎付け[265]

　行為者が行為規範に対してとった態度が誤っていたということを認定し、行為者を非難するためには、行為規範違反に至る行為を回避し得たということが必要であり、そこから責任主義における責任は他行為可能性を前提とする。「責任なければ刑罰なし」という意味での責任主義は、制裁を科すための要件として、他行為可能性を前提とする非難可能性を要求するものなのである。その具体的な内容としては、予見可能性（法の期待する慎重さを備えれば行為規範に反する外界変動状態を認識し得たこと）、違法性の意識の可能性を含む弁識能力（外界変動状態に禁止が及んでいると認識し得たこと）および制

---

264)　佐伯・前掲注50）19頁以下。行政上の秩序罰の賦課に過失を要するか否かが問題となった裁判例として東京高判平成26年6月26日判時2233号103頁・判例地方自治386号65頁、およびその第一審判決である横浜地判平成26年1月22日判時2223号20頁・判例地方自治383号82頁参照。また、第一審判決については、阿部泰隆「政策法学演習講座(57)実例編(37)路上喫煙禁止条例に違反して喫煙したが無過失の者に過料の制裁を科すことは適法か」自治実務セミナー53巻4号（2014年）9頁も参照。さらに、両判決に関する論稿として、藤原孝洋＝古田隆「路上喫煙禁止条例をめぐる、過料処分の『煙たい』トラブル」判例地方自治387号（2014年）5頁以下、村中洋介「路上喫煙防止条例による規制──横浜市路上喫煙訴訟を事例として」近畿大学法学62巻3＝4号（2015年）329頁、および飯島淳子「判批」判評680号（2015年）150頁参照。
265)　内野正幸『憲法解釈の論理と体系』（日本評論社・1991年）307-308頁は、責任主義が大枠において憲法31条の要請となるとしている。

御能力（禁止を避けようと自己の行動をコントロールし得たこと）が挙げられる。[266)]

また、当然のこととして責任主義は、行為規範違反に何ら関与していない行為者以外の第三者が、〈制裁〉として何らかの不利益を賦課されるということがあってはならないということも、その内容としていると考えられる。[267)]

(1) 第三者に対する〈制裁〉賦課の禁止

後者の第三者に対する〈制裁〉賦課の禁止は憲法上どのように基礎付けられるであろうか。第三者に対する制裁賦課という制度を仮定するならば、何人かの行為規範違反を前提として、当該違反された行為規範を回復するために、第三者に不利益が課されるという制度となろう。[268)] この場合、当該第三者は、「この者は他の者の行為規範違反のために処罰されるのである」という意味において（あくまでそのような制度も制裁だというのであれば）〈非難〉され、それを通じて国家は行為規範が妥当し続けることを表明するのである。その意味に限っていえば、このような制度も、社会一般人に対しては、「行為規範違反があれば誰かが不利益を負う」という意味で規範妥当を確証するための手段であるし、第三者が行為者の近親者である場合等を想定すれば、消極的一般予防効果も生じ得る。[269)]

---

266) 小林・前掲注52) 403頁。責任と非難の関係については、三宅孝之「刑事責任と非難―法的責任の前提としての非難の純化」島大法学57巻1号（2013年）69頁参照。
267) 違法性は客観的に判断するということを徹底すれば、人間の行為を通じて社会に生じた外界変動状態それ自体について違法性判断をし、それに対して誰に反応するのかを、当該行為主体とは無関係に判断するという制度が考えられないわけではない。法人処罰をめぐる問題の一端もこのような部分にあると思われる。
268) 行為者に対する「付加刑」（刑法9条）として、情を知った第三者が所有する船舶・貨物等について、これを没収することを定める関税法の規定について、最大判昭37年11月28日刑集16巻11号1577頁（第三者所有物没収事件）は、「第三者の所有物の没収は、被告人に対する附加刑として言い渡され、その刑事処分の効果が第三者に及ぶもの」であり、それは当該第三者に対する「財産権を侵害する制裁」であると判示する。それゆえ、当該第三者に事前に告知・弁解・防御の機会を与えないことは憲法31条に反するとされる。したがって、この場合も、第三者に対する制裁賦課が生じていると解することはできる。

しかし、主刑に含まれる非難の要素は、あくまで行為者に向けられており、その点は、付加刑が第三者に科されたとしても変わらない。また、保安処分的側面があるとされる没収が、それ単体として、どの程度の非難の要素を含むのか不明である。それゆえ、本文の以下の論述が、付加刑のみが第三者に科される場合にまで妥当するかどうかについての詳論は避ける。
269) 他行為可能性に関する文脈であるが、Lagodny, a. a. O. (Anm. 2), S. 371 ff.は、一般予防（特に消極的一般予防）という刑罰目的は、行為者が処罰されることによる一般人への効果を問

しかし、このような制度において第三者自身は、行為規範を遵守していたにもかかわらず、制裁を賦課されることになる。このことは他の行為規範を遵守する者との関係で、当該第三者が特別の犠牲を強制されるということを意味する。[270]特定個人の犠牲において規範回復という目的が追求されるとすれば、犠牲となる個人を「個人として尊重」（憲法13条）していないことになろう。[271]したがって、このような特別犠牲を第三者に強制する理由があるとしても、特別犠牲を負わされた者には正当な補償がなされなければならない。[272]ところが、制裁という制度においてこのような補償は不可能である。制裁は制度上、非難によってもたらされる規範妥当の確証という効果が持続的に作用することを当然の前提とする。それにもかかわらず、〈非難〉による不利益が事後的に補償されることになるならば、非難の意味が社会一般人によって事後的に疑問視されることになり、非難による規範回復という効果も消滅するであろう。そうなれば、そのような制度を〈制裁〉として構想することは不可能となるのである。

以上のように、一般予防的目的で制裁が行為規範違反とは無関係の第三者に科されるならば、その負担を、制裁の意義を失わせることなく補償することは不可能であり、結局のところ、個人を個人として尊重しない措置として憲法上許されないものとなるのである。[273]

(2) 他行為可能性の要件

「責任なければ刑罰なし」の原則における責任が他行為可能性を前提とすることも、第三者に対する制裁賦課の禁止と同様に基礎付けられる。まず、行為規範違反状態を自らの行為で惹起したが、他行為可能性はなかった者に制裁が科される場合を想定すれば、その者は、「（どうしようもなかったかもし

題としている以上、責任無能力者を処罰することによって一般予防効果が発生しないとはいえないとする。*Helmut Frister*, Schuldprinzip, Verbot der Verdachtsstrafe und Unschuldsvermutung als materielle Grundprinzipien des Strafrechts, 1988, S. 18 ff. も参照。

270) *Appel*, a. a. O. (Anm. 7), S. 519 f. したがって、刑罰の賦課自体が特別犠牲となるわけではない。松原芳博「刑法と哲学―刑罰の正当化根拠をめぐって」法と哲学創刊1号（2015年）58頁、79頁も参照。
271) 髙橋（和）・前掲注18) 147頁。
272) 髙橋（和）・前掲注18) 148頁。
273) *Appel*, a. a. O. (Anm. 7), S. 521 f.; *Frister*, a. a. O. (Anm. 269), S. 28 ff.

れないが）行為規範に違反したので処罰する」という意味で〈非難〉されることになる。この場合も、国家は行為規範を貫徹したといえるから、社会一般人との関係では、行為規範の妥当を確証し、「自分で何とかできる範囲では行為規範に違反しない」ようにさせる限りでは、消極的一般予防効果を有するであろう[274]。

しかし、制裁を科される者は、自らの行為によって制裁を科されるという関係はあるとしても、無関係な行為者の規範違反を理由として制裁を科される第三者と同様の立場にある。というのも、無関係の他者の行為と同様に、自分ではどうしようもなかったことを理由として、一般予防という公益のために不利益を課されることになるからである。そのような不利益はやはり特別犠牲といい得るのであって、それに対する補償が制裁という制度上不可能であることも同様である。したがって、他行為可能性がなかった者に対する制裁賦課も憲法上排除される。

そもそも、行為規範と制裁規範の協働による国家の行為要求は、それによって規範に服する者の行動を制御できるということを当然の前提としているのであって、その意味で国民は、行為規範に従って自己の行動を制御し得る者として想定されている。そして、制裁が有する非難という要素は、そのような能力が具体的にあったにもかかわらず、行為規範に従って行動しなかったという態度に向けられている。それゆえ、自分ではどうしようもないことを〈非難〉されるという事態は、制裁という制度構想自体と矛盾する。したがって、このような意味での法的安定性の確保という理由からも、憲法上責任主義が要請されることになるのである[275]。

2 責任主義の妥当範囲

本書ではここまで、責任主義は、刑罰だけでなく制裁一般に妥当するものであると論じてきた。すなわち、責任主義は、制裁が持つ非難という要素（人格権の制約）に向けられた原理であり、したがって、非難という要素を有

---

274) *Lagodny*, a. a. O. (Anm. 2), S. 371 ff.
275) *Appel*, a. a. O. (Anm. 7), S. 517 ff.

する以上、行政制裁（行政上の秩序罰）にも妥当しなければならない。

しかし、行政上の秩序罰（＝行政上の秩序の維持のために違反者に制裁として金銭的負担を課すもの）について、主観的責任は必要なく、形式的違反さえあれば科すことができるという見解がある。

このような見解はまず、行政刑罰を含む行政罰の科されるべき行政犯と、行政罰と対置された刑罰の科されるべき刑事犯とが区別され得るということを出発点とする。すなわち、法規定に違反した場合にいかなる制裁が法定されているかとは無関係に、行政犯と刑事犯とが区別されるとするのである。ここで、刑事犯とは、法の規定をもって義務を命じていなくとも社会生活上当然に侵すべきでない道徳的本分に違反する行為であり、行政犯とは、行政上の目的を達成するための法規の定めに基づく命令禁止を前提としてはじめて、その違反が反社会性を持つ行為であるとされる。

次に、行政犯と刑事犯の区別に対応して、行政罰と刑事罰とが、その性質において区別される。刑事犯については、そもそも社会の一員としての道徳上の最低限の要求に反する行為であるから、それについて制裁を定める法規定の主眼は、新たに当該行為を犯さない義務を定めることにあるのではなく、当該行為を形式的に罪悪として宣言し、その悪性に対する制裁として刑罰を科すことを定めることにあるとされる。それゆえ、刑事犯に対する制裁としての刑事罰は、実質的には犯人の主観的悪性に対する罰であるとされ、行為の是非善悪を弁別する能力や犯意（刑法38条）といった主観的責任を要件と

---

276) 行政上の秩序罰と行政刑罰とを含む概念である「行政罰」と区別するために「行政制裁」を用いる。行政刑罰は、刑罰である以上、刑罰に妥当する原則が全て妥当しなければならない。用語法および各概念間の対立構造については、田中利幸「行政と刑事制裁」雄川一郎ほか編『現代行政法大系 第2巻』（有斐閣・1984年）263頁、264-265頁参照。
277) 宇賀・前掲注180) 246頁。
278) 田中二郎『新版行政法 上巻』（弘文堂・全訂第2版・1974年）198頁、磯崎辰五郎「行政罰」田中二郎ほか編『行政法講座 第2巻』（有斐閣・1964年）247頁。
279) 美濃部達吉『行政刑法概論』（勁草書房・1939年）2-4頁が、過料の制裁が定められているものを「形式上の行政犯」、刑罰が定められているものを「実質上の行政犯」と定義していることからも明らかである。
280) 田中（二）・前掲注278) 186頁、美濃部・前掲注279) 4頁。
281) 美濃部・前掲注279) 4-5頁。
282) 田中（二）・前掲注278) 186頁、191頁。

するものとされる。[283]

　それに対して、行政犯について制裁を定める法規定の主眼は、あることを命令しまたは禁止することにあり、制裁は当該命令または禁止の効果を確実にする（履行を確保する）ためにのみ定められるとされる。[284]というのも、制裁のない義務は、法律上の義務ではあるが、実際上はほとんど道徳上の義務と異ならない結果となり、その義務履行を確保できないからである。[285]それゆえ、行政罰は、犯人の主観的悪性に対してではなく、行政法上の義務者の義務違反の事実に着目して科されてよいとされる。[286]それを前提としても、行政犯に対する制裁として行政罰としての刑罰（行政刑罰）が定められている場合には、刑法8条が適用されることになる。しかし、行政刑罰と刑事罰との区別は可能であるから、その区別に従って、その適用原理に差異を認めるだけの合理的根拠がある場合には、「特別の規定」が存在すると解釈し、刑法総則の適用に例外が認められるとされる。[287]そして、刑法総則の適用がない行政上の秩序罰には、[288]行政犯に対する行政罰の特殊性が直接妥当することになるから、形式的違反さえあれば科してよく、主観的責任を必要としないということが帰結されるのである。[289]

　以上の見解をまとめれば次のようになろう。刑事犯に対する刑事罰は、法がなくとも存在する、道徳上の最低限の要求に反する行為に対する応報として罰を与える制裁であるから、それを科すためには、行為者の主観的悪性を表す主観的責任が要求される。それに対して、行政犯に対する行政罰、とりわけ刑法総則が適用されない行政上の秩序罰は、義務履行を確保するための手段としてしか意味を持たず、応報的（罰的）性格を持たないから、その賦

---

283)　美濃部・前掲注279) 20頁。
284)　美濃部・前掲注279) 5頁。
285)　美濃部・前掲注279) 1頁。
286)　田中(二)・前掲注278) 191頁。
287)　美濃部・前掲注279) 17頁以下、田中(二)・前掲注278) 190-191頁。
288)　なお、行政法規の違反が、直接的に行政上の目的を侵害し、社会法益に侵害を加える場合には行政刑罰が科され、ただ間接的に行政上の秩序に障害を及ぼす危険があるにすぎない場合には行政上の秩序罰が科されるべきとされる。田中(二)・前掲注278) 194頁参照。
289)　田中(二)・前掲注278) 198頁。その他の適用原理については、田中(二)・前掲注278) 196頁参照。

課のために行為者の主観的責任は要求されない。すなわち、行政制裁においては、法律が実現しようとしている行政目的と矛盾する人間の行動を抑止するという政策目的が前面に押し出されるため、違反者の内心の意思決定に非難に値するものがあるかどうかにかかわらず、違反行為に対して当然制裁を科すべきだと考えられているのである。[290]

しかし、刑事犯と行政犯の区別が困難であることは措くとしても、刑罰である行政刑罰はもちろん、行政上の秩序罰も過去の行為に対する制裁であることは変わらない。[291] そうだとすれば、義務を明示し、義務履行を確保することに主たる意味があるとしても、行政上の秩序罰を科された者にも、非難は与えられ、その人格権は制約される。刑罰と異なるとすれば、非難の意味・効果だけであろう。[292]

3 責任主義と比例原則

上記のように責任主義は、制裁という手段を使う限り、排除することが許されない憲法上の要請である。すなわち、非難という応報的要素を伴った手段を使う以上、必ず顧慮しなければならない要請なのである。したがって、制裁という〈応報〉的手段をどのような目的で使うにしても、その目的・手段関係の中に責任主義を単なる要素として位置付けることはできず、逆に、責任主義は制裁による目的追求を限定することになる。このような意味において、「責任なければ刑罰なし」という意味での責任は、制裁がそもそも憲

---

290) 藤木英雄『行政刑法』(学陽書房・1976年) 11頁。
291) 罰という名称自体がそれを表している。執行罰についての記述であるが、平野龍一「経済活動と刑事制裁—ドイツ経済刑法における過料制度」鈴木竹雄先生古稀『現代商法学の課題(下)』(有斐閣・1975年) 1581頁、1593頁も参照。なお、執行罰(一定の期間内に非代替的作為義務または不作為義務を履行しない場合に強制金としての性格を持つ過料を課すことを予告し、当該期間内に義務が履行されない場合に過料を徴収する制度)は、将来の義務履行を確保するためのものであり、その点で、過去の義務違反に対する制裁である行政罰とは区別されている(宇賀・前掲注180) 219頁および240頁)。もっとも、義務履行がなされなかった後に過料が徴収される点に着目すれば、そこに制裁的要素が全くないのか否かは問題となり得る(平野が指摘するように、まさにその点に着目するからこそ「罰」という言葉が使われているともいい得る)。しかし、そのように解釈する場合には、執行罰も非難の要素を含むことになり、当該非難が何に向けられているのかは問題となろう。
292) 本章第4節参照。

法適合的に科されるために、強制的に要請される、衡量になじまない憲法上の前提である。「責任なければ刑罰なし」という責任主義は、制裁に対する特別な憲法上の制限なのである[293]。

IV 制約の正当化（1）目的審査
　　——そんなことをしたあなたが悪い、だから法は正しい

　制裁賦課による非難提起の目的は、制裁の目的と対応して、違反された（憲法適合的な）行為規範を回復し、それと同時に制裁予告の真摯性を確証し、それを通じて行為規範を貫徹することにある[294]。行為規範は遵守され、妥当し続けなければ無意味であるから、立法者にとって、憲法適合的な行為規範である限り、それを貫徹し、回復させることは、原則として憲法上正統な目的となる。目的の許容性にとって決定的な「公共の利益」は、憲法適合的な行為要請を効果的に保障するという国家の正統な目的からもすでに生じているのである[295]。

　もっとも、立法者が制裁賦課による非難提起によって追求することが許される目的は、一方では規範回復のプロセスの基礎にある刑法的制裁規範の行

---

293) *Appel*, a. a. O. (Anm. 7), S. 523 f.; *Santiago Mir Puig*, Der Verhältnismäßigkeitsgrundsatz als Verfassungsgrundlage der materiellen Grenzen des Strafrechts, Festschrift für Winfried Hassemer zum 70. Geburtstag am 17. Februar 2010, 2010, S. 532 ff.
294) *Appel*, a. a. O. (Anm. 7), S. 472 ff., 577 ff.; *Lagodny*, a. a. O. (Anm. 2), S. 288 ff. 非難の目的については、さらに、髙橋直哉「刑罰論と人格の尊重」駿河台法学25巻2号（2012年）57頁、66頁以下も参照。
295) *Appel*, a. a. O. (Anm. 7), S. 577 ff. これに対して、*Lagodny*, a. a. O. (Anm. 2), S. 294 ff. は、債務不履行に対する制裁賦課という例を挙げて、制裁規範を付加することによって行為規範を私的なものから、公的なものにするためには、当該行為規範が専ら私的な利益を保護するものであってはならず、その意味での「公共の利益」が必要であるとする。この見解は、専ら私的であるとされる利益であっても、行為規範を通して国家が国民に行為を要請した段階で、公的にも追求されているということを看過しているように思われる。すなわち、行為規範が憲法適合的であるために「公共の利益」を追求していなければならないとすれば、専ら私的な利益の排除という問題はその段階で解決されているはずである。Lagodny は、単なる債務不履行と扶養義務の不履行との区別において、扶養義務には生活需要（Lebensbedarf）の保障等の「公共の利益」が見出されるから、私的行為規範から公的行為規範に変化させてよいと述べる。しかし、単なる債務不履行の禁止にも「公共の利益」（例えば、契約制度の維持）は見出し得る。したがって、Lagodny が論じる問題は、平等の問題にとどまるのである。

為規範に対する付従性によって、他方では責任主義に関連する要請によって制限される。これは3つの制限に具体化される。[296)]

　第一に、規範の回復は、実際に行為規範に関連付けられていなければならない。すなわち、——ほとんど想定不可能な事態ではあるが——具体的な行為規範と全く関係なく（例えば、単なる処罰欲求の充足のためだけに）非難が提起されてはならない。制裁賦課による非難提起の目的が、行為規範を回復し、それによって行為規範を貫徹し、その目的たる法益を（間接的に）保護することにある以上、関連付けられるところの行為規範が欠けていれば、非難提起は想定された目的を果たすことができなくなるので、許された目的が欠如することになるのである。

　第二に、制裁による非難提起は、違反された行為規範とは異なる規範の回復を目的としてはならない。責任主義によれば制裁は、行為規範違反について非難に値する者に対して、当該違反された行為規範の回復を目的としてのみ科されてよい。というのも、規範回復という効果が、国家の行為規範の方が正しいという非難を通じたメッセージによってもたらされる以上、違反された行為規範と回復されるべき行為規範は一致しなければならないからである。それにもかかわらず、異なる行為規範の回復のために制裁を科されるならば、制裁を科された者にとっては、その行為規範を遵守しているのに不利益を負わされることになり、結局それは特別犠牲となる。したがって制裁賦課による非難提起は、まさに違反された行為規範を回復するという目的に、必然的に関連付けられているのである。

　このような第二の意味での許されない目的が問題となるのは、ある行為に対する制裁賦課に関して証明軽減という目的が挙げられる場合である。[297)]そのような場合には、妥当させたい行為規範の違反（あるいは、その行為規範違反に関する他の犯罪成立要件）の証明が困難であるため、より証明が容易な行為

---

296)　*Appel*, a. a. O. (Anm. 7), S. 577 ff.
297)　*Lagodny*, a. a. O. (Anm. 2), S. 312 ff.は、「代替目的（Ersatzzweck）」という文脈で、証明軽減、刑事手続的介入の可能化、連邦の立法権限の生成という目的を論じる。これらの目的は許されないものと論じられ、結果として、制裁賦課による非難提起の目的はいわゆる「刑罰目的」に限定されるとされている。

規範が制定される。例えば、ある物の譲受けを証明することが困難なために、単純所持を処罰するという場合である。しかし、それは結局、証明が困難な行為規範を妥当させるために、証明が容易な行為規範に違反した者が非難されるということを意味する。これはまさに、制裁による非難提起が、違反された行為規範とは異なる規範の回復を目的とする場合なのである。

第三に、制裁賦課による非難は憲法違反の行為規範の回復を目的としてはならない。制裁規範は行為規範の貫徹を目的とし、行為規範に付従するものであるから、行為規範が違憲であれば、制裁規範はその有用な対象を喪失する。違憲の対象を保護することは、憲法上許されない目的なのである。

V 制約の正当化（2）手段審査——本当に非難してよいのか

目的審査において制裁賦課による非難提起の目的が憲法上許されたものであることが確定されれば、当該目的と非難提起との関係が審査されなければならない。ここでも、行為規範の審査の場合と同様、比例原則が用いられ、手段の適合性、必要性、狭義の比例性が審査される。[299]

1 適合性

制裁賦課による非難提起は、違反された行為規範の回復および妥当の確証に役立つものでなければならない。このような意味での適合性は、制裁賦課による非難提起が許された目的の追求に限定されている限り、通常充たされる。行為規範に対する誤った態度の非難は、通常、規範回復という目指された結果に寄与するのである。[300]

---

298) 両行為規範とも行為規範自体としては合憲であることを前提とする。したがって、このような問題が生じるのは、証明が容易な行為規範に関して、それに付加された制裁規範が、規範回復および一般予防という許された目的との関係で、手段として合憲でない（比例していない）という場合だけである。
299) 以下のような手段審査の問題点を指摘するものとして、*Tatjana Hörnle,* Grob anstößiges Verhalten: Strafrechtlicher Schutz von Moral, Gefühlen und Tabus, 2005, S. 28 ff.参照。
300) *Appel,* a. a. O.（Anm. 7）, S. 579. 少なくともそのように想定することが明らかに不合理とまではいえないであろう。*Lagodny,* a. a. O.（Anm. 2）, S. 318 ff.も参照。

もっとも、例外的に以下のような場合には、制裁賦課による非難提起は適合的な手段ではなくなる。

(1) 非難によるメッセージの「誤変換」の場合の非適合性

　非難提起による規範回復という効果は、制裁賦課によって「あなたは（実際にその者が違反した）行為規範に違反した非難に値する人間である」というメッセージが社会に伝達される場合にしか生じない。すなわち、非難の根拠となる行為規範違反が明示された形で非難が提起されなければ、その非難によるメッセージが伝達したとしても、まさにその違反された行為規範の回復には役立たない。したがって、非難によるメッセージが違反された行為規範と無関係なものに「誤変換」されて伝達される（受け止められる）場合には、制裁賦課による非難提起は、目的達成のための適合的な手段ではなくなるのである。そして、行為規範を制定する際に立法者が想定した（立法目的たる）法益に対する侵害・危殆化との関係で、ある特定の行為だけを行為規範によって把握した理由が「名目的」であればあるほど、このような「誤変換」は生じやすいものになると考えられる。例えば、路上喫煙を禁止し、その違反に対して制裁を科す場合、路上喫煙の身体に対する危険性は極めて抽象的なものであり、したがって、路上での喫煙のみを規制する根拠も名目的なものとなる。そうすると、当該制裁賦課による「あなたは路上喫煙という悪い行為をした、非難に値する人間である」というメッセージは、「路上で喫煙したから非難する」というメッセージとしては受け止められなくなり、「喫煙したから非難する」という喫煙者一般に対するメッセージとして受け

---

301) 深町・前掲注59) 76頁以下が論じる、メッセージの「誤変換」という問題は、このように制裁賦課による非難提起の適合性という問題に再構成できるものと考えられる。したがって、論者の想定するものとは異なり、この議論は社会倫理的非難という要素を有するとされる刑罰だけに妥当するものではなく、非難を要素とする制裁一般に妥当するものとなる。もっとも、どの程度の「誤変換」可能性が証明されれば、憲法論として適合性を欠くものとなるかということについては、なお議論が必要であろう。その意味において、深町の議論は、立法論・政策論レベルの議論であると考えるべきである。
302) 深町・前掲注59) 77頁。
303) このような危険性および根拠の名目性の判断は、メッセージ受領者の視点から判断される。というのも、メッセージの誤変換は、メッセージの受け止め方の問題であり、その原因もメッセージ受領者を中心として考えるべきであるからである。

止められてしまうのである。[304]

(2) メッセージ伝達の効果不発生の場合の非適合性

　正しいメッセージが伝達されたとしても、規範回復という効果が発生しない場合も考えられる。このような場合として考えられるのは、メッセージが伝達される側にとって、違反された行為規範の不遵守が通例であり、それが許されたものであると考えられていることから、当該行為規範が事実上もはや存在せず、非難を提起したとしても回復し得ないという場合である。[305] もっとも、当該行為規範の違反を許されないものとする立法者の判断と比較して、許されているとする判断の方が明らかに合理的であると考えられることが前提となる。侵害・危殆化の予測に専門的な知識が必要な場面では、立法者の判断に合理性が認められることが多いであろう。その意味において、社会において先行する規範が当然に刑罰法規の前提となるわけではないのである。[306]

(3) メッセージ受領者の行為変更が不可能な場合の非適合性

　正しいメッセージが伝達され、規範回復という効果が生じたとしても、その効果が後の潜在的行為者との関係で意味をなさない場合も考えられる。

　行為規範と制裁規範の協働による抑止というプロセスは、非難提起によって回復された行為規範と制裁予告が相まって、後の潜在的行為者が行為規範を遵守するように行為を変更するということを予定している。このことは、責任主義が他行為可能性を要求することからも基礎付けられる。したがって、非難の対象となる行為規範が把握するところの〈行為〉とは、作為または不作為の機会を与え得るような状態変動、すなわち、既存の状態の維持、破壊、

---

304) 深町・前掲注59) 77頁。NUSSBAUM, *supra* note 58, ch. 5 II (ヌスバウム（河野監訳)・前掲注58) 290頁以下) が論じる恥辱刑の問題もこの点に関連すると思われる。すなわち、ヌスバウムが論じるように、「恥の刑罰 (shame punishments)」は、「あなたは欠陥のある人である」という言明である。恥辱刑は、「行為規範違反を犯したあなたは恥ずべき人である」というメッセージを、当該行為者に恥辱を与えることによって公衆に伝達するものなのである。このような刑罰は、行為規範に違反する行為をなす人間の属性をひとまとめにし、当該属性を恥ずべきものであると考える観念に支えられていると考えられる。このことは、恥辱刑という制度自体が、当該属性を非難するものにすぎないという帰結を導くことになろう。したがって、恥辱刑には、社会規範を表明する強力な力があり、抑止効果もあるとしても、民主的に制定された行為規範の回復という目的との関係では、適合性が欠如することになると考えられるのである。
305) *Appel*, a. a. O. (Anm. 7), S. 579 f.
306) いわゆる象徴立法という問題もこの文脈で理解されるべきであろう。

惹起または抑圧によって構成されるものでなければならず、状態そのものによって構成されるものであってはならないのである。[307]

このような場合の例として挙げられるのがドイツ麻薬取締法29条1項3号のような、単なる「所持」の処罰である。[308] まず、同規定の「所持」を作為と理解することはできない。なぜなら、積極的作為は、所持の基礎付けにのみ存在し、所持の存続には存在しないのであるが、そのような所持の基礎付けはすでに同項1号によって、少なくとも「入手（Sichverschaffen）」の形態で処罰されているからである。[309]

次に、「所持」を所持の不放棄という不作為形態で理解することも不可能である。不真正不作為犯として構成すれば、保障人的義務としての作為義務が必要となるが、それは同項1号による先行する不法な、その物の入手からしか導出され得ない。しかし、それはまさに同項同号によって把握されているのであって、そのように解することは同項3号の適用領域の消失を意味する[310]。また、不真正不作為犯と理解するにしても、真正不作為犯と理解するにしても、麻薬取締法の目的との関係で合理的な作為義務の内容は考えられない。[311]

したがって、ドイツにおける麻薬所持罪は、人の行為を前提としない単なる事実関係を処罰するものと解するほかなくなるのである。そのような事実関係を非難したとしても、後の潜在的行為者に行為変更の契機は与えられない。[312] すなわち、「所持していることは悪いことである」というメッセージを受け取ったとしても、行為を前提としない「所持」は避けようがない。それゆえ、そのメッセージは結局のところ「取得することは悪いことである」

---

307) Lagodny, a. a. O. （Anm. 2), S. 322 ff.
308) Lagodny, a. a. O. （Anm. 2), S. 325 ff. 以下については、松原（芳）・前掲注4）28頁以下も参照。
309) Lagodny, a. a. O. （Anm. 2), S. 325 f.
310) Lagodny, a. a. O. （Anm. 2), S. 326 f.
311) Lagodny, a. a. O. （Anm. 2), S. 327 ff.
312) なお、他の行為規定に関係する一定の目的を要求する所持罪（典型的には予備罪）については、特定の行為に役立つ場合にのみ処罰され、その意味で行為制御に役立つため、この文脈では理解されないものとされる。これは、当該目的に利用するという意思さえ放棄すれば、危険性を基礎付けている前提状況が消失するからであろう。Lagodny, a. a. O. （Anm. 2), S. 334 f.

第3節　制裁規範の正統性（1）非難提起の正統性　Ⅴ　制約の正当化（2）手段審査

という意味にしか解釈されないか、既に所持状態にあった者にとっては、「所持を放棄しないことは悪いことである」と理解されるかのどちらかとなろう。しかし、それはまさに前述した、他の行為規範（この場合、取得禁止または放棄命令）の回復・妥当を目指すための非難提起を意味するのであって、憲法適合的なものとはなり得ない。もっとも、このような議論は、「所持」とともに取得行為が既に包括的に行為規範によって把握されているドイツの麻薬取締法のみに妥当するものであり、また、「所持」について上記のような解釈を採った場合にのみ妥当するものであるから、日本の所持罪全般に妥当するものではない。日本の薬物および銃砲刀剣類の所持規制は、取得行為を包括的に犯罪化しているわけではなく、取得行為を所持罪一般の要件と解釈しても、所持罪の空文化に至るとはいえない。また実際に児童ポルノの所持に関しては、犯罪成立の要件として「自己の意思に基づいて所持に至った」ことが規定されている。したがって日本においては、所持罪一般を、結果としての所持と、それを行為者に帰属させる行為寄与（取得行為）とによって構成される結果犯であると解することは排斥されておらず、またそのように解釈すべきである。そして、行為寄与が要求される限りにおいて、所持罪の制裁規範は手段としての適合性を充たすこととなる。

　なお、所持罪の制裁規範が違憲となる場合においても、所持それ自体が抽象的危険を表すという立法者の想定が憲法上正統化される限りにおいては、行為規範のレベルでは憲法適合的なものとされる。それゆえ、非難という要素を伴わない警察法的（行政法的）没収の根拠規定としては、憲法上何の問題もない。したがって、行為規範と制裁規範の協働による抑止というプロセスを通じて予防することができる〈行為〉は、制裁規範を伴わずとも貫徹可能な行為規範が把握する〈行為〉の範囲よりも狭くなる。所持罪を例として

---

313)　*Lagodny*, a. a. O.（Anm. 2）, S. 335. 証明軽減という目的のみでは違憲であることについて、*Lagodny*, a. a. O.（Anm. 2）, S. 327 f.
314)　この点については、松原（芳）・前掲注4）32頁以下参照。
315)　松原（芳）・前掲注4）33頁。
316)　松原（芳）・前掲注4）32頁。
317)　*Lagodny*, a. a. O.（Anm. 2）, S. 322.
318)　*Lagodny*, a. a. O.（Anm. 2）, S. 336 ff.

いい換えれば、〈所持〉という外界状態について法的不承認決定を行ない、その状態に対する所持者の何らかの〈責任〉を観念することはできるとしても、当該〈責任〉を基礎に制裁という手段をもって非難できるかということは全く別問題なのである。

2 必要性
(1) より緩やかな手段の確定およびその実効性

必要性は前述したように、「等しく実効的な手段のうち、等しい成果ないしより良い成果を、より重大でない制約によって達成できる場合には、必要性は存在しない」という形で定式化される。制裁賦課による非難提起の目的は、非難提起が関連付けられるところの行為規範を回復し、その妥当を確証することにあるから、必要性の判断もその目的との関係で行なわれなければならない。そして目的との関係で審査されるところの手段とは、制裁賦課による非難提起によって人格権を制約することである。

その際、行為規範は憲法適合的に存在していることが前提とされるので、行為規範による法的不承認決定を基礎としない課税のような手段は、そもそも問題となっていない。また、事前制約・事後制約という問題は行為規範の段階で考慮されているので、あくまでも行為規範違反後に行なわれる措置しか、より緩やかな手段としては顧慮されないこととなろう。

---

319) したがって、所持罪を状態犯罪として処罰することに賛成する見解はこの点を看過しているものと考えられる。もっとも状態犯罪といっても主観的要素は要求される。所持という物に対する支配状態が開始された後の、事後的な支配意思と所持の故意等が要求されるのである。そうだとすると、制裁によって当該支配意思を放棄するように行動制御するという解釈は考え得る。しかし、予備罪における理解（前掲注312）参照）とは異なり、所持罪において支配意思は当該所持という状態の危険性を基礎付ける前提条件ではない。支配意思を放棄したとしても、危険状態は維持されたままなのである。したがって結局、そのように理解するならば、所持という状態の放棄まで求めなければならないはずなので、所持罪を不作為犯と理解することになろう。なお、状態犯罪としての所持罪の理解については、*Ken Eckstein*, Grundlagen und Aktuelle Probleme der Besitzdelikte ― EDV, EU, Strafrechtsänderungsgesetze, Konkurrenzen, ZStW 117, 2005, S. 107 ff. 参照。Ecksteinの見解の詳細な紹介としては、仲道祐樹「状態犯罪としての所持罪理解と行為主義―行為主義研究序説」『曽根威彦先生・田口守一先生古稀祝賀論文集 [上巻]』（成文堂・2014年）93頁以下参照。

320) 事前制約との関係まで考慮したとしても、例えば警察法的な予防措置が、制裁との関係で、より緩やかな手段であるといえるかは不明確であるし、行為規範が存在する以上、警察法的措

それゆえ結局、必要性の基準を顧慮しても、制裁賦課による非難提起よりも緩やかな手段が規範回復のために等しく実効的かどうかという問題は、ほとんど法的に適用可能な形では審査され得ないということになろう。少なくとも、実効性について立法者の評価裁量を認めざるを得ない。すなわち、制裁に関して非難による規範回復という目的のみが顧慮されるならば、同様の目的を充たし得るようなより緩やかな代替手段は明らかではないので、制裁賦課による非難提起は通常必要性が認められるのである。[321]

(2) "ultima ratio"（最終手段性）原則との関係

(a) **最終手段性原則と必要性審査**　刑罰に関する最終手段性原則によれば、「刑法は、――民事法上の訴え、警察法または営業法上の命令、刑法上のものでない制裁等々のような――他の社会的問題解決手段が効果を発揮しない場合にのみ投入される」と主張される。[322] その定式化からも明らかなように、刑罰の最終手段性または刑法の補充性は、比例原則における必要性審査と関連付けられるものである。[323] ここで重要なのは、刑罰の最終手段性といわれる場合には、法益保護という目的との関係における必要性が問題とされているということである。このことは「法益保護の補充性」という文脈で最終手段性が論じられるところにも表れている。[324]

(b) **最終手段性原則の問題点**　最終手段性原則は、刑罰法規による刑罰威

　　置はそれ自体としては授権されているといわざるを得ないことも問題となる。*Lagodny*, a. a. O. (Anm. 2), S. 345 ff.
321)　*Appel*, a. a. O. (Anm. 7), S. 580; *Lagodny*, a. a. O. (Anm. 2), S. 365 f.; *Frisch*, a. a. O. (Anm. 11), S. 17 ff.
322)　*Roxin*, a. a. O. (Anm. 41), S. 45.
323)　最終手段性原則と比例原則との関係全般については、Rudolf Wendt, *The Principle of 'Ultima Ratio' And/Or the Principle of Proportionality*, Oñati Socio-Legal Series, v. 3, n. 1 - Ultima Ratio, a principle at risk. Europian Perspectives, 81 (2013), *available at* http://ssrn.com/abstract=2200873　なお、*Frisch*, a. a. O. (Anm. 11), S. 23 は、最終手段性原則が必要性審査よりも厳格な内容を有するものであり、そのことがまた、最終手段性原則の問題点でもあるとする。
324)　*Roxin*, a. a. O. (Anm. 41), S. 45 は、"Die Subsidiarität des Rechtsgüterschutzes" という表題のもとで、最終手段性原則を論じている。また、*Winfried Hassemer*, Der Grundsatz der Verhältnismäßigkeit als Grenze strafrechtlicher Eingriffe, in: *Andrew von Hirsch/Kurt Seelmann/Wolfgang Wohlers* (Hrsg.), Mediating Principles – Begrenzungsprinzipien bei der Strafbegründung, 2006, S. 122 f. も参照。

嚇が法益保護手段の中で最も峻厳なものであり、それゆえ最後の手段であるということを前提とする。[325]この前提が充たされるには、2つのことが可能でなければならない。すなわち、ひとつには、刑法的措置を、統一的基準を使って、他の代替的な国家的介入措置と比較することができなければならず、もうひとつには、刑罰措置を、他の代替的な国家的介入措置と比べて、最も峻厳で制約強度の強い措置として示すことができなければならない。[326]

　最終手段性原則における刑法の峻厳性は、制裁規範相互の関係においてだけではなく、まさに一般的に他の法益保護手段との比較においても議論されている。[327]そのような様々な法益保護手段との関係で、刑法は、法益保護のための最終手段であるとされているのである。しかし、その前提となる制約の強さを一義的に測る基準は存在しないというべきである。

　行為規範（さらには、法的不承認決定を伴わない規範）と制裁規範とがそれぞれ異なる憲法上の権利を制約するものであり、またそれぞれがそれ自体としては異なる目的を追求していることを前提とする本書の立場によれば、そのそれぞれの憲法上の権利に対する制約の強度が問題とされるので、他の保護措置との比較において、刑法が例外なく最も侵害の強い手段であるということまでは確定され得ない。[328]賦課される実体的不利益それ自体の重さという側面まで含めれば比較はさらに困難なものとなろう。[329]少なくともそれらを一律の基準のもとで比較し、序列化することは不可能であると思われる。

　例えば、特定の営業について事前的制約として許可制を設ける場合の制約と、当該営業に内在すると想定された危険が実際に現実化した場合に刑罰（制裁）を科すという事後的制約とのどちらがより峻厳な制約とされるのかという問題には一義的には答えることができないであろう。[330]なぜなら、営業

---

325) *Roxin*, a. a. O. (Anm. 41), S. 45.
326) *Appel*, a. a. O. (Anm. 7), S. 541.
327) *Roxin*, a. a. O. (Anm. 41), S. 45. 嘉門優「最終手段としての刑法―日本における最近の新たな刑事立法」金尚均＝ヘニング・ローゼナウ編著『刑罰論と刑罰正義』（成文堂・2012年）235頁も、「他の手段（たとえば、民法、行政法、社会扶助に関する法）」との比較を論じている。
328) *Appel*, a. a. O. (Anm. 7), S. 541 ff., 580 f.
329) *Appel*, a. a. O. (Anm. 7), S. 543 f.
330) *Lagodny*, a. a. O. (Anm. 2), S. 347 ff.

の自由についてみれば、事前制約の方が通常強い制約だと考えられているからである。さらに許可を受けるための危険除去にかかる費用が通常1000万円かかるとして、刑罰が100万円以下の罰金と規定されているならば、どちらがより峻厳な制約かを一般的・抽象的に比較することは不可能であろう。

以上によれば、最終手段性原則が想定するように、法益保護という1つの共通の目的との関係で刑法が最も峻厳な手段であるということは必ずしもできず、そのような意味での最終手段性原則を憲法上法的に拘束的な基準として用いることは不可能なのである。

(c) **問題点の解消可能性**　上記のような問題点を解消する形で、最終手段性原則を立法批判活動において活かす可能性がいくつか考えられる。

第一に、最終手段性原則を刑罰と刑罰以外の制裁手段との関係でのみ用い、その他の法益保護措置には関連付けないという方法である[331]。すなわち、最終手段性を、規範回復目的との関係での最終手段という意味に限定するのである。このように理解した場合、最終手段性原則は日本において主に、刑罰と行政制裁の棲み分けという問題において機能する原則となる。しかしこの問題は、刑罰と行政制裁とがそれぞれどのような意義・効果を有するのか、およびそれらがどのような関係にあるのかということと関係しているので、場所をあらためて後述する（本章第4節参照）。

第二に、全ての刑罰は人格権の制約を伴うという理由または強い威嚇作用を伴うという理由で、他の憲法上の権利の制約手段よりも強い制約であり、それゆえ、できる限り避けられるべきであると規範的に想定することが可能であろう。そのように考えるならば、（前者の理由であれば制裁規範の、後者の理由であれば行為規範の）狭義の比例性審査の段階で、刑罰に想定されるより高い実効性と刑罰による制約の重大性とを衡量することを要求し、その意味で刑罰の投入に一定の正当化負担を課すということになるであろう[332]。しかしこの場合には、最終手段性原則の根本思想である、最も峻厳な手段は最後

---

331) *Appel*, a. a. O. (Anm. 7), S. 544. この問題も含まれ得ることについては、*Roxin*, a. a. O. (Anm. 41), S. 45 f. また、このような理解を示唆するものとして、髙山佳奈子「行政制裁法の課題―総説」法時85巻12号（2013年）4頁参照。
332) *Kasper*, a. a. O. (Anm. 80), S. 245.

の手段であるべきという考えとの矛盾が生じ得るかもしれない。というのも、刑罰が違憲・無効とされた結果、行為規範によって制約される憲法上の権利にとっては広い制約（上記の例でいえば、営業の許可制）が導入される可能性があるからである。また、それも避けられるべきであるとすれば、最終的に法益は保護されないことになってしまい、これも不都合であろう。

したがって結局、最終手段性原則には、限られた領域でのみ妥当する原則となるか、政策論領域の原則としてのみ利用するか[333]（そうだとしても、政策論内部での妥当領域は問題となるが）しか可能性は残されていないのである。

3　狭義の比例性

抽象的にいえば、狭義の比例性審査においては、一方で制裁賦課による非難提起によってもたらされる憲法上の権利の制約の重大性と、他方で規範回復による規範の安定化の重要性との衡量が要求される[334]。一般的には、ここでも je-desto 公式が妥当することになるのである。

行為規範の場合と同様、衡量が行なわれる以上、一義的な結論が示されるわけではないが、制約に関する要素と目的に関する要素とに分けて衡量要素を挙げることが、恣意的な衡量を避けるためには重要である。

(1)　制約に関する要素

制裁一般に共通する憲法上の権利の制約は、非難提起による人格権の制約である。その制約は直接的・目的的なものであり、制約の対象である人格権（あるいは名誉権）は、個人の尊厳と結び付いた「幸福追求権」の重要な保護対象とされる[335]。

したがって、制裁賦課による非難提起は、制約としては強度のものであり、それだけに目的についても比較的重要なものが必要とされなければならない。

---

333)　*Appel*, a. a. O.（Anm. 7）, S. 545. また、*Roxin*, a. a. O.（Anm. 41）, S. 46 f. の記述は、最終手段性原則が政策論領域の問題であるとしている。このように、最終手段性原則にも、法益論と同様の、議論の妥当領域の不明確性という問題がある。
334)　*Appel*, a. a. O.（Anm. 7）, S. 582.
335)　佐藤（幸）・前掲注113）179頁。

⑵ 目的に関する要素

⒜ 回復されるべき行為規範の重要性

制裁賦課による非難提起の目的は、違反された（憲法適合的な）行為規範を回復し、それと同時に制裁予告の真摯性を確証し、それを通じて行為規範を貫徹することにある。したがって、目的の重要性にとって決定的なのは、何よりまず、回復されるべき行為規範の重要性ということになる。また、違反された規範の重要性は、後述する行為者の答責性の程度の一要素ともなる。違反された規範が重要であればあるほど、行為者が非難を受けるに値すると考えられる程度も高くなるのである。

ここで、回復されるべき行為規範の重要性は、当該行為規範を国家が妥当させなければならない必要性の程度という観点によって測定されるべきである。また、国民の行為予期という観点（例えば、他者から生命を奪われることはないであろうという期待）も、国家が正当に顧慮してよいものであると考えられるから、そのような行為予期の回復の必要性も、行為規範の重要性の判断に際して考慮される。[336]もっとも、立法者がある行為規範を制裁によって妥当させるべきであると判断したことの合理性が審査されるわけであるから、国民の行為予期が決定的な基準となるわけではない。国家として、当該行為規範を妥当させることに、どれ程の利益を有していなければならないのかが中心的に問題となっているのである。そして、このような観点からは、行為規範の重要性を決定する要素として、立法目的たる法益の重要性および行為の危険性の程度が挙げられるであろう。[337]

まず、立法目的たる法益は、行為規範によって保護しようとする対象であり、行為規範の目的となる「公共の利益」である。したがって、立法目的た

---

336) 刑罰論における「行為予期」という観点一般については、*Jakobs*, a. a. (Anm. 60), S. 5 ff. 参照。もっとも、私見は Jakobs の積極的一般予防論（これについては、*Günther Jakobs*, System der strafrechtlichen Zurechnung, 2012, S. 13 ff. も参照）に賛成しているわけではない。責任主義の基礎付け等に関する刑罰論との関係等の先の記述において、そのことを明らかにしたつもりである。

337) 法定刑に関するものであるが、安田拓人「法定刑の改正動向について―犯罪論の立場から」刑雑46巻1号（2006年）86頁以下が挙げる考慮要素は、「『刑罰をそもそも科すかどうか』に関する判断材料は、『刑罰を科すとして、どの程度科すか』に関する判断材料にもなり得る」（同88頁）と論者自身が述べることから、制裁一般を科すかどうかという判断における考慮要素ともされていると考えられる。*Frisch*, a. a. O. (Anm. 11), S. 21 も参照。

る法益が重要であればあるほど、それを保護するための行為規範の妥当について国家はより大きな利害関係を有することになる。また、個人にとって重要な利益であれば、それが保護されるということに対する予期も強いものとなるであろう。その意味でも、重要な法益を保護する行為規範は、それを妥当させる必要性が高くなる。

次に、行為の危険性の程度は、行為規範によって把握される行為が有する、国家が最終的に阻止しようとしている状態（法益侵害結果）を発生させる可能性の問題である。そのような可能性が高ければ高いほど、行為規範によって把握される行為が実行されることを予防する必要性が高まることになる。そして、このような予防効果は、行為規範が回復されることによって確証されるものであるから、行為規範回復の必要性も高まる。[338]

このような判断において、侵害犯の行為規範における結果要件には、行為規範違反状態が特に印象的な形で現れる場合のみに制裁を限定する機能が与えられる。[339] 侵害犯においては、侵害結果という形で、行為規範における危険性判断が確証されることになり、禁止された行為がなされたということが、より印象的に知覚されることになる。その意味で、規範妥当の動揺（法の権威に対する侵害度合い）は大きいものになり、規範を回復する必要性は高くなるのである。

(b) **行為規範の回復の必要性**　(a)で示唆したように、行為規範回復の必要性が高ければ高いほど、そのために行為者を非難することの正統性は認められやすくなる。そして、行為規範回復の必要性を高める要素の中には、行為規範の重要性判断によっては包含されない要素も存在する。例えば、行為規範の内容ではないが、制裁賦課の範囲を制限するとされる客観的処罰条件の有無である。[340] すなわち、客観的処罰条件が行為の規制範囲（行為規範による不承認決定の範囲）とは関係せず、行為規範の内容ではないとすれば、それは、行為規範によって基礎付けられた制裁賦課の範囲を、制裁賦課による行為規範の回復の必要性が高い場合に制限する機能を有するものと解すること

---

338) 安田・前掲注337) 91頁以下も参照。
339) *Lagodny*, a. a. O.（Anm. 2), S. 439 ff.
340) 客観的処罰条件については、*Lagodny*, a. a. O.（Anm. 2), S. 444 f. も参照。

になる。したがって、客観的処罰条件（例えば「公務員となった場合」（刑法197条2項））を伴う刑罰法規が問題となる場合には、客観的処罰条件が充足されることによって、行為規範（事前収賄罪の場合は、「公務員になろうとする者が、その担当すべき職務に関し、請託を受けて、賄賂を収受」（同項）等することを禁止する行為規範）の回復の必要性が、どの程度高まるのかが判断されなければならない。また、客観的処罰条件それ自体の立法論としては、当該条件が行為規範回復の必要性を高めるものであるか否かが審査されなければならないであろう。

(c) **行為者の答責性の程度**　制裁賦課の目的が、行為者を非難することによって規範を回復することである以上、行為者がどの程度非難に値するかという観点も、衡量に際して重要である。もっとも、ここでは個々の事件における量刑が問われているわけではないから、個別事案における行為者の主観的・個人的な答責性ではなく、行為規範に違反することについて一般的に想定される答責性が問題とされなければならない。このような意味での答責性の判断にとって一応の基準となるのは、行為規範の規定形式、とりわけ犯罪類型の違いである。

まず、侵害犯および具体的危険犯の行為規範と、抽象的危険犯の行為規範とは、前述の通り、行為の危険性の判断を立法者が独占的に行なっているかどうかによって区別される。抽象的危険犯の行為規範において、行為の危険性判断は、立法者によって事前的・独占的に行なわれている。このことは行為者にとって、自らの行為の具体的な危険性を判断する余地が奪われていることを意味する。逆に、具体的危険犯および侵害犯の行為規範は、その適用要件として具体的危険の発生を要求することから、行為者も行為の危険性に

---

341) 北野・前掲注49)「客観的処罰条件論(七)」24頁。
342) 北野・前掲注49)「客観的処罰条件論(五)」13頁以下も参照。
343) 北野・前掲注49)「客観的処罰条件論(七)」25頁参照。
344) もっとも、そのような考慮要素が明文で法定されている限りにおいて、そのような規定も憲法上の審査の対象となり得る。しかし、その審査の対象も、あくまでも、そのような事情を一般化して取り上げることの合理性なのであって、行為者個人の答責性が問題とされているわけではない。
345) この分類について詳細は、本章第2節IV 2(2)参照。
346) *Lagodny*, a. a. O. (Anm. 2), S. 194.

ついて具体的に予測判断する余地が与えられていることになる。したがって、具体的危険犯および侵害犯の行為規範の違反は、そこで要求される具体的危険についての予見が可能であったのにそれをせずに、あるいは、具体的危険について予見したのにそれを避けずに行動に出たことが非難されるのである。それに対して、抽象的危険犯の行為規範に関する違反を非難される場合、具体的な危険予測についての非難は含まれず、まさに自己の意思に基づいて行為規範に反する行為をしたことそれ自体が非難されるのである。このような意味において、抽象的危険犯の行為規範に違反することについては、具体的危険犯および侵害犯の行為規範の場合と比べて、行為者の答責性が小さいということができよう。[348]

次に、侵害犯の行為規範と具体的危険犯の行為規範とを比較すれば、侵害犯においては、結果発生の予測に関しても行為者の〈権限〉とされることになる。したがって、侵害犯の行為規範に対する方が行為者の答責性は大きいものとなろう。

さらに、立法者によって想定される法益侵害へ至る過程の中で、類型的に行為者個人の答責性が低いと考えられるものもある。例えば、累積犯の行為規範や、予備的犯罪の行為規範は、想定される抽象的危険が侵害に至る過程の中で、他人あるいは自己の後の行為の介在を前提としているため、行為規範に把握されている行為自体については、行為者の当責性は相対的に小さいものとなる。

　(d) **故意・過失**　　前述した必要性までの審査において、行為者を非難することによって規範回復を目指すというプロセスの必要条件が認定される。すなわち、行為規範に違反したという状態が存在すること（不法状態の存在）を前提として、行為者がそれを避けることができたにもかかわらず、避けなかったという場合（責任主義にいう責任が認められる場合）には、行為者に対

---

347) 行為者が、具体的危険が発生すると判断しているか否かに関わらず、抽象的に危険な行為をなせば、それだけで抽象的危険犯は成立し得るからである。もちろん、抽象的危険犯でも抽象的危険の認識（可能性）は意味の認識（可能性）として必要であるが、それは、立法者が設定した一般的・類型的に危険な行為の枠内に、自らの行為が含まれるか否かの判断であって、具体的状況において自らの行為が危険であるか否かの判断を含まない。

348) *Lagodny*, a. a. O. (Anm. 2), S. 437 ff.

する非難という手段が、規範回復という目的との関係で適合的かつ必要な手段であるということが確定したのである。これは、過失犯の要件が全て揃った場合には、少なくとも行為者に制裁を賦課することの必要条件が充足されるということを意味する。したがって、必要性までの段階においては、故意・過失の区別は問題になっておらず、過失犯の成立要件しか問題になっていないことになる。[350]

そこで、故意犯に限定して制裁を科すこと（刑法38条1項本文）の意味が問題となる。まず、必要性審査までで憲法上必要性があると認められているのは、故意犯および過失犯に制裁を科すことである。その前提となる（憲法適合的な）行為規範の違反状態および責任主義にいうところの責任が欠ければ、制裁賦課による非難提起の合憲性は失われることになる。それゆえ、少なくとも過失犯の成立要件は、制裁賦課を非難提起による規範回復という目的で用いる限り、憲法上必須の要件となる。故意犯にあっても過失犯の要件は最低限充たさなければならないのである。

そこで次に、過失犯と故意犯の関係が問題となるが、故意犯は過失犯に比べて通常重く処罰されるわけであるから、故意犯は故意があるという点では加重された過失犯であると理解されることになる。[351]故意があるという点で加重される根拠に関しては様々な議論があるが、[352]少なくとも私見では、故意は

---

349) このように考えた場合の過失犯の成立要件については、小林・前掲注13) 8頁以下および小林憲太郎『刑法総論』（新世社・2014年）99頁以下参照。
350) このような理解からすると、樋口亮介「注意義務の内容確定基準—比例原則に基づく義務内容の確定」刑ジャ39号（2014年）48頁に対しては、行為義務（注意義務）の内容確定において比例原則に基礎を持つ衡量が行なわれ、具体的に行為者にどのような行為義務が課されるかという点でも比例原則が用いられるとする点に限って賛同できる。しかし、そのような衡量は抽象的・理念的ではあるにせよ、罪刑法定主義の見地からも、立法者によって事前に行なわれていると理解すべきであり、裁判官はそれを発見すると理解した方が良いように思われる。また、「注意義務設定時点において義務内容確定の基礎に置かれる危険の予見可能性と、当該時点以降の注意義務違反による危険の現実化に分解する」（同53頁）という思考については、行為規範の内容確定およびその違反状態の存在の認定と、行為規範に違反したことを理由に行為者を非難するということとが、全く別の問題であることを看過しているように思われる。この点に関連して、小林憲太郎「過失犯の最近の動向について」刑ジャ39号（2014年）41頁も参照。
351) 小林・前掲注13) 74頁。
352) さしあたり、小林・前掲注13) 73頁以下および髙山佳奈子『故意と違法性の意識』（有斐閣・1999年）134頁以下を参照。

過失とは異なり非難としての制裁を科すために必然的に導き出される要件ではないと理解されることになる。いずれにせよ故意は、制裁賦課を、それに値する度合いの大きい場合に限定するための責任要素である。したがって、故意犯しか処罰してはならないか、過失犯まで処罰してよいかという問題は、衡量の段階で問題となるのである[353]。

なお、制度全体として考えた場合、制裁賦課を故意犯のみに限定するか、過失犯にまで制裁を科すかという選択の問題は、規範違反状態が惹起されることによる影響、規範回復プロセスの発動が限定されることの影響および行為者がどの程度の非難に値するかということの相関的な判断となろう。そのような意味において、この判断は政策的判断なのであり、刑法38条1項はまさに政策判断の1つの結果なのである。

(3) 小　括

以上の衡量要素をまとめれば次のような基準が定立される。

違反された行為規範が重要なものであればあるほど、その違反に対する行為者の答責性が小さいものであっても、また、過失にすぎない場合であっても、行為者に制裁を科し、その者を非難することが認められやすくなる。逆に、行為規範の違反に対する行為者の答責性が大きく、また、故意が認められる場合には、違反された行為規範の重要性が低いものであったとしても、行為者を非難することは認められやすくなる。

このような結論は、従来自明であると考えられていたものとほぼ同様である。しかしこれまでは、行為規制の問題と制裁賦課の問題とが十把一絡げに論じられ、刑罰法規の妥当性という1つの表題のもとで、議論が行なわれてきたように思われる。その結果、保護対象の選択の適否（法益論）、刑罰投入の適否（刑罰論）等のそれぞれ異なる問題が、同じ場で争われ、議論が錯綜してしまっている。したがって、制裁賦課の正統性という問題を明示し、行為規範の正統性とは分離した形で、そこで衡量される諸要素を明らかにしておくことは重要な作業なのである。

---

353) *Lagodny*, a. a. O. (Anm. 2), S. 360. 故意の種類（意図／確定的故意／未必の故意）または過失の種類（重過失／軽率性／単純過失）についても、非難の程度に差異が見出される限りにおいて、衡量の要素となる。

第4節　制裁規範の正統性（2）刑罰投入の正統性
　　──刑罰まで科してよいのか

　これまでの議論においては、制裁一般に共通する〈非難〉という要素に着目し、それによる人格権の制約という観点から、審査の基準を検討してきた。その際、制裁の種類、すなわち刑罰、行政制裁（行政刑罰については刑罰に含むものとする。以下、同様）、さらには公務員法上の懲戒処分等の間での差異という問題は考慮の外に置かれていた。しかし、刑法上の規定が憲法適合的あるいは政策的により良いものであるといい得るためには、まさに〈刑罰〉の投入がそうであるということがいえなければならないであろう。[354]

　そこで以下では、非難提起のために投入される制裁について、まず、いかなる〈種類〉の制裁を投入するのかという選択の問題に関する基準について検討していく。そこでは、制裁一般の目的・効果に対して本書が採る理解との関係で、種々の制裁手段がどのように区別されるのか、そして、その区別がどのように審査の基準に具体化されるのかが問題とされる。

I　刑罰と行政制裁の区別

1　制裁の意味・効果による区別

　刑罰と行政制裁の区別については、制裁の意味・効果のレベルでそれらを区別する見解が参考になる。すなわち、刑罰は行為規範違反者を、全体としての国法秩序、国法秩序一般に違反した者として非難する意味を有する制裁であるとし、これに対して行政制裁は行為規範違反者を、（例えば、いわゆる業法上の）国法秩序のうちの特定の法制度に違反した者として非難する意味を有する制裁であるとする見解である[355]。そして、刑罰に付随するとされる強

354）　行政制裁の種類については、宇賀・前掲注180）240頁以下、塩野宏『行政法 I　行政法総論』（有斐閣・第6版・2015年）272頁以下参照。
355）　山本隆司「行政制裁の基礎的考察」高橋和之先生古稀『現代立憲主義の諸相　上』（有斐閣・2013年）253頁、287頁以下。

い社会倫理的非難という要素も、このような制裁としての意味・効果レベルの差異から生じると考えられる。国法秩序一般に違反した者であるという非難からは一般的なスティグマ効果が生じ[356]、それによって違反行為は〈犯罪〉と烙印付けられることになり、それゆえに違反者に対する非難は、社会倫理的な意味付けを強く有する[357]。それに対して、特定の法制度に違反した者という形で限定された非難からは、限定されたスティグマ効果しか生じず、違反行為に〈犯罪〉という烙印付けは行なわれないから、行政制裁による非難には社会倫理的な意味付けが付与されないのである[358]。

このように刑罰が全体としての国法秩序への違反に対する非難を意味するとすれば、それは同時に、当該違反行為の属する個別特定の法制度への違反に対する非難の意味も持ち得るから、刑罰による非難は行政制裁による非難を、後者が観念し得る限りにおいては、包含することになる[359]。

2 規範回復プロセスとの関係

制裁は、その賦課による非難を通じて規範回復を目指すものであり、その際、非難によって公的に発せられるメッセージは、「あなたは行為規範に違反する行為をした、非難に値する人間である」というものである。このような制裁の理解に基づいて、上記の刑罰と行政制裁の区別を論じれば、次のようになろう。

一方で刑罰は、行為者を「国法秩序一般に関連性を有する行為規範に違反することによって、全体としての国法秩序に違反した非難に値する人間である」という形で非難するものと理解される。このことは、その非難によって回復が目指されているところの行為規範が、まさに立法者によって「国法秩序一般に関連性を有する」と評価されたものであるということも意味する。そして、そのような全国法秩序に関連性を有する規範の回復プロセスである

---

356) 山本・前掲注355) 287頁。
357) 佐伯・前掲注50) 128-129頁、深町・前掲注59) 76頁。
358) *Lagodny*, a. a. O.（Anm. 2), S. 115 ff.、415 も参照。なお、刑罰が有する社会倫理的非難という側面のみに着目する見解として、*Frisch*, a. a. O.（Anm. 11), S. 19 ff.
359) 山本・前掲注355) 290頁。

から、そのプロセスは裁判所を通じて行なわれる。またこの場合、非難による規範回復プロセスは、国法秩序全体との関係で行なわれるものであるから、刑罰は、一般の法秩序における行為者の活動を全面的に制限する自由刑、およびその活動の基礎となる金銭を剥奪する財産刑を含み、全体がまとめて前科として扱われ、記録されるのである。[360]

　他方で行政制裁は、行為者を「国法秩序のうちの特定の法制度に関連性を有する行為規範に違反することによって、当該特定の法制度のみに違反した非難に値する人間である」という形で非難するものと理解される。ここで回復を目指されている行為規範は、立法者によって「国法秩序のうちの特定の法制度に関連性を有する」と評価されたものであるということになる。それゆえに行政制裁は、当該特定の法制度を司る行政機関によって科されるということも認められる。また、非難の意味・効果が限定されることから、行為規範が貫徹される範囲も、当該特定の法制度内に限られることになると考えられる。その意味で、規範回復プロセスは、特定の法制度の関係でのみ行なわれるのであって、制裁の方法としても当該特定の法制度における活動を制限する形態の制裁も選択され得るのである。

　ここで「国法秩序一般に関連性を有する行為規範」と「国法秩序のうちの特定の法制度に関連性を有する行為規範」とは、行為規範に対する評価によって区別されるものであり、そこで対象とされる行為規範の定義自体はあくまでも同一である。[361] すなわち、特定の外界変動状態と結び付いた行為を把握するという意味では同一の行為規範に対して、「国法秩序一般に関連性を有する」か「国法秩序のうちの特定の法制度に関連性を有する」かの評価が行なわれるのである。そして、「国法秩序のうちの特定の法制度に関連性を有する行為規範」も、その目的においては「公共の利益」（立法目的としての法益）を保護するものであり、その意味で国法秩序全体との関連性も有するから、「国法秩序一般に関連性を有する行為規範」に評価上包含されることが多いことになる。このような行為規範に対する評価は、一次的には、刑罰か

---

360) 山本・前掲注355) 288頁。
361) *Lagodny*, a. a. O.（Anm. 2), S. 420 ff.の連邦憲法裁判所の考え方についての論述も参照。

行政制裁かを選択する立法者によって行なわれる。したがってここでは、刑事犯と行政犯、自然犯と法定犯といった、法律より前に存在し、一定時点においては相互排他的な、行為に対する評価の質的差異は前提とされていない。

II 刑罰と公務員法上の懲戒処分の区別

前述した堀越・世田谷事件最高裁判決において、残された問題は、刑罰と懲戒処分の区別であった。もっとも、刑罰と行政制裁とは両方とも一般統治権に基づくものであるが、刑罰と懲戒処分とは、後者が特別の監督関係に基づいて科される制裁であるという点でも異なる。したがって、その点が制裁としての目的・意味・効果にどのような影響を与えるのかということも問題となる。

1 制裁の意味・効果による区別

ここでも制裁としての意味・効果の違いに着目することが重要であろう。その際には、「統治権者としての政府」と「使用者としての政府」の差異に着目する見解が参考になろう。刑罰と公務員法上の懲戒処分の区別という文脈においては、「統治権者としての政府」とは一般統治権に基づく国家刑罰権を行使する主体であり、「使用者としての政府」とは究極的には当事者の合意に基づいて成立する公務員関係上の権利義務関係に基づく懲戒権を行使する主体である。そして、国家がいずれの資格で行動するかによって、それぞれ許される活動の名目に違いがあるとされる。その違いに従って、当然それぞれの主体によって行使される制裁の意味・効果も変わってくるのである。

一方で「統治権者としての政府」によって行使される刑罰は、当該政府の活動名目が広く国民全体の共同利益であればよいと考えられることに対応

---

362) 宇賀・前掲注180) 240頁。
363) 蟻川恒正「日本国憲法における公と私の境界」辻村みよ子=長谷部恭男編『憲法理論の再創造』(日本評論社・2011年) 19頁以下および最大判昭和49年11月6日刑集28巻9号393頁 (猿払事件判決) も参照。
364) 蟻川・前掲注363) 28-29頁。

して、前述の通り、全体としての国法秩序、国法秩序一般に違反した者として非難する意味の制裁を科し、国法秩序全体との関係で違反された行為規範を回復するためのものであると理解される。

他方で「使用者としての政府」によって行使される懲戒処分は、当該政府の活動名目が公務の円滑・公正・能率的な遂行のための規律保持に限られるため、まさにそのような公務員関係上の権利義務に違反したことを非難する意味の制裁を科すものと理解される。そして、規範回復のプロセスも、当該公務員組織の内部秩序を維持する見地から、当該組織内部で行なわれれば足りるはずである。

両制裁の意味・効果について上記のように理解すると、それぞれは主体、目的、性質、効果の全てにおいて質的に異なっており、事実上その効果が重なり合うことはあるとしても、どちらかがどちらかを包含するという関係はないことが明らかになる。したがって、懲戒処分と刑罰とは、同列に置いて比較され、前者がより制限的でない他の選び得る手段であると確定されるような関係には必ずしもないのである。

2 行為規範との関係

懲戒処分と刑罰とが制裁を科す主体という観点からも区別されるとすると、制裁規範の基礎に置かれる行為規範についても、それによってある一定の行為を要求する主体が異なることを意味する。そして、行為要求の主体が変わる以上、行為要求の目的および許される範囲が変化する可能性があるはずであり、それに伴って行為規範の合憲性審査の基準も変化し得る[367]。

このことを公務員の政治的行為の禁止を例として具体化すれば次のようになる。

まず、刑罰を科す制裁規範の基礎に置かれる行為規範は、行政の中立的運営という国民全体の利益を最終目的、公務員の職務の遂行の政治的中立性の

---

365) 蟻川・前掲注363) 29-30頁。
366) 蟻川・前掲注363) 29頁。
367) 蟻川・前掲注363) 31頁以下および前掲注363) 最大判昭和49年11月6日大隅ほか反対意見参照。

確保を中間目的とし、政治的に中立でない形で職務を遂行する蓋然性のある公務員を示す徴憑として、政治的行為を取り上げ、それを禁止するものである。そのような意味で、政治的行為は、国民全体の利益としての行政の中立的運営を抽象的に危殆化する行為として禁止され、行為者は国法秩序一般に違反した者として非難されるのである。

それに対して、懲戒処分を科す制裁規範の基礎に置かれる行為規範は、立法者によって望ましいと考えられた、円滑・公正・能率的な公務員制度を維持するための紀律を公務員が保持することを目的とするものである。その意味で公務員の〈職務の遂行の〉政治的中立性を確保することを目的としているのではなく、〈公務員の〉政治的中立性を確保することを目的としているといえよう。この場合には、このような内部紀律としての公務員自身の政治的中立性の確保という目的に直接違反する行為（政治的中立性遵守義務違反行為）として、政治的行為が取り上げられることになり、行為者は、公務員関係上の権利義務に違反したことを非難する意味の制裁を科されるのである。

以上のように、行為規範段階においてすでに、目的が異なるにもかかわらず、堀越・世田谷事件判決は、「『政治的行為』は、これを刑罰の対象としても懲戒処分の対象としても」合憲であり、行為の禁止による憲法上の権利の制約という点においては、全く差異がないと理解しているようである。それはおそらく、ここで審査の対象となっているのが、「（抽象的な意味での）国家が、行政の中立的な運営の確保を目的として、公務員の政治的行為を禁止すること」の合憲性であると捉えられていることが理由であろう。本件では、行政の中立的な運営の確保が、「統治権者としての政府」によっても、「使用者としての政府」によっても追求されてよい目的であり、その意味付けが異

---

368) 第1章注37）参照。
369) なお、猿払事件判決においては「公務員の政治的中立性」が要求されていたのに対して、堀越・世田谷事件判決においては「公務員の職務の遂行の政治的中立性」の要求に変更されている。これは、猿払事件判決の反対意見において、懲戒処分の基礎となる公務員の「政治的中立性遵守の義務」違反は、刑罰の根拠とはならず、「公務員の職務活動そのものをわい曲する顕著な危険を生じさせる場合」でなければ刑罰は正当化されないと述べられていたことと関係するかもしれない（例えば、公務員にも選挙権はある）。本文の目的の区別も、この反対意見を参考とするものである。
370) 岩崎邦生「判解」曹時66巻2号（2014年）295-296頁。

なるとしても、結局は公務員の政治的中立性を疑わせるような政治的行為が禁止されるという点でたまたま、刑罰を制裁とする場合と懲戒処分を制裁とする場合の審査が一致しただけだと解される。[371)]

したがって、刑罰と懲戒処分との選択は、刑罰と行政制裁との選択のように、同一の行為規範に対する制裁方法の選択という問題には還元されないのである。そこで、本書の以下では、刑罰投入の正統性の審査について、一般統治権に基づく制裁という点で性質を同じくする刑罰と行政制裁との間の選択基準に限って検討することにする。

III 刑罰か、行政制裁か——刑罰と行政制裁の選択基準

前述したように、刑罰と行政制裁は国家が一般統治権に基づいて賦課する制裁であり、それによって行為者に対する非難が提起されるという点では共通している。両制裁は、非難の意味と効果という点で区別されるのである。

したがって、刑罰と行政制裁とのどちらを選択すべきか（あるいは、選択してはならないのか）という問題についても、非難の意味・効果の差異から基準を構築していくことが重要であると考えられる。[372)] 以下では、非難の意味・効果における差異が、制裁一般の正統性の審査（三段階審査・比例原則）との関係で、どのように作用するのかという観点から、刑罰と行政制裁の選択基準を構築することを試みる。

---

371) もっとも、行為の意味付けが異なる以上、堀越・世田谷事件判決における構成要件の限定解釈は、当然には懲戒処分には妥当しないと解することも可能である。さらに、審査の基準までも同一であるべきかどうかは検討の余地がある。しかし本書では、それらの問題についてこれ以上の検討はしない。

372) 刑罰固有の限界という刑法学的考察と刑罰規定の妥当性という行政法学的考察という2つの観点から、行政法規上の刑罰規定のあり方を検討しようとする論稿として、田中良弘「行政の実効性確保手段としての刑罰規定のあり方についての一考察—ドイツにおける行政刑法理論と秩序違反法の制定を題材に」一橋法学13巻2号（2014年）451頁参照。また、刑罰と行政制裁との選択の現状については、真島信英「行政罰たる過料による制裁のあり方をめぐる研究—わが国とドイツの過料手続に関する比較研究を中心として」亜細亜法学49巻1号（2014年）25頁および今村暢好「軽微な犯罪と行政秩序違反」愛媛法学会雑誌39巻3＝4号（2013年）199頁を参照。

1　制約される憲法上の権利、保護範囲および制約

　刑罰と行政制裁は非難という要素において共通している。すなわち、「あなたは行為規範に違反する行為をした、非難に値する人間である」という、直接人格に結び付けられたメッセージを伝達するという点では共通しているので、同じく個人の人格権を制約する。

　しかし、前述したように、行政制裁に付随するスティグマ効果は、刑罰に付随するものと比べて限定的であるから、両者の選択が問題となる場合には、行政制裁はより緩やかな手段である。なお、選択が問題となる前提としては、「国法秩序一般に関連性を有する」か「国法秩序のうちの特定の法制度に関連性を有する」かの評価の対象となる行為規範が同一でなければならない。

2　目的および手段の適合性

　刑罰と行政制裁が制裁賦課による非難の意味・効果において区別されることは、その非難によって回復されるべき対象としての規範の区別に反映され得る。[374]

　行政制裁は、その賦課によって行為者を「国法秩序のうちの特定の法制度に関連性を有する行為規範に違反することによって、当該特定の法制度のみに違反した非難に値する人間である」という形で非難するものである。それゆえ、国法秩序のうちの特定の法制度に関連性を有するということが、およそ観念できない行為規範については、当該行為規範を非難によって回復するという目的自体は正統であったとしても、行政制裁の賦課による非難提起は、手段としての適合性を欠くことになる。国法秩序全体との関係での回復しか観念できないような行為規範の違反に対して、行政制裁を規定することはできないのである。例えば、極端な例としては、殺人は法秩序のうちの特定の法制度に違反した行為と観念することができないから、殺人の行為規範違反に対して行政制裁で臨むことはできず、刑罰の対象にしかならない。[375]

---

373)　*Lagodny*, a. a. O. (Anm. 2), S. 432 f.
374)　山本・前掲注355) 288頁参照。
375)　山本・前掲注355) 288頁。ちなみに、措置入院制度は行政的な自由剝奪ではあるが、行為者の危険性にのみ着目した制度であり、非難を伴わないので制裁ではない。

他方で刑罰の賦課は、行政制裁の賦課による非難の意味・効果を包摂する意味・効果を有する非難を提起するので、国法秩序のうちの特定の法制度に関連性を有する行為規範に違反する行為に対しては、その制裁として刑罰と行政制裁の両方が選択肢となり得る。例えば、無許可営業罪についていえば、立法者は、対象となる営業について抽象的危険を想定して、行政の許可の下に服せしめているわけであるから、そのような意味での抽象的危殆化の禁止に反する無許可営業行為は、国法秩序全体に対する違反としても観念できるし、当該営業を管轄する行政に係る特定の法制度に対する違反としても観念できる。したがって、このような場合には、刑罰および行政制裁は両方ともに規範回復の手段としての適合性を有し、その選択が問題となる。

　このように考えると、行政制裁の対象よりも、刑罰の対象の方が広範になってしまい、刑法の補充性の原則に反するという批判があり得る。しかし、適合性の段階で議論されるのは、行政制裁が選択可能か否かだけである。後述するように、規範回復を目的とする非難の効果という点で、刑罰の方が行政制裁よりも強い制約であるから、衡量段階において刑罰の使用を正当化するためには、行政制裁の使用を正当化する場合よりも重要な理由が要求される[376]。そのことは、行政制裁が選択不可能な行為規範についても観念的には妥当する。したがって、行政制裁が選択可能となる領域が刑罰のそれより狭いことのみでは、刑罰の対象の方が一般的に広範であるとはいえない。また、刑法の補充性の原則は、刑罰に対する他の手段の優先を主張するが、その前提として当該他の手段の使用可能性が論じられなければならないはずである。行政制裁の使用がそもそも観念できない領域においては、行政制裁は他の手段ではなく、刑罰の投入の判断に優先して判断される手段とはなり得ないのである。例えば、前述した殺人の行為規範について、行政制裁の使用が観念できないとすれば、行政制裁と刑罰の選択という問題は生じない。

3　必要性

　刑罰と比べて行政制裁は、その付随するスティグマ効果が限定されるので、

---

376) 最終手段性原則は、衡量段階におけるこのような意味に限定される。詳しくは、後述4参照。

抽象的にいえば、より緩やかな手段である。しかし、必要性審査の段階では、具体的事案において行政制裁が刑罰と同じく実効的な手段であるといえるかも問題となる。それを検討するに際しては、行為規範と制裁規範の協働による行動制御プロセスの最終目的であるところの規範遵守状態の達成という目的（予防目的）との関係で、特定の法制度との関係でのみ違反された行為規範を回復することと、国法秩序全般との関係で違反された行為規範を回復することとが、それぞれどのような効果を有するのかが解明されなければならない。したがって、刑罰賦課による非難と行政制裁賦課による非難との間の予防的差異に関する経験的知見が存在しない限り[377]、必要性審査は充分には作動しない。[378]

このような経験的知見の欠如に対する対応としては2つの方法が考えられる。第一には、立法者に評価裁量を認め、立法者の制裁選択（あるいは、実効性に関する判断）を一旦尊重したうえで、狭義の比例性の段階で当該制裁を選択したことの相当性を問うという方法が考えられる[379]。第二には、刑罰の最終手段性原則を適用し、経験的知見が欠ける場合には、刑罰は避けられるべきであると考えるという方法である[380]。もっとも、後者については、立法者と裁判所との権限関係を考えれば、政策論的議論の域を出ないものであろう。

以上によれば結局、刑罰と行政制裁との選択という問題に関して、必要性審査の段階で行ない得ることはほとんどない。なお、ここで問題としているのは、実際に行為規範違反に対して制裁が賦課された場合の効果である。所轄官庁のリソース不足等による制度全体としての行政刑罰あるいは行政上の秩序罰等の機能不全等は問題とされていないのである。しかし、それらの問題が政策論として重要ではないということを意図しているわけでは決してない。[381]

---

377) 効果測定の不可能性については、嘉門・前掲注327) 241頁以下参照。
378) *Lagodny*, a. a. O. (Anm. 2), S. 432 f.
379) *Lagodny*, a. a. O. (Anm. 2), S. 432 f.
380) おそらく *Kasper*, a. a. O. (Anm. 80), S. 244 ff. の見解は、このように理解するものと思われる。嘉門・前掲注327) 243頁以下も参照。
381) このような問題点については、髙山・前掲注331) 4頁以下および筑紫圭一「環境法執行と行政制裁」法時85巻12号 (2013年) 7頁以下を参照。

4 狭義の比例性

　刑罰と行政制裁の選択においても衡量が重要となるが、問題は何と何を衡量するかである。衡量すべき要素が明確でなければ恣意的な衡量という批判を免れ得ない。そこでここでも、制約に関する要素と目的に関する要素に分けて、衡量要素を挙げていくことにする。

(1) 制約に関する要素

　刑罰と行政制裁とを制裁の意味・効果において比較すれば、刑罰はより強い制約である。すなわち、刑罰に伴うスティグマ効果は、違反行為を犯罪と烙印付けることによって、行為者に強い社会倫理的非難を加えることにより生じるものであるから、限定されたスティグマ効果しか伴わない行政制裁に比べて、刑罰は質的に強い非難を伴う制裁となる。このような意味・効果の違いを人格権の制約という側面からみれば、質的に強い非難は、強いスティグマ効果により、行為者の行為規範に対する誤った態度に対する非難を、より強い形で行為者の人格と結び付けるものであり、それだけ行為者は「格下げ」されることになるから、刑罰は行政制裁に比べて、より人格権を強く制約する制裁となる。前述した刑罰の最終手段性は、このような意味に限って理解されるべきである（本章第3節Ⅴ2(2)(c)で論じた、第一の可能性が採られることになる）。

(2) 目的に関する要素

　(a) **回復されるべき規範の重要性**　　行政制裁と比べて刑罰が人格権に対するより強い制約だとすれば、抽象的には、その分より重要な目的が必要とされることになる。行政制裁および刑罰はともに、非難による規範回復を目的としており、人格権に対する制約の強度は、非難の意味・効果の差異に関連付けられている。したがって、ここで目的の重要度は、回復されるべき規範の重要性によって測定されるべきである。問題はその重要性をどのような基準で測定するかである。

　この基準を決定するに際しても、刑罰と行政制裁の意味・効果の差異に着

---

382)　佐伯・前掲注50) 128-129頁。
383)　「格下げ」という用語法については、前掲注61) 参照。

目することが有益である。その観点において、制度一般として刑罰が行政制裁に比べて重い制裁であるにもかかわらず、ある特定の行為規範違反に対する制裁手段として、刑罰を選択することまでも正当化され得るとすれば、そのことは、それぞれで回復が予定されている規範の重要性の違いによってしか説明され得ない。つまり、刑罰が回復を予定している規範の方が、行政制裁が予定している規範よりも、一般的に、目的においての重要性が高いから、刑罰という重い制裁（より強い制約）を用いることが許容され得るということである。ここで回復が予定されている規範とは、刑罰においては「国法秩序一般に関連性を有する行為規範」であり、行政制裁においては「国法秩序のうちの特定の法制度に関連性を有する行為規範」である。したがって、「国法秩序一般に関連性を有する行為規範」の方が、「国法秩序のうちの特定の法制度に関連性を有する行為規範」よりも、目的においては重要なものであると考えられていることになる。もっとも、前述したように、「国法秩序一般に関連性を有する行為規範」と「国法秩序のうちの特定の法制度に関連性を有する行為規範」は、同一の行為規範に対する相互排他的な評価ではないことが留意されなければならない。それゆえ、後述するように、非難としての要素と関連する行為者の答責性の程度によっても、刑罰と行政制裁の選択は影響を受ける（刑罰の対象としてよいもののうち、答責性の低いものについては、行政制裁で足りると解することができる）。

　以上のように考えると、目的に関する要素としては、全体としての国法秩序一般に、どの程度関連性を有するかということが検討されなければならない。国法秩序一般との関連性が強ければ強いほど、重要な目的との関連性が強くなるから、それだけ一層刑罰の投入が正当化されやすくなるのである。そのような国法秩序一般との関連性の強さは、行為規範によって把握されている行為態様の危険性の性質によって測定されるべきであり、その判断は以下のようになると考えられる。[384]

　まず、刑罰と行政制裁の選択が問題となっている以上、行政制裁賦課による非難において問題となる「特定の法制度」が観念できることが前提となる。[385]

384）謝・前掲注3）108頁以下および164頁以下も参照。

第 4 節　制裁規範の正統性（2）刑罰投入の正統性　Ⅲ　刑罰か、行政制裁か　　161

　すなわち、「公共の福祉」として観念できる一定の目的（立法目的たる法益）を達成するために、行為の規制、監督等を含む一定の制度が設計され、当該制度を全体として管轄するものとして〈行政〉が観念できなければならない。この場合、当該制度全体として、立法目的たる法益を追求しているわけであるから、その一部を構成する特定の法規範に違反する行為は、それが制度全体の正常な維持に悪影響を与える限り（あるいは、そう考えることが合理的である限り）、制度維持という目的を経由した間接的な意味において、当該法益に対する危険性を有する行為として規制することが許容される。[386] しかし、そのような間接的な意味の危険性しか有さない行為を把握する行為規範は、「国法秩序のうちの特定の法制度に関連性を有する行為規範」としてしか観念されるべきではないだろう。

　次に、「特定の法制度」が観念できるとして、当該法制度によって規制されている行為が、制度維持という目的を経由した間接的な意味における危険性を超えて、立法目的たる法益に対してより直接的な危険性を有しているか否かが検討される。要するに、特定の法制度の一部を構成する行為規範に違反する行為が、当該法制度を想定せずとも、当該法制度が追求する立法目的たる法益に対する危険性を有しているかどうかが検討されるのである。[387] これが肯定される場合には、当該行為を把握する行為規範は、「国法秩序一般に関連性を有する行為規範」としての性質も併有することになる。[388] 例えば、そ

---

385)　この点で、福田平『行政刑法』（有斐閣・新版・1978年）37頁以下が、行政犯と刑事犯の区別に際して論じる、「基本的生活秩序（近代市民社会の基本的生活構造を規制する秩序）」と「派生的生活秩序（市民社会から一応遮断された外郭的生活秩序）」の区別が参考となろう。

386)　したがって、福田・前掲注385）39頁が、刑罰を科されるべき行政違反と行政上の秩序罰が科されるべき行政違反との区別において、後者について、「行政法規が、その目的実現のために維持形成しようとする生活秩序そのものに対する直接の攻撃ではなく、行政が、こうした秩序のもとで、その使命を支障なく実現するために要求する義務の違背である」とし、法益の侵害・脅威を前提としていないかのように論じることは疑問である。

387)　謝・前掲注3）108頁以下の議論は、抽象的危険犯としての行政犯の限定解釈について論じるものであるが、そこでは行政目的と法益に対する危険性が区別され、行政犯においては規範違反行為が法益に対する危険性を有していなければならないと論じていることから、それが肯定される場合には、本書が論じる立法目的たる法益に対する直接の危険性が肯定されると思われる。特に、謝・前掲注3）112頁参照。

388)　もっとも、本書のように、行政行為に付随する行為規範を抽象的危険犯の行為規範と理解するならば、これが否定されることは、ほとんどないはずである。

れ自体として生命・身体に対する危険を有するような営業形態に対する業法的規制が考えられよう。

最後に、「国法秩序一般に関連性を有する行為規範」としての性質の強さが検討されなければならない。それは、上記のような意味での直接的危険性がどの程度合理的に説明され得るかどうか、[389]また、制度設計段階で、問題となっている行為についてどのように考えられていたかによって測定される。前者の判断は、非難提起の正統性の際に論じた、危険性の程度の判断と同様である。[390]

後者の判断は、問題となっている行為の規制に際して立法者が、当該行為が行政規制に服していさえすれば許される行為であると考えていたか、当該行為の危険性に鑑みて行政規制を通じてなるべく行なわれないようにしようと考えていたかという判断である。例えば、営業規制に関していえば、許可さえ得れば行なってよい営業であると考えられているか、当該営業はなるべく行なわれない方がよいと考えられているかという判断である。[391]これらは立法者の意思に依存する事柄であるが、行為規範に把握される行為の性質に関する評価において、行政規制に服することに重点が置かれているか、国法秩序における行為の危険性に重点が置かれているかを判断するにあたって、重要な視点であると考えられる。すなわち、行政規制に服することに重点が置かれているのであれば、直接的な非難の中心は行政規制を潜脱したことに置かれるべきであり、違反行為を特定の法制度に対する違反として非難すれば充分であるから、刑罰を投入する必要性は低くなるということである。そして、このような立法者の判断は主観的に行なわれるのではなく、客観的に行なわれるべきである。その際には、行政規制の態様（許可制／届出制の別、規制により課される義務等）から、規制の強度が検討されなければならないであろう。

(b) **行為者の答責性の程度**　　刑罰と行政制裁の区別は、非難としての制

---

389) *Lagodny*, a. a. O. (Anm. 2), S. 441.
390) 本章第3節V 3(2)(a)参照。
391) 許可は概念上、本来国民の自由に属する行為に関する規制であるから、この区別はあくまでも事実上の問題である。

裁の強さに関わるものであるから、行為者の答責性の程度も衡量要素となる。すなわち、行為者の答責性が高ければ高いほど、それだけ強い非難である刑罰が正当化されやすくなるのである。行為者の答責性の程度の判断については、前述した非難提起の正統性の審査に際してと同様である。[392)]

5 小　括

　以上のような刑罰と行政制裁の選択基準をまとめると次のようになる。なお、以下の基準は、刑罰または行政制裁の選択の合憲性審査にのみ適用されるものであり、公務員法上の懲戒処分のようなそれ以外の制裁との間の選択の問題や、合憲性を超えた政策的問題について適用されるものではない。

　まず、刑罰と行政制裁とが制裁賦課による非難の意味・効果において区別されることを前提として、制裁賦課一般の目的である規範回復との関係で、それぞれの制裁が選択可能な行為規範の範囲が画定される（目的審査および適合性審査）。両制裁が選択可能な場合でなければ選択の問題は生じない。しかし、選択が問題となる場合には、両制裁の賦課による非難の意味・効果における差異に基づく制約の強さの違いを踏まえた衡量判断が行なわれなければならない（狭義の比例性）。その衡量判断を定式化すると次のようになる。

　特定の法制度との関連性を超えて、国法秩序一般との関連性が直接的かつ強いものと評価される行為規範であればあるほど（あるいは、当該関連性が説得的に証明されればされるほど[393)]）、刑罰の投入が正当化されやすくなる。また、行為者の答責性が大きければ大きいほど、刑罰の投入が正当化されやすくなる。

　両衡量公式は相関的なものであり、国法秩序一般との関連性が間接的または弱い行為規範に対する違反であっても、行為者の答責性が大きければ、刑罰の投入が正当化される場合があるという関係が成り立つ。

　もっとも以上の議論は、特定の行為規範に違反する行為に対する制裁として刑罰か行政制裁かのどちらかが選択される場合の法的基準に関する議論で

---

392)　本章第3節Ⅴ3(2)(c)および(d)参照。
393)　前述したように、特定の法制度に関連する行為規範は、国法秩序一般に関連する行為規範に評価上包摂されるから、両関連性は程度問題となる。

ある。したがって、法的にどちらの制裁も可能であるという場合には、制度全体としての機能性等も踏まえた政策論的議論が不可避である。その際には例えば、制裁を執行する機関がそれを実際に運用できるほどの人的資源を有しているか等の制度全体としての運用が問題とされなければならない。そして、それらの議論が尽くされてはじめて、刑罰の最終手段性が政策論として問題となるのである。

また、刑罰と行政制裁が併科される場合にも、それぞれが制裁の意味・効果レベルで質的に区別されることを意識して、二重処罰禁止の法理との関連が論じられなければならないであろう。

---

394) そのような問題点を指摘するものとして、髙山・前掲注331) 4頁以下、筑紫・前掲注381) 7頁以下、田中 (良)・前掲注372) 489頁以下等参照。
395) この点については、佐伯・前掲注50) 73頁以下、特に123頁以下および山本・前掲注355) 289頁以下参照。

第5節　制裁規範の正統性（3）法定刑の正統性
　　──懲役何年が妥当なのか

　行為規範の正統性が肯定され、その違反に対して刑罰をもって非難することの正統性が肯定されれば、最後は、当該刑罰賦課による非難に伴う実体的不利益の賦課が正当化されなければならない。それが正当化されてはじめて、刑罰規定に含まれる全ての要素の正統性が肯定されるのである。

I　罪刑均衡原則および責任相応の刑罰の要請
　　──やったことに見合った罰？

　行為規範違反に対して刑罰をもって非難することが正統であるとしても、そのようにして定められた犯罪に対して、著しく均衡を失する法定刑を定める罰則は、憲法31条に反し、違憲無効とされる[396]。すなわち、「刑罰規定が罪刑の均衡その他種々観点からして著しく不合理なものであつて、とうてい許容し難いものであるときは、違憲の判断を受けなければならない」[397]。また、主に量刑の段階においてではあるが、刑罰の責任相応性が論じられる[398]。すなわち、刑罰は行為者の責任に相応したもの、あるいは、少なくともそれを超えないものでなければならないとされるのである。

　もっとも、両者を法定刑の決定という段階で考えれば、その意義はほとんど一致すると考えられる。要するに、行為者の有責的な行為規範違反行為に科される刑罰の枠を定める法定刑は、その違反行為に対して一般的・抽象的に想定される行為者の〈責任〉の重さと、合理的に均衡していなければならないということである。そして、この定式化からも明らかなように、罪刑均

---

396)　山口・前掲注194）21-22頁。また、「罪刑均衡原則」に関する最近の議論については、岡上雅美「いわゆる『罪刑均衡原則』について―その法哲学的根拠と近時の国際的展開を背景とする一考察」川端博ほか編『理論刑法学の探究②』（成文堂・2009年）1頁以下参照。
397)　前掲注363）最大判昭和49年11月6日。
398)　城下裕二「消極的責任主義の帰趨―わが国における近時の量刑理論の批判的検討」川端ほか編・前掲注396）29頁以下。

衡原則は、比例原則の1つの特殊な現れにほかならない。[399]

しかしここでの問題は、〈罪〉と〈刑〉が合理的に均衡するとは、具体的に何と何が、どのように均衡していればよいのかということである。そこで、以下ではこれを明らかにする試みとして、三段階審査および比例原則の枠組に基づいた法定刑決定の基準を構築することを試みる。

II　制約される憲法上の権利、保護範囲および制約
——自由の剥奪

ここでは、制裁賦課による非難に付随する実体的不利益の賦課によって制約される、憲法上の権利が問題とされる。まず、自由剥奪を内容とする自由刑（懲役、禁錮、拘留）が問題となる場合には、当該刑を科すことによって「自由に対する権利」（憲法13条、31条）が制約される。[400]次に、財産刑（罰金および科料）に関しては、金銭支払義務を強制的に負担させることを目的とするものであり、個人が現に有する特定の財産上の権利を制約するものではない（罰金の財源はどのように捻出してもよい）から、憲法29条1項の財産権ではなく、憲法13条により保障される一般的行為自由ないし自由に対する権利が制約される。[401]最後に、生命刑たる死刑においては、自由剥奪の究極形態として、生命に対する権利（憲法13条、31条）が制約される。このように、刑罰という制裁の特徴は、他の制裁に比して、行為者の自由一般（その前提となる財産および生命を含む）を制約するものとして、非常に峻厳な取扱いであるということである。

なお、行政制裁にまで目を向ければ、その時々の制裁賦課によって課される実体的不利益の性質によって、制約される憲法上の権利が判断されることになる。例えば、制裁としての営業停止処分は、営業の自由（憲法22条）に

---

399) 小林・前掲注349)　8頁および13頁参照。
400) 佐藤（幸）・前掲注113)　178-179頁。なお、移動の自由とするものとして、高橋則夫「制裁規範としての自由刑の意味と制度」法時87巻7号（2015年）16頁、17頁、居住移転の自由に対する制約と解しているように思われるものとして、宍戸・前掲注112)　11-12頁参照。
　　ドイツにおける議論については、*Lagodny*, a. a. O. (Anm. 2), S. 130 ff.; *Appel*, a. a. O. (Anm. 7), S. 590 f. 参照。
401) *Lagodny*, a. a. O. (Anm. 2), S. 133 f.; *Appel*, a. a. O. (Anm. 7), S. 590 f.

対する制約となろう。

III 実体的不利益の賦課の目的——得した分は返してもらいます

制裁に伴う実体的不利益の賦課によって制約される憲法上の権利が確定されれば、その正当化の最初の段階として、そのような実体的不利益の賦課の目的が審査されなければならない。

実体的不利益を賦課する目的を考えるに際しては、それが〈非難〉という作用に付随した形で賦課される制裁の一要素である（実体的不利益の賦課単体では制裁とはいえない）から、制裁賦課の目的と関連した形で考察されなければならない。すなわち、非難提起による規範回復というプロセスにおいて、非難提起に付随する実体的不利益の賦課には、どのような意義が付与されているのかという問題が考察されなければならない。規範回復だけに着目するのであれば、非難の宣言だけで充分であるとも考えられるので、実体的不利益の賦課には、なお追加的な目的が必要となるのである。[402]

1 規範違反によって獲得された利益の象徴的清算としての実体的不利益の賦課

制裁賦課による非難提起は、行為規範に違反したという行為者の国家の規範に対する誤った態度、すなわち法忠実の欠如に向けられる。そのような態度を主題化し、それを非難することによって、国家の側において、違反された行為規範を貫徹することが表明され、規範が回復されるのである。

しかし、行為規範違反の有する意味は行為者の法忠実の欠如の表明には限定されない。行為規範違反は、行為者が「公共の利益」を不当に享受するという不公正な利益獲得としても現れる。[403] このことは次のように説明される。

---

402) このような問題意識を論じるものとして、松生建「刑罰と峻厳な取扱い」『曽根威彦先生・田口守一先生古稀祝賀論文集［下巻］』（成文堂・2014年）19頁以下参照。
403) したがって、「利益獲得」といっても何らかの実体的利益の獲得等が問題となっているわけではない。例えば、他人を殺害しても行為者が利益を得るとは限らない。ここでは、生命の保護を享受するという利益を、行為者が「不公正に」（社会全体で、生命の保護を達成するために要求される行為規範を遵守せずに）得ていることが問題である。

国家は市民に行為規範によって一定の振舞い（自由放棄）を要求することにより、当該行為規範が遵守されることによる「公共の利益」を市民にもたらす。それにもかかわらず、行為規範に違反する者は、当該「公共の利益」を享受する一方で、自らは「公共の利益」の達成のために行為規範の遵守という寄与を行なわない。そのような意味で行為規範違反者は、いわば行為規範を遵守する市民の法忠実を搾取することによって不公正に利益を得ているのである。そして、このような規範違反によって不公正に獲得された利益を象徴的に清算するために、行為規範違反に対する非難は、さらなる実体的不利益の賦課と結び付けられ得るのであり、実体的不利益を伴う非難によって行為規範の有する全ての効果が除去されることとなり、それとともに規範回復のプロセスは完結する。[404)]

　したがって、どのような実体的不利益を賦課すべきかという問題も、不公正に獲得された利益の清算という観点から考察されるべきである。前述した通り、[405)]刑罰は行為規範違反者を、全体としての国法秩序、国法秩序一般に違反した者として非難する意味の制裁であるから、そこにおける行為規範違反は、国法秩序一般に服する者の自由放棄を利用した不公正な利益獲得であり、それゆえ当該不公正利益の象徴的清算としては、一般の法秩序における行為者の活動を制限する意味合いがある自由刑や財産刑が科されることになる。それに対して行政制裁においては、特定の法制度との関係のみが問題となるから、特定の法制度との関係での不公正な利益獲得が清算される限り、様々な実体的不利益の賦課が想定されてよい。

　もっとも、以上のような刑罰理解に対しては批判もある。すなわち、規範違反によって不公正に獲得された利益の象徴的清算としての刑罰という理解

---

404) 以上について、*Appel*, a. a. O. (Anm. 7), S. 471 f.; Herbert Morris, *Persons and Punishment*, The Monist 52 475, 476-480 (1968) ; *See also* R. A. DUFF, PUNISHMENT, COMMUNICATION, AND COMMUNITY 21-23 (2001). なお、Duff の刑罰論全般については、宿谷晃弘「英米における自由主義的刑罰論への批判の本意と『批判後』の刑罰論に関する一考察―ダフ (Duff) の政治理論・刑罰論の検討」比較法学39巻1号 (2005年) 67頁および松生・前掲注402) 23頁以下参照。また、実体的不利益の賦課の目的に関する応報刑論からの説明については、*Kubiciel*, a. a. O. (Anm. 10), S. 164 f.
405) 本章第4節。

は、刑罰の完全な正当化を提供しておらず、行為を規制する制度としての刑法それ自体の正当化、および刑法がどのような内容を有するべきかという前考慮に依存する正当化しか提供していないと批判されるのである[406]。これは、不公正に獲得された利益の象徴的清算という目的は、刑法によってある一定の行為を規制してよいということが当然の前提とされており、刑罰制度を完全には正当化し得ないという趣旨であろう。しかし、私見の枠組において、法定刑の正統性が検討されるこの段階では、刑罰規範が有する行為規制の側面および非難提起の側面の正統性は前提とされてよい。象徴的清算という目的は、刑罰全体を正当化する目的ではなく、刑罰の有する実体的不利益の賦課という側面のみを正当化する目的なのである。したがって、このように理解すれば、上記のような批判は、私見の枠組には妥当しないと思われる。

2 責任相応の刑罰の要請の意義——量刑責任における責任主義

量刑においては責任相応の刑罰が要請されるといわれる。〈責任〉の量によって刑罰の上限ないし〈幅〉が決まり、〈予防〉はその範囲で考慮されるとされるのである[407]。これは、法定刑の範囲内における刑の量の決定に関わるものであるから、刑罰を科すことによる非難に関する要請ではなく、それと結合した実体的不利益の賦課に関する要請である[408]。

このような責任相応の刑罰の要請は、実体的不利益の賦課の目的からも説明される。上記のように実体的不利益の賦課の目的は、違反された行為規範の回復およびそれと結び付けられた、行為規範違反によって獲得された不公正利益の象徴的清算のみであって、予防目的は追求されていない。限定された目的に比例する法定刑の範囲内でのみ、威嚇効果等の予防目的を追求することが許容される[409]。量刑の段階における責任相応の刑罰の要請とは、そのように決定された法定刑の範囲内で量刑が決定されることの現れでしかない。すなわち、法定刑が抽象的・一般的に、ある行為規範違反に想定される〈責

---

406) Duff, *supra* note 404, at 23.
407) 城下・前掲注398) 32頁以下参照。
408) *Appel*, a. a. O. (Anm. 7), S. 524.
409) *Appel*, a. a. O. (Anm. 7), S. 591 f.

任〉の幅に応じて決定されている以上、具体的な行為者との関係でも〈責任〉の範囲内での刑罰しか裁判官は授権されていないと解するべきであり、その授権の範囲内で具体的な〈予防〉が追求されなければならないのである。[410]
したがって、ここで論じられる〈責任〉も、規範回復およびそれと結び付いた象徴的清算という目的との関連で論じられるべき概念である。

翻って考えてみると、量刑責任における責任主義は、法定刑の決定の際に考慮してよい許された目的を限定し、優位的に1つの目的に拘束するという機能を有しており、その意味で一般的な比例原則を限定する機能を有する。すなわち、制裁に伴って賦課される実体的不利益は憲法上、任意の予防的諸作用に方向付けられるべきではなく、規範回復プロセスにのみ方向付けられるべきなのである。[411]

IV　法定刑の比例性──懲役何年ならよいのか

制裁に伴う実体的不利益の賦課によって制約される憲法上の権利、および法定刑の決定に際して考慮することの許される目的が確定されたうえで、どの程度の法定刑であれば、当該目的との関係で比例的な制約となるのかが確定されなければならない。

以下ではまず、これまで本書で一貫して使用してきた比例原則によって法定刑の正統性を審査することを試み、次に、そこで明らかとなる一般的な比例性審査の問題点を踏まえて、法定刑の一貫性という観点からの審査を試みる。

1　一般的な比例性審査

法定刑の正統性を審査するにあたっても、一般的な比例性審査の枠組を使用して、適合性、必要性および狭義の比例性を審査することがまずは考えら

---

410) 責任に相応な刑罰は一定の幅を出発点とし、一般予防および特別予防はその幅の枠内で考慮されるとする、いわゆる「幅の理論」については、*Franz Streng*, Strafrechtliche Sanktionen: Die Strafzumessung und ihre Grundlagen, 3. Aufl., 2012, S. 253 ff.
411) *Appel*, a. a. O. (Anm. 7), S. 524 f.

れよう。しかし、結論においてそれはあまり実効的ではないように思われる。

　まず、適合性および必要性に関して、一定の法定刑が規範回復および象徴的清算という目的との関係で、どのような効果を持つのかという実証的研究はほとんど存在しない[412]。いずれにせよ、刑罰が科されたとしてもなお、行為者が不公正に獲得された利益を享受していると感じられるような刑の重さ（適合性のない法定刑）といったものは確定できない。そもそも、制度構想としてそのような目的に役立つという想定のもとで制裁に伴う実体的不利益の賦課が予定されているわけであるから、それに役立たないということが証明されない限りは、実体的不利益を賦課するという立法者の判断を尊重するしかないであろう。また、必要性審査の段階で考えられ得るより緩やかな手段も存在しない。一応、刑罰内部では、生命刑、自由刑、財産刑という抽象的な序列は考えられるが、軽い自由刑と重い財産刑のどちらが重大な制約となるのか、その実効性をどのように判断するのかということは明らかではない。

　次に、狭義の比例性の段階における衡量からも、軽微な財産犯に対する死刑のような不均衡であることが一見して明らかな場合を除いて、明確な結論は導き出せないであろう。ここでも衡量要素としては、制約に関する要素と目的に関する要素が挙げられる。制約に関する要素としては、刑の重さが挙げられ、それが重くなればなるほど、憲法上の権利に対する制約が大きくなると考えられる。もっとも、この重さの判断自体が困難であることは前述した通りである。

　目的に関する要素としては、違反された行為規範の回復と行為規範違反によって不公正に獲得された利益の象徴的清算という目的とに結び付けられた〈責任〉の重さが挙げられる。そのような〈責任〉を構成する要素としては、回復されるべき行為規範の法秩序内部での意義（立法目的たる法益の重要性・回復の必要性）、およびそれに対する違反の態様（行為者の答責性の程度・故

---

412) 刑法の一般予防効果に関する全般的な研究は存在する。*Franz Streng*, Forschungen zu Grundlagen und Determinanten der Strafzumessung, in: Wolfgang Frisch（Hrsg.）, Grundfragen des Strafzumessungsrechts aus deutscher und japanischer Sicht, 2011, S. 43 ff. 参照。さらに、森炎『刑罰はどのように決まるか―市民感覚との乖離、不公平の原因』（筑摩書房・2016年）も参照。

意/過失の別・違反に至った状況）等が考えられよう。それらの要素は、獲得された不公正利益の量およびそのような利益の獲得態様（行為規範違反に対する答責性）に対応する。

　まず、回復されるべき行為規範の法秩序内部での意義についていえば、重要な行為規範とは、保護対象たる法益が重要であり、回復の必要性が高いと考えられる行為規範であるから、その遵守によってもたらされる公共の利益は大きいものと考えられているということを意味する。それゆえ、重要な行為規範の違反によって獲得される不公正利益は大きいものとなり、大きな不公正利益の象徴的清算のためには重い法定刑が許容される。また、他者の法忠実を搾取することによって不当に獲得される利益を超えて、犯罪行為による利益獲得が典型的に観念できる場合には、そのような利益の象徴的清算のために法定刑を重くすることも許される。例えば、不当領得の意思の有無によって区別される領得罪と毀棄罪において、前者についてより重い法定刑が予定されている理由も、このようなことから説明され得る。すなわち、領得罪においては、自己の財産が保護されているという状態を不当に享受していることを超えて、他者の財産を利用することによって占有から得られる利益も享受しており、まさにその利益の清算のために刑が加重されている（その意味で、〈責任〉が加重されている）のである。

　次に、不公正利益の象徴的清算においては、法定刑の重さの象徴的作用を、大きな清算はそれだけ一層非難を伝達するという形で考慮することも許される。というのも、ここでの実体的不利益の賦課は、規範回復を目的とする非難と結び付いた形でのみなされるものであり、実体的不利益が大きくなればなるほど、非難も厳しいものと受け取られるからである。そうであれば、不公正利益の取得態様として重い非難に値すると考えられる行為態様に対しては、重い法定刑が許容されることとなり、行為者の答責性の程度および故

---

413) *Appel*, a. a. O. (Anm. 7), S. 524 ff.
414) そのことを不法領得の意思という形で問題としているので、不公正利益の獲得を伴う行為規範違反に付随する事情として、答責性の程度の問題として考慮することも考えられる。
415) このような形で、「害悪賦課による否認」も考慮される。本章第3節II参照。
416) したがって、累犯加重をここに位置付けることも考えられる。不公正利益を複数回取得することは、それだけ非難に値すると考えられるからである。また、重い非難を必要とする理由と

意・過失の別が、法定刑の重さの判断においても考慮される[417]。

したがって以上のような両要素を、抽象的に定式化すれば、違反された行為規範が重要であればあるほど、また当該違反の態様が非難に値するものであればあるほど、それだけ重い法定刑が正当化されやすくなるという形で衡量されることになる[418]。しかし、抽象的に衡量が定式化されるとしても、法定刑の決定はこれまでの問題のように全か無か（行為を規制するか否か、行為規範違反を非難するか否か）の結論に関わる問題ではないので、より一層一義的な結論は導出され得ない。2年の自由刑と3年の自由刑のどちらが、規範回復および規範違反によって獲得された利益の象徴的清算を達成するために比例的かどうかは、問題となっている刑罰規定単体を審査しても結論は出ないであろう。

2　法定刑の一貫性という視点——内的な比例性

どの程度の実体的不利益が、一定の行為規範違反に対して予定されていれば正統かという問題の解答が、刑罰法規単体を審査しても必ずしも明らかにならないとすれば、他の刑罰法規との比較という視点が必要となる[419]。個々の刑罰は異なる行為規範と関連付けられているとしても、刑罰は1個の制度構想であるので、その内部においては一貫性がなければならない[420]。また、刑罰制度内部での法定刑の一貫性という視点は、日本の最高裁の判例の中にも現れているものであり、その際には、「刑法、軽犯罪法等の関係法令と比較し

しては、前の刑の言渡しによって行為者の人格的評価が低下しており、その効果が持続している限りにおいて、行為者の格下げによる規範回復の効果は、より重い非難、すなわちより重い実体的不利益の賦課によってしか達成できないとも考えられ得るであろう。なお、累犯加重の根拠等については、西岡正樹「累犯加重に関する一考察」山形大学法政論叢56巻（2013年）1頁以下参照。

417) 本章第3節Ⅴ3(2)も参照。
418) 前掲注363)最大判昭和49年11月6日（猿払事件判決）が罪刑の均衡を判断するにあたって述べた、「保護法益の性質、行為の態様・結果、刑罰を必要とする理由、刑罰を法定することによりもたらされる積極的・消極的な効果・影響など」という要素は、本文のような枠組で理解されよう。
419) 「現行刑法典の中で法定刑の調和はとれているのか」について検討を加える論稿として、大越義久「法定刑について」神奈川法学47巻2号（2014年）1頁参照。
420) *Appel*, a. a. O. (Anm. 7), S. 528, 593 f.

ても特に過酷ではない」かどうか等が審査されている[421]。

(1) 比較対象の選択

このような内的な一貫性を判断するにあたっては、どの刑罰法規とどの刑罰法規とを比較するのかが、まずもって問題となる。例えば、判例で問題となったような、尊属殺人罪と通常の殺人罪のように、行為客体という1つの要素のみが異なるような刑罰法規があれば、それらを比較し、法定刑を異にする正統性を問えばよい[422]。しかし、このように簡単に比較対象が判明しない場合も考えられる。そのような場合において比較対象を選択するに際しても、規範回復と象徴的清算という刑罰の目的に着目すべきである。すなわち、回復されるべき行為規範の法秩序内部での意義およびそれに対する違反の態様において、何らかの共通点を見出すことができるような刑罰法規を選択し、その刑罰法規と審査されるべき刑罰法規を比較して、法定刑を異にする場合には、両法規の相違点から、その区別の理由を探求し、審査するということである。例えば、強姦罪と強盗罪は、暴行・脅迫を手段とし、相手方の反抗を排して被害者の法益を侵害するという点で共通している。異なるのは、侵害される法益および暴行・脅迫の程度である。そして、そのような差異が法定刑の差異を正当化するか否かが引き続いて審査されることとなる[423]。

(2) 区別の正統性の審査

比較対象が確定されれば、次に、そこにおける法定刑の差異の正統性が審査されなければならない。その際、法定刑における区別自体が正当化されるためには、なぜ区別しなければならないのかという当該区別の目的の正統性と、その目的との関係での区別の基礎となる事情との関連性が検証されなければならないとされる[424]。

---

421) 前掲注73) 最判平成15年12月11日参照。
422) 前掲注126) 最大判昭和48年4月4日参照。
423) 法定刑の引き上げを含む性犯罪規定の改正に関する最近の議論については、井田良「性犯罪処罰規定の改正についての覚書」慶應法学31号（2015年）43頁、同「性犯罪の保護法益をめぐって」研修806号（2015年）3頁、島岡まな「性犯罪の重罰化―真の問題はどこにあるのか？」法セミ722号（2015年）39頁および佐藤陽子「特集 新時代の刑法 Ⅳ性犯罪」法教418号（2015年）22頁を参照。
424) 井上典之「法の下の平等」小山＝駒村編・前掲注210) 137頁、145頁以下参照。

区別の目的の正統性に関して、ここでも、考慮することが正統とされる目的は、量刑における責任主義から限定される。すなわち、〈予防〉の必要性を直接区別の理由とすることはできず、規範回復および不公正に獲得された利益の象徴的清算という目的と結び付けられた〈責任〉に関連する事情しか、区別の目的として考慮されてはならない。〈予防〉という観点は、〈責任〉と関連する限りで考慮されるにすぎない。例えば、強姦罪と強盗罪との比較においては、次のような区別の事情が考慮されてよいことになる。一方で個人的法益の序列を生命、身体、自由、財産の順に解する限り、強姦罪が侵害する法益の方が重要であり、その意味で強姦罪の方が重要な行為規範に対する違反であるが、他方で強盗罪の方が暴行・脅迫の程度の下限が高く設定されていることから、法益侵害の態様としては強盗罪の方が一般的に下限としては非難性の高いものが要求されていることになる。

　区別目的との関係で区別が正統であるか否かは、区別の基礎として考慮された事情を法定刑の軽重として反映してよいかという問題である。すなわち、上記で区別の基礎として考慮された事情を総合的に考慮して、それらの事情を、法定刑を重くする（あるいは軽くする）方向で作用させることが合理的か否かということが問われるのである。強姦罪と強盗罪の比較においては、手段の下限が低く設定されていることを顧慮して、より重要な法益に対する侵襲であろう強姦罪の方が、下限において強盗罪より低い法定刑が規定されていることの合理性が問われることになる。

　法定刑における区別自体の正統性が確認された場合には、さらに、当該区

---

425) 井田・前掲注423)「保護法益」8頁は、「性犯罪の保護法益（保護の実体）は（中略）、身体的内密領域を侵害しようとする性的行為からの防御権という意味での性的自己決定権」であり、当該領域に踏み込まれることは被害者において持続的な深い精神的ダメージを与えることがあるとして、「性犯罪は、強盗罪と比較して、より軽い犯罪ではあり得ない」とする。

426) このように手段の点も区別に影響するならば、強姦罪よりもさらに低度の暴行・脅迫が要件とされている恐喝罪との関係も検討しなければならないであろう。そうだとすると、恐喝罪の法定刑の下限より、はるかに重い法定刑の下限が規定されている強姦罪について、強盗罪より下限が軽いということをもって批判を行なうということは合理的ではないかもしれない。もっとも、それは強姦罪に要求される暴行・脅迫の程度が、強盗罪のものと比べてどれほど軽いものでよいのか、その程度の差が保護法益の重要性（侵害の重大性）との関係で法定刑にどれほど影響を有するのかにも左右されよう。強姦罪における暴行・脅迫要件については、井田・前掲注423)「覚書」51頁以下、佐藤（陽）・前掲注423) 23-24頁も参照。

別に基づく別異取扱いの程度の正統性が検証されなければならない。ここでは、区別の諸事情を法定刑段階において重く（あるいは軽く）評価することが正当化されるとして、その程度が当該諸事情の違いに応じた比例的なものであるかどうかが審査されるのである。

V 小括および残された問題——ものさしは正しかったのか

　以上の法定刑の正統性審査は、基数的均衡性（cardinal proportionality：犯罪の重さそれ自体と刑罰とがそれ自体として均衡が取れていること）および序数的均衡性（ordinal proportionality：ある行為への反作用が、他の行為のそれと比較して、相対的に正しい関係にあること）の区別に従えば、刑罰制度全体の一貫性という観点から後者を重視した審査である。しかし、内的な比例性の最終段階において別異取扱いの程度を問題とするに際して、それが重すぎる（あるいは軽すぎる）と判断するためには、最終的には一定の区別事情に対応した基数的均衡性を顧慮しなければならないであろう。すなわち、ある事情の評価として、どの程度法定刑を変更することが合理的かという基準がなければならないのである。

　また、序数的均衡性を審査する場合には方法論上、比較対象として選択された刑罰法規の法定刑について、その正統性を前提としなければならない。したがって、刑罰制度全体としての法定刑の意義・程度を問題にすることはできず、不充分な審査とならざるを得ない。

　もっとも、ある刑罰法規を審査するにあたっての審査枠組の提示という観点からは、基数的均衡性および序数的均衡性の2つの均衡性が問題となることの指摘で充分である。なぜなら、1つの区別事情あるいは1つの刑罰法規のみを単体で検討して、罪刑の均衡に失するという結論に至ることは、ほぼ

---

427) 井上・前掲注424) 146頁。
428) 両者の区別については、岡上・前掲注396) 17頁以下参照。
429) 岡上・前掲注396) 18頁以下および24頁以下参照。もっとも、後述するように、当該区別事情の評価自体にも一貫性は要請されるので、同じ区別事情を考慮して法定刑の軽重が付けられている他の刑罰法規が存在する場合には、それほど問題にはならない。

不可能だからである。ある区別事情の評価による法定刑の変更が比例性を失するという結論を得るためには、別の類似の区別事情がどの程度の法定刑の変更として評価されているかということとの比較が不可避である。そしてそのことは、ある刑罰法規の法定刑の正統性を審査するにあたって、他の刑罰法規との比較が不可避であることと同様である。そうすると、基数的均衡性が問題となるのは、刑罰制度全体における法定刑の適否を論じる場合だけとなる（例えば、刑罰法規全体の法定刑を全て2倍にするといった改正が行なわれた場合には、私見の枠組では対応できない）。したがって、現状の刑罰制度内での刑罰法規の正統性を審査することを目的とする本書では、これ以上基数的均衡性の問題については論述せず、今後の課題としたい。

第3章

児童ポルノの所持を本当に処罰しますか
――立法批判枠組の具体的適用

　以下では、これまで本書において議論された刑罰法規の審査枠組が、具体的にどのように適用されることになるのかを明らかにしていく。その前に、本書で示した立法批判手法に関する私見の枠組をまとめておくと、次のようになる。

　ある刑罰法規を制定するにあたって立法者が決定すべき事項は、保護目的（対象）の決定および行為規制の範囲の決定、制裁投入の決定および刑罰投入の決定ならびに法定刑の決定の3段階に分けられる。それらの段階における立法者の判断については、別個にその妥当性（合憲性）が問題となり、それぞれ行為規範の正統性および制裁規範の正統性（非難提起の正統性・刑罰投入の正統性・法定刑の正統性）として審査されなければならない（第1章）。

　行為規範の正統性審査においては、審査の対象となる刑罰法規の立法目的たる法益（目的審査において合憲性が確認された目的）との関係で、ある一定の外界変動状態と結び付いた行為を事後的に規制することの比例性（適合性・必要性・狭義の比例性）が審査される（第2章第2節）。

　行為規範の正統性が確認されれば、制裁規範の正統性の第一の問題として、行為規範違反に対して（刑罰を含む）制裁を科すことの正統性（非難提起の正統性）が審査される。非難提起の正統性審査においては、違反された行為規範の回復・妥当という目的と、制裁賦課による行為者に対する非難と結び付いた人格権の制約との比例性が審査される（第2章第3節）。

　制裁の方法として刑罰を選択することの正統性は、制裁賦課による非難提起の正統性が確認された後に、制裁規範の正統性の第二の問題として審査される。ここでは刑罰と行政制裁の間の選択が問題となり、両制裁は非難の意

味・効果において区別される。刑罰は、国法秩序一般に関連性を有すると評価される行為規範を回復するものであり、行政制裁は、国法秩序のうちの特定の法制度に関連性を有すると評価される行為規範を回復するものなのである。その区別を前提として、両評価がともに可能な行為規範については、刑罰と行政制裁の選択の相当性が比例原則の枠組に従って審査される（第2章第4節）。

そして最後に、制裁規範の正統性の第三の問題として、刑罰を選択することが正統である場合に、どの程度の法定刑が正統であるかが審査される。ここでは法定刑の一貫性という視点が重要であり、他の刑罰法規との比較による審査が行なわれる（第2章第5節）。

以上のような審査枠組の具体的適用を示すために、本書では、「児童買春・児童ポルノに係る行為等の規制及び処罰並びに児童の保護等に関する法律」（以下、児童ポルノ禁止法という）の2014年改正[1]を契機として現在盛んに議論されている、児童ポルノを自己の性的好奇心を満たす目的で所持すること（以下、私的所持という[2]）の犯罪化を素材として取り上げる。これを例として取り上げるのは、私的所持の犯罪化が、行為規範の正統性および制裁規範の正統性のそれぞれの審査段階で問題となる事項を多く含むからである。それらは、従来から児童ポルノ禁止法に関して議論されてきた問題点であり、刑事立法批判一般に際して争われる問題点とその多くが共通する。したがって、そのような論争点が、私見の立法批判手法のどの段階で、いかなる態様

---

1) 改正の概要については、江口寛章＝谷山敬一「児童買春、児童ポルノに係る行為等の処罰及び児童の保護等に関する法律の一部改正」警察学論集67巻10号（2014年）97頁、齋藤了爾「児童ポルノの『所持』も罰則の対象に」時の法令1963号（2014年）14頁、坪井麻友美「児童買春、児童ポルノに係る行為等の処罰及び児童の保護等に関する法律の一部を改正する法律について」捜査研究763号（2014年）2頁、皆川治之「児童買春、児童ポルノに係る行為等の処罰及び児童の保護等に関する法律の一部を改正する法律」法令解説資料総覧393号（2014年）29頁、藤本哲也「犯罪学の散歩道（268）児童買春・児童ポルノ禁止法の一部改正について」戸籍時報724号（2015年）70頁および齋藤了爾「弁護士のための新法令紹介（第393回）児童買春、児童ポルノに係る行為等の処罰及び児童の保護等に関する法律の一部を改正する法律（平成26年法律第79号）」自由と正義66巻5号（2015年）76頁参照。

2) 「単純所持」と呼称されることが多いが、この呼称の問題性については、髙山佳奈子「所持規制の刑法上の論点」園田寿＝曽我部真裕編『改正児童ポルノ禁止法を考える』（日本評論社・2014年）63頁、70頁。

で争われるものであるのかを示せれば、私見の審査枠組の具体的適用を、刑事立法一般に応用可能な形で示すことができると考えられるのである。

第1節　児童ポルノ禁止法における児童ポルノ規制の概要

　議論の前提として、まず、児童ポルノ禁止法による児童ポルノに係る行為規制の概要を示す。というのも、私的所持罪に関する検討をするにあたっては、同法において当該行為が、どのような位置付けで規制されているかを検討することが重要であると考えられるからである。

Ⅰ　「児童ポルノ」とは何か——法律上の定義

　児童ポルノ禁止法における「児童ポルノ」とは、写真、電磁的記録に係る記録媒体その他の物であって、18歳に満たない者（＝「児童」（同法2条1項））の姿態のうち、①児童を相手方とするまたは児童による性交または性交類似行為に係る児童の姿態、②他人が児童の性器等を触る行為または児童が他人の性器等を触る行為に係る児童の姿態であって性欲を興奮させまたは刺激するもの、③衣服の全部または一部を着けない児童の姿態であって、殊更に児童の性的な部位（性器等もしくはその周辺部、臀部または胸部をいう）が露出されまたは強調されているものであり、かつ、性欲を興奮させまたは刺激するものを視覚により認識することができる方法で描写したものである（同条3項1～3号）。また、児童ポルノの提供・保管に関しては、上記のような同項各号のいずれかに掲げる児童の姿態を視覚により認識することがで

3）「児童ポルノ」の定義に関する問題点については、園田寿「児童ポルノ禁止法の成立と改正」園田＝曽我部編・前掲注2）1頁、9-12頁、奥村徹「判例から見た児童ポルノ禁止法」同書15頁、18-22頁、松井茂記＝鈴木秀美＝山口いつ子編『インターネット法』（有斐閣・2015年）105頁以下〔曽我部真裕〕、曽我部真裕＝林秀弥＝栗田昌裕『情報法概説』（弘文堂・2016年）233頁以下〔曽我部真裕〕等参照。

きる方法により描写した情報を記録した電磁的記録も、規制の対象に含まれる。

このような定義からすれば、児童ポルノ禁止法が想定する児童ポルノとは、児童を性的な対象として描写し、その内容が性欲の興奮または刺激に向けられていると評価されるような画像一般であるということができよう[4]。

II 児童ポルノは持っているだけで処罰される

児童ポルノ禁止法においては児童ポルノに係る行為として、以下のような行為が規制されている。

まず、罰則を伴わない一般的な禁止規定として、「児童ポルノの所持その他児童に対する性的搾取及び性的虐待に係る行為の禁止」が規定されている（同法3条の2）。この規定からは、児童ポルノに係る行為については「児童に対する性的搾取又は性的虐待に係る行為」（同条（3条の2）、同法1条も参照）の一部として規制されていることがうかがわれる。

次に、児童ポルノに係る罰則付きの行為規制があり、児童ポルノの所持、提供等が処罰されている。すなわち、「自己の意思に基づいて」その状態に至ったところの「自己の性的好奇心を満たす目的」での児童ポルノの「所持」・電磁的記録の「保管」（同法7条1項）、児童ポルノの「提供」（同条2項）、児童ポルノの提供目的での「製造」「所持（保管）」「運搬」「輸入」「輸出」（同条3項）、児童ポルノに該当する姿態（同法2条3項各号）を児童にとらせて行なう「製造」（同法7条4項）、児童ポルノに該当する児童の姿態を「ひそかに」描写することによる「製造」（同条5項）、児童ポルノの不特定多数の者への「提供」、「公然陳列」（同条6項）、不特定多数の者への提供、

---

[4] 佐藤幸「児童ポルノに関する国際的規律と子どもの権利―国際人権法の観点から見た日本の児童ポルノ対策」北大法政ジャーナル21=22号（2015年）75頁、78頁は、児童ポルノは子どもの性的搾取・虐待の一形態であるという視点から、児童ポルノを、「実際に存在する子どもが性的な行為を行う視覚的描写、または性的な目的のための子どもの身体の性的な部位の視覚的描写」と定義する（なお、「実際に存在する子ども」の視覚的描写には、「あたかも実在するかのような子どもの視覚的描写」も含まれるとしている）。児童ポルノが、児童に対する性的搾取および性的虐待の一形態であることについて詳しくは、本章第2節III参照。

公然陳列目的での「製造」「所持（保管）」「運搬」「輸入」「輸出」（同条7項）、不特定多数への提供、公然陳列目的での外国への「輸入」および外国からの「輸出」（同条8項。ただし、日本国民のみ）が処罰されている。

　このような規制を全体として考察すると、立法者は、児童ポルノの存在それ自体に対して不承認決定を行なっているものと考えられ、その意味でまさに児童ポルノの根絶（存在それ自体の消滅）を意図しているものと考えられる[5]。したがって、児童ポルノ禁止法は、児童ポルノの存在それ自体に関係している行為を包括的に規制することを目的としていると理解することができる。

---

5) 大林啓吾「所持規制をめぐる憲法問題―児童ポルノの単純所持規制を素材として」千葉大学法学論集28巻3号（2014年）202頁、151頁。また、同「単純所持規制の憲法上の論点」園田＝曽我部編・前掲注2）43頁、51頁は、児童ポルノ規制（とりわけ、単純所持規制）には、「その存在自体が絶対悪だという道徳的価値観が内在している」と述べる。

第2節　児童ポルノ所持の規制内容
―――私的所持罪の行為規範の正統性

　児童ポルノの存在それ自体を悪であるとする評価に賛同するとしても、そのような評価に基づいてある一定の行為を規制しようとする場合、それを規制する行為規範が正当化されなければならない。それでは、児童ポルノの私的所持に係る行為規範の正統性については、どのように議論されるべきであろうか。

I　処罰される「所持」とは何か―――行為規範による制約の範囲

　行為規範の正統性を議論する前提として、児童ポルノ私的所持罪（児童ポルノ禁止法7条1項）の行為規範が、いかなる行為（あるいは、状態）を、どの範囲で規制するものであるかが明らかにされなければならない。児童ポルノ禁止法7条1項は、「自己の性的好奇心を満たす目的で、児童ポルノを所持した者（自己の意思に基づいて所持するに至った者であり、かつ、当該者であることが明らかに認められる者に限る。）」および同様の目的で、これに係る「電磁的記録を保管した者」に対して刑罰を科している。[6]
　ここで規定される「所持」および「保管」とはそれぞれ、有体物である児童ポルノを、自己の事実上の支配下に置くこと、および電磁的記録を自己の実力支配内に置くことをいう。これらは、児童ポルノおよびそれに係る電磁的記録が自己の支配領域内にあるという客観的状態を表しているが、私的所持罪の行為規範は、このような状態に「自己の意思に基づいて」至ったことを要求している。この自己の意思により所持・保管に至ったことは、所持・保管開始の時点において必要とされるが、[7] もっとも、客観的に児童ポルノ等

6）　電磁的記録の「保管」についても括弧書きは同様。
7）　江口＝谷山・前掲注1）106頁。

が支配領域内に入った当初の時点では当該所持・保管が自己の意思に基づいていなかった場合でも、当該児童ポルノ等の存在を認識したうえで、性的好奇心を満たす目的での積極的な利用意思に基づき、新たな所持・保管が開始されたと認められる事情があれば、〈自己の意思に基づいて所持・保管するに至った〉と評価される[8]。そして、〈自己の意思に基づいて所持・保管するに至った〉という要件は、「所持罪という継続犯を前提にした上で、処罰範囲に限定をかけたものである」という理解を前提とすれば[9]、立法者が社会に存在してはならないと評価し、私的所持の行為規範によって規制しているのは、〈児童ポルノを所持しているという状態〉（としての行為）となる。

しかし、このような〈児童ポルノを所持しているという状態〉は、「自己の性的好奇心を満たす目的」を伴っていなければならない。この目的要件は、目的要件としての構成要件を意味するものとされ[10]、それによって私的所持処罰を合理的に限定する機能を期待されている[11]。したがって、この要件は、そのような目的がないケースを排除するための、一種の消極的機能を果たすことになるのではないかと考えられているのである[12]。

以上を要約すると、児童ポルノ禁止法の私的所持罪の行為規範は、〈自己の性的好奇心を満たす目的を伴う児童ポルノの所持という状態〉に法的な不承認決定を行なうものと理解されるということである。

---

8) 江口＝谷山・前掲注1）108頁。
9) このような理解の問題性については、落合洋司「児童ポルノ単純所持規制についての検討―刑事実務の観点から」園田＝曽我部編・前掲注2）79頁、81頁以下参照。
10) 江口＝谷山・前掲注1）107頁。
11) 江口＝谷山・前掲注1）104頁。この要件によって処罰されないものとしては、①嫌がらせ等によりメールで送り付けられた場合、②ネットサーフィンによる意図しないアクセス、③パソコンがウイルスに感染し、勝手に児童ポルノをダウンロードした場合、④インターネット上の掲示板に児童ポルノが掲載された場合における掲示板の管理者やサーバーの管理者等が挙げられている。

なお、②に関してであるが、インターネット上では、驚くほど簡単に児童ポルノにたどり着くことができるといわれる。ジェイミー・バートレット（星水裕訳）『闇ネットの住人たち―デジタル裏社会の内幕』（CCCメディアハウス・2015年）138頁以下参照。
12) 落合・前掲注9）84頁以下。また、この目的要件の問題性については、園田・前掲注3）12-13頁および髙山・前掲注2）70-71頁参照。目的要件に関する私見は、本節Ⅳ1参照。

II 何が制約されているのか
―――制約される憲法上の権利、保護範囲および制約

Ⅰで概観したような態様で児童ポルノの私的所持が規制されることによって、いかなる憲法上の権利が規制されるのであろうか。児童ポルノの私的所持は、覚せい剤や銃砲刀剣類の所持のように、その不適当な使用による危険を想定して規制されているわけではないから、それとは異なる議論が必要となろう。

児童ポルノ禁止法は、〈児童を性的な対象として描写し、その内容が性欲の興奮又は刺激に向けられている〉という児童ポルノの表現内容に着目し、その存在を根絶するために児童ポルノに係る行為全般を規制している。したがって、私的所持規制も表現物としての児童ポルノの内容に着目してなされているものである。[13]

このように解すると、自己の性的好奇心を満たす目的での児童ポルノの所持を規制することは、当該所持が他者への伝達や公表を目的とするものではないとしても、内容に着目して特定の情報を受領することを制約することにつながる。というのも、自己の性的好奇心を満たす目的を果たすためには、児童ポルノを所持するだけでは意味がないのであって、所持を規制することは、必然的に私的空間における閲覧を規制することになるからである。このように児童ポルノの私的所持罪の行為規範は、所持者の思考過程の一環としての私的行為を制約することになる。そのような意味で私的所持規制は、自己実現プロセスの一環としての表現準備行為を阻害するものであり、表現の自由（憲法21条）を制約するものとして理解することができよう。[14]また、私的所持規制が有する、私的行為への介入という性質に着目して、プライバシー権（憲法13条）の制約と構成することも可能であろう。なお以上の議論は、児童ポルノそれ自体が表現の自由の範囲内であるか否かとは別問題であると考えられる。[15]

---

13) 大林・前掲注5）「憲法問題」139頁。
14) 大林・前掲注5）「憲法問題」139-138頁および大林・前掲注5）「憲法上の論点」61-62頁参照。また、このような理解と表現の自由の理解との関係についても、両論稿を参照。

III なぜ規制されるのか——目的審査

　児童ポルノの私的所持を規制する目的（立法目的たる法益）の正統性を審査するにあたっては、まず、当該規制目的が明確に確定されなければならない。児童ポルノ禁止法は、その目的として、「児童に対する性的搾取及び性的虐待が児童の権利を著しく侵害することの重大性に鑑み、あわせて児童の権利の擁護に関する国際的動向を踏まえ、児童買春、児童ポルノに係る行為等を規制し、及びこれらの行為等を処罰するとともに、これらの行為等により心身に有害な影響を受けた児童の保護のための措置等を定めることにより、児童の権利を擁護すること」を規定している（児童ポルノ禁止法1条）。このような目的規定において重要な点は、同法が、児童に対する性的搾取および性的虐待という側面に着目して、児童買春および児童ポルノに係る行為を規制しており、当該行為において児童は被害者であり、保護の対象であるということである。したがって、規制目的の確定・明確化の際には、性的搾取および性的虐待の実質が何であるのかを探ることが重要であり、また、被写体となった児童に対して性的に描写されたことによるスティグマを付与するような評価は避けるべきである。そのような観点から、児童ポルノの道徳的悪

---

15)　アメリカの判例についての以上のような理解について、大林・前掲注5）「憲法問題」166-165頁参照。その議論の対象となっている判例については、武田誠「Clyde Osborne v. Ohio, 495 U. S. 103, 110 S. Ct. 1691（1990）——チャイルド・ポーノグラフィーの所持を禁止する州の制定法の合憲性があらそわれた事例」アメリカ法1992-1号（1992年）121頁以下および矢口俊昭「児童ポルノの私的所持と修正1条の保護—C. Osborne v. Ohio, 110 S. Ct. 1691（1990）」ジュリ1019号（1993年）161頁参照。
　　さらに児童虐待としての児童ポルノが憲法上の権利の保護範囲外の行為であることを示唆する論稿として、*Stefan Haack*, Verfassungshorizont und Taburaum, AöR 136（2011）, S. 379, 381ff.
16)　法益論の立場から規制目的を論じるものとして、嘉門優「児童ポルノ規制法改正と法益論」刑ジャ43号（2015年）76頁。
17)　松井＝鈴木＝山口編・前掲注3）100-101頁〔曽我部〕、曽我部＝林＝栗田・前掲注3）228-229頁〔曽我部〕。
18)　石井徹哉「個人の尊重に基づく児童ポルノの刑事規制」『川端博先生古稀記念論文集〔下巻〕』（成文堂・2014年）377頁、383頁。
19)　児童ポルノ対策全般における被害児童への配慮については、佐藤・前掲注4）87頁以下参照。

性や社会の善良な性風俗の保護を規制目的として強調することは避けられる[20]べきであろう。さらに、そのような目的が児童ポルノを見る者に着目して主張される場合（児童ポルノを肯定することが悪である、性的な認識の歪みが生じる等[21]）には、それは典型的なパターナリズムであり、成人に対する規制の根拠にはならない[22]。

では、児童に対する性的搾取および性的虐待の実質は何であるのか。児童ポルノ禁止法が規制しているのは、児童買春と児童ポルノに係る行為であり、その両方に共通するのは、児童の事物化（＝自己の効用のための対象として扱うこと）された性の消費およびその過程という性質である。そのような性質を持った行為が、児童に対する性的搾取および性的虐待として説明されなければならないのである。

自己の性を事物化するという決定は、性的欲望の対象としての地位を引き受けることを意味し[23]、相当リスクの高い決定ではあるが、自己決定能力を備えた個人であれば、その決定は性的自己決定の一部を成し、それに関して国家は介入すべきではない[24]。しかし、精神的に成熟しておらず、自己決定能力が不充分な児童（児童ポルノ禁止法は、この基準を18歳に定めている）につい

---

20) 後藤弘子「児童ポルノ規制をどう考えるか」法セミ671号（2010年）40頁、41頁参照。もっとも、そこでは社会の善良な性風俗に関連して、「『子供に対する性的搾取や性的虐待に対しては許容しない』とする『否定的な共通意識』が社会の『あるべき性意識』のコアな部分に存在する」ことが言及されており、児童に対するスティグマの可能性は小さいとも考えられる。しかし、これに関しても、性的搾取・性的虐待の実質が明らかにされない限り、そのような「否定的な共通意識」に反する子どもという形でスティグマが付与される可能性は残る。

21) なお、この点に係わる実証研究として、田口真二「女児に対する性的興味を容認する態度と性的加害経験、個人要因および児童ポルノ使用経験との関連」日本法科学技術学会誌20巻2号（2015年）175頁がある。さらに、*Bernd-Dieter Meier*, Prävention von Kinderpornografie – eine unlösbare Aufgabe?, in: *Dirk Baier/Thomas Mößle* (Hrsg.), Kriminologie ist Gesellschaftswissenschaft: Festschrift für Christian Pfeiffer zum 70. Geburtstag, 2014, S 467 も参照。

22) 大屋雄裕「児童ポルノ規制への根拠―危害・不快・自己決定」園田＝曽我部編・前掲注2）103頁、108-109頁。また、石井・前掲注18）395頁は、「（集合概念としての）児童の権利保護という社会的風潮は、個人の価値観を他者により強制されることを意味する」とする。

23) 「性」の事物化であるから、自己を性的に描写し、または自己の性的と評価される部分を描写するということがなければ、性の事物化とはいえない。したがって、性的ではない表象（顔写真や通常の着衣の写真）が、他人によって性的に利用されている場合は、性の事物化に含まれない。

24) 大屋・前掲注22）109頁。

ては、自己の性を事物化することの利害得失を充分に理解したうえで決定しているとはみなされない。このような形で、児童の性的自己決定がパターナリスティックに制約を受ける結果、自己の性を事物化することについての児童の性的自己決定はないものとして扱われるから、事物化された児童の性を消費する行為は、同意なくそれを消費する行為と同視され、そのような意味で性的搾取または性的虐待と評価される[25]。これは、性的行為に関する同意能力が否定される13歳未満の者に対する強姦罪と同様の構造を有する性的自己決定侵害である。そして、そのような性的搾取・性的虐待（同意なき性の事物化による性的自己決定侵害）が児童に対して与える心身への有害な影響から児童を保護することも、児童ポルノ禁止法は目的としていると考えられ、その限りで、国家が最低限保障すべきであると考えられた健全な児童の成長発達環境（すなわち、性的搾取・性的虐待にさらされない発達成長環境）をも、児童ポルノ禁止法は保護していると考えられる[26]。

したがって、児童ポルノ禁止法は全体として、〈児童の性的自己決定権および性的搾取・性的虐待にさらされない発達環境の保護〉を立法目的として

---

[25] 石井・前掲注18）394頁以下参照。また、*Walter Gropp*, Die Strafbarkeit des Konsums von Kinder- und Jugendpornographie — Schutz der Person statt Schutz der sexuellen Selbstbestimmung - Kriminalpolitische Überlegungen eines Strafrechtsdogmatikers für einen Empiriker -, Festschrift für Hans-Heiner Kühne: zum 70. Geburtstag am 21. August 2013, 2013, S. 689 ff.は、児童ポルノの所持は児童虐待ではないとし、性的自己決定は児童ポルノ消費の可罰性を基礎付け得ないとする。しかしGroppは、ドイツ刑法201a条との対比において、児童ポルノの消費を高度に私的な生活領域の侵害であるとし、そこに人格権侵害を見出し、それに対する児童の同意を排除している。したがって、私見とはそれほど違いがない見解であると考えられる。ドイツ刑法184b条以下と201a条との関係については、*Joachim Renzikowski*, Die böse Gesinnung macht die Tat. Zur aktuellen Debatte über die Kinderpornographie, Festschrift für Werner Beulke zum 70. Geburtstag, 2015, S. 521 も参照。さらに、両条文の2014年改正については、*Michael Frieser/Joachim Renzikowski*, Handel mit Nacktfotos bestrafen? - Pro & Contra, DRiZ 2014, S. 132 f.; *Ralf Busch*, Strafrechtlicher Schutz gegen Kinderpornographie und Missbrauch, NJW 2015, S. 977 ff.および豊田兼彦「児童ポルノをめぐる最近のドイツの動向」川端博ほか編『理論刑法学の探究⑧』（成文堂・2015年）203頁以下参照。

[26] 西田典之＝鎮目征樹「児童の性的保護―児童買春・児童ポルノ処罰法の成立を契機に」法教228号（1999年）34頁、35頁、西垣真知子「子どもの性的保護と刑事規制―児童ポルノ単純所持規制条例の意義と課題」龍谷大学大学院法学研究15号（2013年）69頁、76-77頁および佐藤・前掲注4）93-94頁参照。なお、児童成長発達権の保障は本文のように環境の保障であると理解すべきであり、性的に健全に成長した人格というものが想定され、そのような成長が保障されていると理解すべきではない。この点については、石井・前掲注18）384頁参照。

いると理解される[27]。このような目的は違憲となり得ないと考えられるし、児童は攻撃にさらされやすい対象であるから、目的の重要性は比較的高いものとなろう[28]。

IV 本当に所持は規制してよいのか——手段審査（比例性審査）

1 私的所持の実質

目的審査において、〈児童の性的自己決定権および性的搾取・性的虐待にさらされない発達環境の保護〉という目的とその合憲性が確認されれば、続いて、当該目的と児童ポルノの私的所持を規制するという手段との関係が審査されなければならない。そのためにはまず、児童ポルノの私的所持がいかなる意味で、性的搾取・性的虐待の一部であるといい得るのかが問われなければならない。

児童ポルノ禁止法は、事物化された児童の性を消費する行為を性的搾取・性的虐待として規制している。それは、そのような行為が、同意なしに性を事物化することによって児童の性的自己決定権を侵害するからである。ここでの性的自己決定権は、性の事物化に関するものであるから、児童ポルノに係る行為においては、まず製造の段階で性的自己決定権侵害が観念できる。すなわち、児童ポルノの製造によって自己の性が性欲の対象物として描写されることに対する被写体の性的自己決定権が侵害されるのである[29]。

もっとも、（児童）ポルノに関する性的自己決定は、自己の性を性欲の対象物として描写することに対して行なわれるだけでなく、誰との関係で（あるいは、どの範囲で）自己の性を事物化するかということに対しても行なわれる。したがって、被写体が同意していない他者へと事物化された被写体の性を拡散することは、誰との関係で自己の性を性欲の対象物と描写するかと

---

27) より正確にいえば、後者の目的は児童ポルノに係る性的自己決定の自由を児童について制限する理由であり、刑法上の法益として児童ポルノに係る行為によって侵害されるのは児童の性的自己決定権である。
28) 松井茂記『インターネットの憲法学』（岩波書店・新版・2014年）161頁。
29) この点は同意があっても変わらないのだから、盗撮も規制されることに問題はない。石井・前掲注18）396頁参照。

いうことに対する被写体の性的自己決定権を侵害する。このような理由から、児童ポルノを拡散する行為である提供等、およびその前段階である提供目的所持等[30]が規制されているのである。[31]

以上のように製造および提供を理解するならば、私的所持については、製造と提供によって惹起された、同意なく他者との関係で自己の性が事物化され、消費されるという性的自己決定権侵害状態を維持する行為であると理解される。すなわち、児童ポルノに関する児童の自己決定権がパターナリスティックに制約される結果、所持者との関係で自己の事物化された性が消費されることについても被写体の同意は存在し得ず[32]、消費それ自体も性的自己決定権を侵害する行為となる。そして、ここで問題となっている消費は、まさに事物化された性の消費であるから、私的所持がそのような消費と評価されるために、「自己の性的好奇心を満たす目的」が要求されているのである。[33] したがって、私的所持罪は被写体の性的自己決定権を侵害する継続犯[34]であると理解されることになる。[35]

---

30) この場合、目的があることにより、目的とされた行為の実現する危険性が基礎付けられる。いわゆる短縮された二行為犯にあたる。髙山・前掲注2）66頁参照。
31) 石井・前掲注18）396頁以下参照。
32) このことは、被写体たる児童と所持者が人的にいかなる関係にあろうと妥当する。
33) もっとも、「自己の性的好奇心を満たす目的」要件については批判が多い。前掲注12）の諸論稿および石井・前掲注18）400頁参照。確かに、性的プライバシー（性に関する私生活上の事柄をみだりに公開されない権利）の侵害という意味での性的自己決定権侵害に着目すれば、目的要件は不要であるとも考えられる。その場合、児童ポルノ規制は、いわゆるリベンジポルノ規制とパラレルに理解されることになろう。しかし、そうだとしても、何の目的も伴わない単純所持を処罰してよいかは別問題である。前掲注25）の諸論稿も参照。
34) 深町晋也「児童ポルノの単純所持規制について―刑事立法学による点検・整備」町野朔先生古稀記念『刑事法・医事法の新たな展開 上巻』（信山社・2014年）453頁、480頁のように、所持者の意図せぬ流出の危険性に着目しているわけではない。また、そのような視点からは、「自己の性的好奇心を満たす目的」要件を説明できないと思われる。しかも、目的要件を付加することによって、まさに論者が懸念する、「あなたはペドファイルであるから非難に値する人間である」というメッセージへの誤変換が生じる可能性が高まるように思われる。なぜなら、意図せぬ流出の危険がある行為を理由に所持者を非難するに際して、非難の対象を、当該危険と何の関係もない「自己の性的好奇心を満たす目的」要件を充たした所持のみに限定するならば、結局、「自己の性的好奇心を満たす目的」での所持を、行為の危険性とは無関係に非難しているものと誤解される危険性が非常に高いからである。本章第3節Ⅱ1(1)も参照。
35) 被写体の同意が存在しないことが規制の根拠となるので、被写体が所持を認識していることは、侵害の要件とならない。もっとも、私的所持罪を本文のように理解すると、児童ポルノの介在なく児童を性欲の対象として見ることも規制され得ることになると考えられるかもしれな

2　私的所持規制の比例性——適合性・必要性・狭義の比例性

　児童ポルノの私的所持が被写体の性的自己決定権の侵害を構成するとすれば、所持という状態がなければ性的自己決定権侵害はないという関係が存在するので、児童の性的自己決定権保護という立法目的との関係での私的所持の規制には適合性が認められる。私的所持についても結果無価値は認められるのである。それゆえ、議論すべきは、児童ポルノに係る行為について被写体の性的自己決定権侵害を観念することそれ自体、すなわち、児童ポルノの被写体になることについての自己決定をパターナリスティックに制約することによって性的自己決定権侵害を観念してよいか否かである。そして、その判断に際しては、児童ポルノの被写体となり、当該児童ポルノが世の中に存在することによって、被写体が心身に有害な影響を受けると想定することの合理性、当該影響の程度、児童に児童ポルノに係る自己決定を認める利益等が考慮されることになろう。

　もっとも、児童の性的自己決定権侵害を観念することが合理的であったとしても、児童の性的自己決定権保護という目的を達成する手段として、被写体が18歳に達した以降の提供・所持等を規制することが、適合的か否かは問題となる。すなわち、提供・所持の時点で、被写体である〈児童〉が存在しなくなっていると考えられる以上、その時点での行為を規制しても、児童の性的自己決定権保護という目的に役立たないのではないかということである。しかし、同意なく事物化され消費されている性の帰属主体は、あくまでも被写体とされた当時の児童であり、児童ポルノの性質上、この事態は固定化される。自己の性が事物化され、それが消費されるのは、〈児童〉であり続けるのである。そのように解すると、被写体が18歳に達したとしても、児童ポルノを介した〈児童〉（過去の自己）の性的自己決定権侵害は存在し続けることになる。そして、過去の自己（児童）の自己決定を将来の自己（18歳以上の自己）が事後的に代理して行なうことを認める（すなわち、18歳に達した後

い。しかしこの場合は、自己の性が同意なく事物化されるという要素があるとしても、その過程において児童に対する影響力は限りなくゼロであるから、規制する必要はないし、そもそもそのような規制はほとんど思想処罰である。

36）これらを考慮する際には、保護法益に関する児童の人間の尊厳構成が参考となろう。

に同意すれば児童ポルノの存在が正当化されるということを認める)と、逆に児童ポルノ禁止法が目指す形での、その成長発達過程の保護をも含む児童の保護という目的の達成を阻害することになるから、児童ポルノ禁止法の解釈においては、児童であった被写体と18歳に達した被写体は別人格と構成しておく方がよい[37]。つまり、18歳に達した被写体の同意を認めてしまうと、児童であった当時の被写体の成長過程を事後的に法が規制しようとした状態と同じ状態にすることを認めることになり、児童の性的自己決定権をパターナリスティックに制約したことを事後的に無意味にしてしまうのである。したがって、児童ポルノの被写体が18歳に達した以降であっても、その現在の被写体とは別人格である、当該児童ポルノに描写された被写体であるところの〈児童〉の性的自己決定権は、提供および所持によって侵害され続けると考えることにより、そのような行為を永続的に規制することについても適合性が認められるとすべきである[38]。

規制の必要性については、児童ポルノの私的所持という状態を阻止・削減させるための同じく実効的であってより緩やかな手段が想定できないから、適合性が認められる限り、必要性も認められることになろう。

適合性および必要性が認められるならば、結局、私的所持を規制することの目的と、その規制によって制約される憲法上の権利とが衡量されなければならない。ここで衡量される要素のうち制約に関する諸要素としては、私的所持規制が私的領域における個人の思考過程や私的行動を制約するものであり、国家による私的領域への強度な介入をもたらすものであること[39]、児童ポルノの閲覧(自己の性的好奇心を満たす目的の所持と必然的に結び付くもの)を

---

37) パターナリスティックな保護を達成するために、時間の経過の中で異なる自己という人格を想定するという構成は、同意殺等で「将来の自己」という別人格を想定する解釈と類似する。「将来の自己」については、小林憲太郎『因果関係と客観的帰属』(弘文堂・2003年) 83-84頁参照。もっとも論者は現在、「将来の自己」という構成を採っていない。同「被害者の同意の体系的位置づけ」立教法学84号 (2012年) 357頁、356-355頁参照。
38) 園田・前掲注3) 4頁等が主張する、児童ポルノが「児童に対する性的虐待を記録し、流布することは、被写体とされた児童に対する半永久的な虐待となり続ける」という視点は、本文のように児童の性的自己決定権という観点から再構成されるべきであろう。
39) 大林・前掲注5)「憲法上の論点」61頁。

認めることによって受領される情報の価値、所持に内在する危険性（模倣の危険等[40]）[41]の程度等が考慮される。目的に関する要素としては、児童の保護の重要性の程度、性的搾取・性的虐待にさらされることが児童の成長発達過程に与える影響の大きさ等が考慮されるであろう。私的所持についていえば、児童ポルノの存在および消費が維持される結果、どこかで誰か（あるいは特定の人物）が自分の児童ポルノを所持（視聴）しているのではないかという不安感が維持され、それにより児童の心身に悪影響が及ぶという想定が、どの程度合理的かが議論されなければならない。

　児童ポルノの私的所持の規制が議論される場合、行為規制の側面において法律論としては、このような諸要素が衡量されているということが意識されなければならない。単に、児童ポルノは悪だから根絶すべきであるとか、過度の規制であり許されないといった結論だけの議論は建設的ではない。それは政策論にあっても同様であり、規制の利害得失を正しく踏まえた議論でなければならないのである。

---

40) その価値は一般に低いものと考えられるはずである。園田・前掲注３）４頁参照。
41) そのような危険が実証的に証明される限りにおいて、それを考慮することが許され、危険性が高いのであれば、所持を認める価値は低くなるであろう。

第 3 節　児童ポルノ私的所持の非難性
　　　──私的所持罪の制裁規範の正統性（１）
　　　非難提起の正統性

　行為規範が正統なものであることが確認されたならば、それを根拠として行政的な没収・廃棄命令等を所持者に対して行なうことが正統なものとなる。しかし、そのような方法を超えて、制裁賦課によって行為規範を貫徹しようとする場合には、制裁規範の正統性が審査されなければならない。そして、その第一段階として、行為規範に違反した者に対する制裁賦課による非難提起の正統性が問われなければならない。

I　非難提起により制約される憲法上の権利、保護範囲、制約および目的審査

　非難提起によって制約される憲法上の権利は、前述したように[42]、行為規範の内容に関わらず、憲法13条によって保障される人格権である。このような人格権に対する制約が正当化されなければならないのであるが、行為規範が合憲（あるいは正統）なものである限り、違反された行為規範を回復し、それと同時に制裁予告の真摯性を確証し、それを通じて行為規範を貫徹するという非難提起の目的の合憲性・正統性が問題となることはほとんどない[43]。責任主義についても、児童ポルノの私的所持罪は故意犯であるため、問題はない。したがって、残された問題は手段の比例性、すなわち規範回復という目的と制裁賦課による非難提起の関係性だけである。

---

42)　第 2 章第 3 節II参照。
43)　第 2 章第 3 節IV参照。

II　児童ポルノを所持していることを非難してよいのか
　　――非難提起の比例性

1　適合性
　制裁賦課による非難提起は、違反された行為規範の回復および妥当の確証に役立つものでなければならない。非難提起の適合性について児童ポルノの私的所持罪においては、メッセージの誤変換の問題があり、また所持に制裁を賦課すること自体も問題となる。

(1)　非難によるメッセージの誤変換
　児童ポルノの私的所持が行為規範によって不承認決定されている根拠は、当該行為が児童の事物化された性を同意なく消費することによって、被写体児童の性的自己決定権を侵害するからである。したがって、児童ポルノ私的所持の行為規範に違反した者に対する非難は、「あなたは児童ポルノを所持することによって、児童の性的自己決定権を侵害した非難に値する人間である」というメッセージを発信しなければならない。

　しかし、自己の性的好奇心を満たす目的を伴う私的所持は、まさに児童ポルノの消費行為そのものである。また、性的自己決定権侵害という側面も、児童ポルノの所持は外見上静的な状態にすぎず、児童に対する物理的な影響はなく、権利に対する観念的な侵害が問題となっているだけである。それゆえ、製造および拡散行為と比べれば、非難のメッセージを受領する者によって、侵害がないものと捉えられる可能性が高い[44]。そうすると、児童ポルノの私的所持に対する非難提起は、児童ポルノの消費行為それ自体に対する非難提起に容易に誤変換されることになろう。すなわち、私的所持の行為規範違反に対する制裁賦課によるメッセージは、「あなたは児童性愛者（ペドファイルおよびエフェボファイル）であるから非難に値する人間である」というメッセージとして受け止められる可能性が非常に高いものなのである[45]。しかし、そのようなメッセージを発したとしても、私的所持の行為規範は回復しない

---

44)　静的な所持から侵害を事実として読み取ることは困難であろう。
45)　深町・前掲注34）479頁参照。

から、メッセージの誤変換が生じる場合には非難提起の適合性が欠如することになる。

(2) メッセージ受領者の行為変更可能性

　行為規範と制裁規範の協働による抑止というプロセスは、非難提起によって回復された行為規範と制裁予告が相まって、後の潜在的行為者が行為規範を遵守するように行為を変更するということを予定している。したがって、抑止プロセスの一環としての行為規範の回復という目的を追求するならば、非難提起は、作為または不作為の機会を与え得るような状態変動、すなわち、既存の状態の維持、破壊、惹起または抑圧によって構成されるものに対して行なわれなければならない。そのこととの関係で、私的所持という状態に不承認決定を行なっている行為規範の違反に、制裁を賦課することが問題となる。

　確かに、児童ポルノ禁止法の私的所持罪は、自己の性的好奇心を満たす目的を要求しており、厳密な意味で〈単純所持〉ではない。しかし、児童ポルノの定義自体が性欲の興奮または刺激に向けられていると評価されるようなものを把握している関係で、提供目的所持や、恐喝・強要目的による所持を除けば、自己の性的好奇心を満たす目的は、所持が認められればほぼ認められることになろう。[46]したがって、目的の放棄というところに行為の変更可能性を求めることには、ほとんど意味がない。[47]

　もっとも、児童ポルノ禁止法上の私的所持罪については、前述した[48]ドイツ麻薬取締法29条1項3号のような単なる〈所持〉とは異なる理解が可能である。第一に、児童ポルノ禁止法において児童ポルノの〈取得〉は構成要件化されていない。それゆえ、「所持」という文言に、所持の積極的基礎付けを含めて解釈することが原理的に不可能なわけではない。第二に、児童ポルノ禁止法の私的所持罪は、「自己の意思に基づいて所持するに至った者」であることを要件としており、構成要件上も所持の積極的基礎付けが要件とされ

46）　奥村徹「児童買春・児童ポルノ禁止法の改正─単純所持罪・盗撮による製造罪を創設」法セミ717号（2014年）1頁、2頁。
47）　もっとも、自己の性的好奇心を満たす目的を喪失したことが証明されれば処罰されないのは当然である。江口＝谷山・前掲注1）120頁参照。
48）　第2章第3節Ⅴ1(3)。

ている。第三に、私的所持を犯罪化する改正法には、経過措置が付され、私的所持罪は法律の施行日から1年間は適用されないものとされており、その趣旨は、所持している児童ポルノの適切な廃棄等の処置を講じるための猶予期間であるとされている。そのことから、私的所持の行為規範が客観的な状態としての所持の不放棄・維持という不作為をも把握していると理解することも可能である。

以上のように理解すれば、児童ポルノ禁止法上の私的所持罪については、所持を処罰していることをもって、非難提起の適合性が否定されるということはないと考えられよう。

2 必要性・狭義の比例性

制裁賦課による非難提起の適合性が認められれば、非難による規範回復という目的のみが顧慮される関係で、同様の目的を充たし得るようなより緩やかな代替手段は明らかではないので、制裁賦課による非難提起は通常必要性が認められる。もっとも、児童ポルノの私的所持罪に関しては、制裁賦課による非難を介在させずとも、事後的な没収・廃棄命令のみで規範回復という効果にとって充分ではないかということも（少なくとも政策論レベルでは）検討されなければならないであろう。事後的な没収等によっても、概念上、所持者を非難することなく、児童ポルノの所持は存在してはならない状態であるというメッセージは発せられるとも考えられるのであって、そうだとすれば、残された問題は目的達成との関係での実効性の政策的評価のみである。すなわち、犯罪化し、警察機関によって捜査・訴追等が行なわれる場合の利害得失と、犯罪化せずに、行政的な没収等を行政機関に行なわせる場合の利害得失とを比較して、どちらが児童ポルノの撲滅を目的とする制度として実効的かを政策的に判断しなければならない。

必要性が認められれば、最後に、一方で制裁賦課による非難提起によって

---

49) 江口＝谷山・前掲注1）119-120頁。
50) 所持罪一般について、所持罪を結果犯と構成し、所持という結果要素に対する行為寄与を要求する見解として、松原芳博「所持罪における『所持』概念と行為性」佐々木史朗先生喜寿『刑事法の理論と実践』（第一法規・2002年）23頁、32頁以下参照。

もたらされる憲法上の権利の制約の重大性と、他方で規範回復による規範の安定化の重要性とが衡量されなければならない。児童ポルノの私的所持を児童の性的自己決定権侵害行為であると解するならば、ここで衡量の中心を占めるのは、次のような要素であろう。

まず、回復されるべき行為規範の重要性に関する要素としては、性的搾取・性的虐待からの児童の保護という行為規範の目的の重要性の程度が挙げられる。また、児童ポルノの私的所持という行為が、製造や拡散行為と比較して、どの程度児童の心身にダメージを与えるものとして想定するかという要素も考慮されよう。ここでの心身のダメージとは、前述したように、どこかで誰か（あるいは特定の人物）が自分の児童ポルノを所持・消費しているのではないかという不安感による児童の心身への悪影響である。次に、行為者の答責性の程度として、児童ポルノという性的搾取・性的虐待の存在に、消費者としての所持者が、どの程度答責的に関与しているのかという要素が挙げられよう。ここでは、消費者がいるから供給が行なわれるという観点だけでなく、児童ポルノによる児童の性的自己決定権侵害の過程としての製造・拡散・消費の中で、どの行為が最も強く児童の性的自己決定権を侵害するのかということも考慮されなければならない。[51]

以上のような諸要素を考慮したうえで、それらが制裁賦課によって児童ポルノの所持者を非難し、人格権を制約するに値する程度に達しているのかが検討されなければならないのである。

---

51) 京都府児童ポルノの規制等に関する条例（平成23年京都府条例第32号）のように、有償取得（あるいは、有償取得による所持）と無償によるものとを区別して、前者についてのみ制裁を科すという方法が考えられないわけではない。しかし、このような区別は、取得または所持されている児童ポルノに描写された児童の性的自己決定権侵害を考慮するだけでは正当化できない。なぜなら、所持（または、それを基礎付ける取得）自体が、そこに描写された児童の性的自己決定権侵害であるとすれば、取得の有償性は、その侵害の程度に影響を与えないからである。したがって、取得の有償性による区別を正当化するためには、児童ポルノマーケットへの寄与が考慮されなければならないであろう。その場合、児童ポルノマーケットの維持に寄与した結果、取得された児童ポルノのさらなる拡散を助長し、描写された児童のさらなる性的自己決定権侵害を助長したということを理由として、有償取得者（所持者）は、無償の場合よりも非難に値すると説明することが可能である。

なお、京都府の条例自体は、児童ポルノ禁止法により私的所持が新たに規制されたことに伴い、京都府児童ポルノの規制等に関する条例を廃止する条例（平成27年京都府条例第48号）により、廃止された。

第4節　私的所持の当罰性——私的所持罪の制裁規範の正統性（2）刑罰投入の正統性

　私的所持罪に対する制裁として刑罰を選択することの正統性を検討するに際しては、児童ポルノに係る行為を把握する行為規範に関して、「国法秩序一般に関連性を有すると行為規範」と「国法秩序のうちの特定の法制度に関連性を有する行為規範」のどちらの評価が妥当かということが問題となる。
　児童ポルノ禁止法は、性的搾取および性的虐待からの児童の権利の保護を目的とし（同法1条）、児童ポルノの存在自体に不承認決定を行なっている。それを前提として、児童ポルノに係る行為は私的所持も含め、児童の性的自己決定権を侵害する行為であり、児童の保護は国家全体で追求しなければならない目的であると考えれば、児童ポルノに係る行為を把握する行為規範は「国法秩序一般に関連性を有する行為規範」とのみ評価される。また、児童ポルノ禁止法は、一定の規制に従えば児童ポルノに係る行為を行なってよいという建前をとっていない点も、そのような評価を導く。このように考えれば、児童ポルノに係る行為に対する制裁として、刑罰を投入することの正統性は、刑罰の賦課による人格権制約に比例する、行為者の答責性があるか否かによって審査される。
　しかし、行政的な廃棄命令を介在させた間接罰規定であれば、行政制裁を選択する余地も生じるかもしれない。廃棄命令を介在させることによって、私的所持による性的自己決定権侵害からの児童の保護に関しては、当該廃棄命令を発する行政によって管轄されているという理解が可能となる。私的所持に関してだけは、特定の法秩序との関連性を観念し得るようになるのである。そのように理解するならば、廃棄命令に違反した私的所持に対しては、行政制裁で臨むという制度が考えられないわけではない。[52]

---

[52]　なお、京都府児童ポルノの規制等に関する条例は、知事による廃棄命令等を定め（8条）、その違反に対して刑罰を科していた（13条）。このことは、本文のように、児童ポルノの私的所持に刑罰を科すこと自体は正当化され得ると考えれば、あり得る規制形式である。もっとも、廃

なお、政策論的な観点とならざるを得ないが、私的所持罪の処罰が法制化されたとしても、そこに振り向けることができる捜査力（人的、物的な資源、リソース）はどの程度のものなのか、不公平・偏頗な捜査や捜査権濫用の危険性はどの程度存在するのか等が刑罰投入にあたっては考慮されるべきであろう。[53]

　棄命令違反に刑罰を科す場合には、非難の重点は、廃棄命令違反ではなく、児童ポルノの私的所持それ自体に置かれることになる。そのことが、果たして条例の趣旨と適合していたのかは疑問である。

53）　このような視点については、落合・前掲注9）85頁以下参照。

第5節　懲役何年が妥当なのか——私的所持罪の制裁規範の正統性（3）法定刑の正統性

　児童ポルノの私的所持を刑罰によって処罰することの正統性が認められるならば、残す問題は、それに対してどの程度の法定刑を規定することが正統かという問題である。この問題は前述したように、序数的均衡性を中心として審査される。そこで、まず児童ポルノ禁止法上の児童ポルノに係る行為を把握する構成要件およびその法定刑を考察し、比較の対象を明らかにした後、それぞれの構成要件間の法定刑の差異が正統なものか否かを審査することとする。

I　児童ポルノに係る行為に対する法定刑

　本書で検討対象とする児童ポルノの私的所持罪の法定刑は、「一年以下の懲役又は百万円以下の罰金」である（児童ポルノ禁止法7条1項）。私的所持と比較して、所持という客観的状態は同じであるが所持の目的が異なる、提供目的所持罪の法定刑は、「三年以下の懲役又は三百万円以下の罰金」であり（同条3項、2項）、不特定多数の者への提供または公然陳列を目的とする場合には、「五年以下の懲役若しくは五百万円以下の罰金」であり、その併科も認められている（同条7項、6項）。すなわち、児童ポルノの所持に係る行為の法定刑については、目的によってその軽重がつけられているのである。
　所持とは全く異なる行為類型として、児童ポルノ提供罪、提供目的製造、児童ポルノに該当する姿態（同法2条3項各号）を児童にとらせて行なう製造の罪および盗撮による製造の罪の法定刑は、全て「三年以下の懲役又は三百万円以下の罰金」である（同法7条2項、3項、4項、5項）。また、不特定多数の者への提供または公然陳列の罪および当該目的での製造の罪の法定

---

54) 第2章第5節IV 2およびV参照。

刑は、「五年以下の懲役若しくは五百万円以下の罰金」である（同条6項、7項）。

　以上を行為類型毎の法定刑の重さとしてまとめると、不特定多数の者への提供または公然陳列が一番重く、次に提供と製造が同じ重さであり、私的所持が一番軽い類型ということになる。そして、所持および製造については、後の行為を目的とすることによって法定刑が加重され、当該後の行為と同一の法定刑とされている。

II　私的所持の法定刑の比例性

　私的所持罪の法定刑の序数的均衡性を考える場合、基本的には、客観的に同一の行為類型を把握する所持罪内部での比較が中心となる。しかし、提供目的所持罪および不特定多数の者への提供または公然陳列を目的とする所持罪との法定刑の違いは、所持の目的によって基礎付けられており、当該目的は後の行為を目的とするものである。私的所持罪以外の所持罪は、後の行為を目的とすることによって、当該後の行為が侵害する法益に対する抽象的危険を惹起する行為として所持を把握しているのである。それゆえに、提供目的所持罪および不特定多数の者への提供または公然陳列を目的とする所持罪においては、目的とされている後の行為と同一の法定刑を予定することも許される。以上のように考えると、所持罪内部での法定刑の一貫性を検討するに際しても、提供、公然陳列等の行為と私的所持が法定刑を異にしている根拠を問わなければならない。すなわち、所持罪との関係でいえば、「自己の性的好奇心を満たす目的」ではなく、児童ポルノを拡散する行為を目的とすることによって、なぜ法定刑が加重されるのかを問うためには、拡散する行為自体が私的所持行為よりも重い法定刑に値することが論証されなければならないのである。

　私的所持という行為は、同意なく事物化された被写体の性を消費することによって、被写体の性的自己決定権を侵害するものであるが、行為自体としてみれば静的なものであり、被写体との接触が行なわれるわけでもない。したがって、（盗撮による場合を除いて）児童との接触を当然に予定し、存在自

体に対して不承認決定がなされている児童ポルノをそもそも創出する製造行為と比べれば、私的所持罪は非難性の低いものということができる。

また、児童ポルノ禁止法が想定する児童の「心身への有害な影響」とは、児童ポルノの製造過程に係る影響だけでなく、自己の事物化された性が描写されたものが世の中に存在することから生じる影響をも想定している。そして、その影響は当該描写が拡散すればするほど、増大していくことになろう[55]。したがって、提供行為は、まさに事物化された性の描写に触れる者を増加させる行為であり、拡散の点についての性的自己決定権を侵害するものであるから、そのような者を増加させず消費することによって被写体の性的自己決定権を侵害するだけの静的な私的所持と比べれば、非難性が高い行為であるといえ、その非難性は、拡散する者が不特定多数である方が高いものであるといえる。

以上のように、客観的な行為類型を基準とすれば、私的所持という行為類型は、提供・拡散行為および製造行為と比べて、非難性の低い行為類型であるといえる。そうすると、提供・拡散行為を目的とする所持に関しては、その非難性は、目的とされた行為の実現する危険性によって基礎付けられるから、私的所持罪よりも重い法定刑を予定することには正統性が認められよう。したがって、児童ポルノ私的所持罪の法定刑が他の行為よりも軽いことそれ自体は正統である[56]。残る問題は、法定刑における以上の理由に基づく別異取扱いの程度の正統性であるが、児童ポルノに係る行為の法定刑について、懲役および罰金ともにその上限が、5：3：1に設定されていることが、上記区別を評価するものとして不合理であるとまではいえないであろう。もっとも、その全体が重すぎるという批判はなお可能である。

---

55) 髙山・前掲注2) 72頁は、「児童の人格権に対する侵害が発生するのは、児童ポルノが『提供』され、これを見る者が増加した場合のみである」と述べ、同67頁が「不特定または多数の者への『提供』目的による行為を、特定少数人に対する場合よりも重く処罰している」と述べるのも、このことを前提としていると考えられる。もっとも、私見は、私的な所持も児童の性的自己決定権を侵害する行為として把握している。

56) 豊田兼彦「児童ポルノ単純所持の処罰根拠について―ドイツの議論を手がかりに」生田勝義先生古稀『自由と安全の刑事法学』（法律文化社・2014年) 143頁、151頁も参照。

第6節　刑罰以外の選択肢の可能性

　児童ポルノの私的所持罪の正統性に関する以上の論述では、可能な限り、現に存在する「児童買春、児童ポルノに係る行為等の規制及び処罰並びに児童の保護等に関する法律」の規定を前提に、その内容全体に沿う形で、当該私的所持罪の規定を解釈することを試みたものである。そこでは、児童ポルノ禁止法をめぐる種々の議論を、私見の審査枠組の諸段階に位置付けることを重視したため、児童ポルノ禁止法の枠組自体について一定の結論はほとんど明示しなかった。そこで以下では、児童ポルノ私的所持の規制自体に対する一応の私見を述べることとする。
　児童ポルノ私的所持の行為規範のレベルでは、児童の事物化された性の消費という点に着目して児童ポルノに対して不承認決定を行なう限りでは、私的所持を規制することは許されると考えている[57]。したがって、制裁賦課による非難提起を伴わない行政的な没収措置等を規定することは可能となる。しかし、制裁規範のレベルでは、私的所持が侵害する性的自己決定権は観念的なものと受け止められ得るものであり、見た目上も所持は静的な状態であることが問題となる。そのような場合、制裁賦課によって発せられる非難のメッセージは、私的所持という非難に値する行為に対するものではなく、児童性愛者という所持者の属性に対する非難として誤解される可能性が非常に高い。また、非難を伴わない行政的な没収措置等（制裁としての没収ではない）によっても、〈児童ポルノは所持してはならない〉というメッセージは発せられ得ると考えられる。なぜなら、犯罪予防措置等の他の警察法的措置と比べて、行為者の負担で違法状態（状態としての所持）が除去されるということが、より可視的であるからである。さらに、このような行政的没収は、児

---

57)　それゆえ、児童ポルノ禁止法と同じ文脈で、創作物規制を論じることは筋違いであると考えている。創作物規制が許されるとしても、実在児童を被写体とする児童ポルノとは全く異なる論拠が提示されなければならない。

童ポルノそれ自体または所持という状態のみに着目して行なわれるものであり、所持者の人格に非難のメッセージが結び付けられることはないから、上記のようなメッセージの誤変換が生じる可能性もない。

　以上のような理由から、私的所持に対して制裁を科すことは避けられるべきであり、私的所持の規制については、刑罰ではなく、行為者への非難を伴わない行政上の没収措置等を規定すべきであるというのが私見である。[58]

---

58) このような行政上の没収の法的性質・手続等については、芝野記行「行政上の没収に関する考察―関税法を中心として」税関研修所論集39巻（2008年）363頁および仲野武志『国家作用の本質と体系Ⅰ』（有斐閣・2014年）231頁以下参照。また、刑事手続によらず犯罪収益等を没収する英米の制度を概観するものとして、林詩書「有罪判決に基づかない犯罪収益の剥奪―アメリカおよびイギリスの制度を中心に」同志社法学64巻8号（2013年）169頁参照。

結

刑法は1人で歩むのか？

　以上が、刑法学が刑事立法を審査するにあたって採るべきであると考えられる審査枠組の全体像およびその適用方法である[1]。そのような審査枠組構築の過程で得た帰結を要約すると次の通りである。

　第一に、立法批判の場面で機能し得る審査枠組を構築するためには、立法者が実際に立法を行なうに際して採る行為準則が、その基盤とされなければならない。このような立法者の行為準則の中で、最低限の基準をなしているのは、裁判所が法律の違憲無効という効果を伴う違憲立法審査に際して用いる準則である。したがって、考察の出発点は、裁判所が用いる合憲性審査手法とされなければならない（序）。

　第二に、裁判所が用いる合憲性審査手法の特徴は、ある立法によって規制される行為に係る憲法上の権利の制約と、当該制約の理由としての立法目的とが、衡量的に審査されることである。そのことは、ドイツにおいては三段階審査および比例原則、日本においては総合衡量枠組として表れるが、両者は比較可能な形で類似する枠組である。しかし、刑事立法の審査枠組という観点からみた、裁判所が用いる合憲性審査枠組の問題点は、法律のエンフォースメント手段として刑罰が用いられているという事情が、充分に捉えきれていないことである（第1章第1節）。

　第三に、まさに刑罰という手段が用いられる場合を対象とした刑法学上の立法批判手法の一例である法益論は、裁判所が用いる合憲性審査手法とは違

---

[1] このような基準全体が要請するものを「刑罰法規の実体的適正」と捉え、これを憲法31条の内容とすることも考えられよう。只野雅人「憲法と刑罰」『憲法の基本原理から考える』（日本評論社・2006年）265頁、269頁、271頁参照。

い、刑罰法規が保護の対象としてよい目的に、議論の重点を置いている。そのため、当該刑罰法規によって規制される行為に係る憲法上の権利の制約との衡量という側面が不充分にしか考慮されなくなってしまっている。また、刑罰法規が保護の対象としてよい目的としての法益の確定に際しては、憲法が参照されることがあるが、そもそもそのような目的を確定可能なものとする想定自体が、憲法が前提としている民主制の観念から乖離している（第1章第2節・第3節）。

第四に、刑事立法批判を行なう場合には、1つの刑罰法規を制定するにあたって決定すべき諸事項、すなわち、保護目的（対象）の決定および行為規制の範囲の決定、制裁投入の決定および刑罰投入の決定ならびに法定刑の決定のそれぞれの正統性が、別個独立に審査されなければならない。それらは、行為規範の正統性および制裁規範の正統性（非難提起の正統性・刑罰投入の正統性・法定刑の正統性）として審査され得る。そのそれぞれの問題について、ひとまず憲法適合性という観点から審査すべき要素を整理し、チェックリストを作成することが重要である。[2] それに従って憲法適合性が確認されたうえで、政策的観点が議論されなければならない。刑法学上の法益論には、このような政策論領域と憲法論領域のどちらの議論領域で妥当する理論なのか不明確であるという問題点もある（第1章第3節・第4節）。

以上のような認識に基づいて、憲法適合性の審査を中心として、三段階審査および比例原則の枠組を用いて、ある刑罰法規を審査しようとするために構築したのが、私見の立法批判枠組である。

その私見の立法批判枠組の第一段階（第2章第2節）では、行為規範の正統性が審査される。ここで行為規範は、刑罰法規に特有のものではなく、国家が行為を禁止・要請する場合全てに問題となるものとして想定される。この段階では、行為規範のエンフォースメント手段として刑罰が予定されていることは捨象され、ある刑罰法規によって規制される行為と、当該法規の立法目的とに着目した審査が行なわれる。したがって、法益論のように、刑罰

---

[2] 刑事立法について検討すべき項目の整理によって刑事立法論を構築する必要性を主張する論稿として、髙橋直哉「犯罪論の試み」法学新報121巻11=12号（2015年）1頁、3頁および嘉門優「法益論の現代的意義」刑雑47巻1号（2007年）36頁、46頁。

を投入するために必要とされる立法目的（保護対象）を問題とするのではなく、目的審査においては、当該目的が憲法適合的か否かだけが審査される。

目的審査をパスすれば、手段審査において、手段の適合性、手段の必要性、狭義の比例性の３つが審査される。

適合性については、「立法者が行為規範の定立に際して法的不承認決定を下した行為と結び付いた外界変動状態が存在しなければ、立法目的たる法益が保護されている状態が促進される」という関係が成り立つか否かが審査される。ここでは、立法目的たる法益に対して何ら害をもたらさないような行為態様を規制する行為規範や、一般的・抽象的に遵守不可能な行為規範が、その適合性を否定される。

次に、等しく実効的な手段のうち、等しい成果ないしより良い成果を、より重大でない制約によって達成できる場合には、必要性は存在しない。行為規範についての制約の重大性は、それによって制約される行為の量によって測定される。これは、侵害犯・具体的危険犯・抽象的危険犯のような各犯罪類型の行為規範毎に判断される。しかし、制約される行為の量が増えれば、それだけ実効性も上がるため、必要性の審査は機能しない。

最後に、狭義の比例性の段階では、これまでの審査で確定された、立法目的に関する要素と憲法上の権利の制約に関する要素が衡量される。それを定式化すると次のようになる。

重要な憲法上の権利によって保障される、侵害から遠い、危険性の低い行為を幅広く制約するためには、当該規制された行為から予測される結果が、それだけ重要な目的に関するものであり、重大なものでなければならない。

立法批判枠組の第二段階（第２章第３節：非難提起の正統性）では、刑罰を含む制裁が有する、行為者に対する非難提起という要素に着目して、その正統性の審査が行なわれる。ここでも、制裁賦課による非難提起の目的と、それによって制約される憲法上の権利との衡量的審査が行なわれる。私見によれば、制裁賦課による非難提起の目的は、国家が設定した行為規範の方が、行為者が実際に行動する際に準拠した行為規範よりも正しいということの表明を通じて、違反された行為規範を回復することである。そのような目的をもった非難提起は、行為者の人格に結び付けられる態様で行なわれ、行為者

の人格権（憲法13条）を制約する。このように、行為規範の目的およびそれによる制約と、制裁賦課の目的およびそれによる制約を分離して考える結果として、いわゆる最終手段性原則が想定するように、法益保護という1つの共通の目的との関係で、常に刑法が最も峻厳な手段であるということは不可能となり、そのような意味での最終手段性原則を憲法上、法的に拘束的な基準として用いることは不可能となる。また、非難提起の性質が、行為者の人格権制約とそれによる規範回復と理解されるならば、「責任なければ刑罰なし」という意味での責任主義は、制裁という手段を用いる限り、排除することが許されない憲法上の要請となる。

　非難提起に関する目的審査については、制裁規範の基礎となる行為規範が合憲であり、その行為規範の違反に非難が向けられている限り、目的は憲法適合的とされる。しかし、制裁賦課による非難提起は、特定の行為規範の回復に適合的な形で行なわれなければならない。非難の意味合いが、当該行為規範を非難するものとは異なって受領される場合には、そのような適合性が欠ける。また、制裁賦課による非難提起を通じた行為規範の回復は、行為規範と制裁規範の協働による抑止プロセスの一環として行なわれるものである。したがって、非難の基礎となっている行為規範を遵守する形で、将来の潜在的行為者が行為を変更できない場合には、当該行為規範の違反に対して規範回復を目的として非難を提起することは適合的な手段ではない。この観点から許されない場合の典型例が、単純所持という状態そのものを把握する行為規範に違反したことに対する非難提起である。

　制裁賦課による非難提起の必要性については、制裁に関して非難による規範回復という目的のみが顧慮される結果、同様の目的を充たし得るようなより緩やかな代替手段は明らかではないので、その必要性が通常認められる。

　結局、立法批判枠組の第二段階においても、目的に関する要素と制約に関する要素の比較衡量が問題となり、それを定式化すると次のようになる。

　違反された行為規範が重要なものであればあるほど、その違反に対する行為者の答責性が小さいものであっても、また、過失にすぎない場合であっても、行為者に制裁を科し、その者を非難することが認められやすくなる。逆に、行為規範の違反に対する行為者の答責性が大きく、また、故意が認めら

れる場合には、違反された行為規範の重要性が低いものであったとしても、行為者を非難することは認められやすくなる。

　立法批判枠組の第三段階（第 2 章第 4 節：刑罰投入の正統性）では、刑罰と行政制裁との選択の問題が審査される。この段階での基本的視座は、刑罰と行政制裁が、制裁賦課による非難の意味・効果のレベルで区別されることである。私見によれば、刑罰は「国法秩序一般に関連性を有する行為規範」に対する違反を非難する意味を有し、それを回復する効果を有する。他方で行政制裁は「国法秩序のうちの特定の法制度に関連性を有する行為規範」に対する違反を非難する意味を有し、それを回復する効果を有する。したがって、両制裁の選択にあたっては、同一の行為規範がどちらの行為規範と評価されるかが重要となる。この評価に対する立法者の判断は、どちらの制裁を選択するかによって表され、当該選択の正統性は、次のような基準によって審査される。

　特定の法制度との関連性を超えて、国法秩序一般との関連性が直接的かつ強いものと評価される行為規範であればあるほど（あるいは、当該関連性が説得的に証明されればされるほど）、刑罰の投入が正当化されやすくなる。また、行為者の答責性が大きければ大きいほど、刑罰の投入が正当化されやすくなる。両基準は、相関的に判断される。

　立法批判枠組の第四段階（第 2 章第 5 節：法定刑の正統性）では、刑罰賦課による非難に伴う実体的不利益としての法定刑の重さが審査されなければならない。刑罰の実体的不利益の賦課の側面は、「行為者が自ら公共の利益を保護する行為規範に違反しているにもかかわらず、他の者が当該行為規範を遵守することによって維持される当該公共の利益を、不公正に獲得する」という事態を、象徴的に清算することを目的とする。したがって、法定刑の重さは、そのような象徴的清算という目的と、実体的不利益の賦課によって制約される憲法上の権利（自由刑の場合は自由に対する権利、財産刑の場合は一般的行為自由）との衡量によって審査されなければならない。罪刑均衡の原則は、この文脈で理解される。

　しかし、ある刑罰法規を単体で審査することは、ここでは多くの場合実効的ではない。というのも、どれ程の〈罪〉に、どれ程の〈刑〉が均衡するの

かに関して絶対的な基準が明確とならないからである。そこで、刑罰制度内部での法定刑の一貫性という観点から、他の刑罰法規との比較による審査が重要となる。一定の区別事情に基づいて法定刑を異にする刑罰法規の間で、当該区別事情を別異取扱いの理由とすることが正統か、法定刑の別異取扱いの程度が当該区別事情を評価するものとして比例的かが審査されなければならないのである。

　以上4つの審査段階を経ることによって、ある刑罰法規が最低限憲法適合的であることが確定される。しかし、そのような憲法適合的であるという結論は、当該刑罰法規が刑事政策的に望ましいということを意味しない。また、制度全体としてどの程度の範囲に刑法を投入することが刑事政策的に望ましいかということについても、ほとんど何の示唆も与えない。憲法適合的な刑罰法規が広範囲に投入されすぎているという批判はなお意義を有するのである[3]。したがって、刑事政策的に刑事立法を審査するに際しての議論枠組も構築されなければならないが、その際にも、比例原則という視点は重要であり[4]、本書が主として提示した憲法適合的な刑事立法に関する審査枠組は一定程度有用なものとなると考えられる。そのことは不充分ながらも、それぞれの段階で政策論レベルの議論という形で示しておいた。また、そもそも本書で刑事立法に関する最低限の正当化要素を体系的に示すことを目的として整理された、(憲法適合性審査の) チェックリストは、刑法という制度全体に関する事項を網羅するものではない。例えば、諸正当化事由、中止犯、自首、捜査協力者の取扱い等の刑の減軽制度を、審査のどの段階に関連するものと位置付け、どの範囲で正統化するのかといった問題は残されたままである[5]。

　さて、このような論述からも明らかなように、刑事立法に関する最低限の正当化要素を体系的に示すという作業は、立法学と憲法学と刑法学が交錯す

---

3) *Ivo Appel*, Verfassung und Strafe – Zu den verfassungsrechtlichen Grenzen staatlichen Strafens, 1998, S. 597.
4) 法と経済学、社会学等の知見も必要となってくるであろう。
5) 中止犯については、*Otto Lagodny*, Strafrecht vor den Schranken der Grundrechte, 1998, S. 489 ff. 刑罰の免除等については、*Klaus Ferdinand Gärditz*, Strafbegründung und Demokratieprinzip, Der Staat 49 (2010), S. 363 f.

る領域に属するものであり、本書の試みは、その領域において憲法学の観点からこれまでの刑法学的立法学というべきもの（法益論、刑罰論）を再構成しようとするものであった[6]。刑（事）法学と憲法学のかかわりは、憲法学にとって失地であったといわれることもあるが[7]、刑法学にとってもそのかかわりは断絶していたのであり、公法の一部でありながら憲法学の世界に露出することはほとんどなかったのである[8]。その結果、刑法学と憲法学とが互いに関係しあうような事案においても、互いに協力するということはなかった[9]。そして、それは立法学の領域だけでなく、刑罰法規の解釈・適用の場面においてもそうであったと思われる。今後は、立法論および解釈論の両領域において、刑法学と他分野との関係をどのように構築していくべきか、その際どこまで刑法学はその独自性を維持し得る（すべき）なのかという点に関して、さらに知見を深めていきたい。

---

6) このような交錯領域における研究の重要性については、亀井源太郎「［基調報告］憲法と刑事法の交錯」法時86巻4号（2014年）90頁、96頁。

7) *Winfried Hassemer*, Darf es Straftaten geben, die ein strafrechtliches Rechtsgut nicht in Mitleidenschaft ziehen?, in: *Roland Hefendehl／Andrew von Hirsch／Wolfgang Wohlers* (Hrsg.), Die Rechtsgutstheorie, 2003, S. 57 ff. は、これとは逆方向の試みであるといえる。

8) 亀井源太郎ほか「憲法学のゆくえ①-3 憲法と刑事法の交錯（後篇）」法時86巻6号（2014年）83頁〔宍戸常寿発言〕。この失地回復をレコンキスタと称していることからも、憲法学から刑法学が異教徒と見られているということもうかがわれよう。

9) *Carl-Friedrich Stuckenberg*, Grundrechtsdogmatik statt Rechtsgutslehre－Bemerkungen zum Verhältnis von Strafe und Staat, GA 2011, S. 655 は、刑法学は平行世界（Parallelwelt）に逃れていたと述べている。内野正幸『憲法解釈の論理と体系』（日本評論社・1991年）301頁は、「刑法学も戦後以来、刑法を憲法と無関係の自律的な法領域であるかのように捉える傾向をみせてきた」と述べている。

引用文献一覧

日本語文献

浅田和茂「客観的処罰条件」西田典之 = 山口厚 = 佐伯仁志編『刑法の争点』（有斐閣・2007年）

阿部泰隆「政策法学演習講座(57)実例編(37)路上喫煙禁止条例に違反して喫煙したが無過失の者に過科の制裁を科すことは適法か」自治実務セミナー53巻4号（2014年）

新井　誠「風営法によるダンス営業規制をめぐる憲法論——大阪地裁平成26年4月25日判決の検討」法時86巻9号（2014年）

────「判批（大阪高判平成27年1月21日）」広島法学39巻1号（2015年）

蟻川恒正「日本国憲法における公と私の境界」辻村みよ子 = 長谷部恭男編『憲法理論の再創造』（日本評論社・2011年）

────「国公法二事件最高裁判決を読む」法セミ697号（2013年）

────「行為『禁止』事案の起案(1)・(2)・補論」法教414号（2015年）、同415号（同年）、同416号（同年）

飯島淳子「判批（東京高判平成26年6月26日）」判評680号（2015年）

飯島　暢「刑罰の目的とその現実性——法の目的、法の原理としての自由の保障との関係」川端博 = 浅田和茂 = 山口厚 = 井田良編『理論刑法学の探究⑥』（成文堂・2013年）

石井徹哉「個人の尊重に基づく児童ポルノの刑事規制」『川端博先生古稀記念論文集［下巻］』（成文堂・2014年）

磯崎辰五郎「行政罰」田中二郎 = 原龍之助 = 柳瀬良幹編『行政法講座　第2巻』（有斐閣・1964年）

井田　良「刑事立法の活性化とそのゆくえ」法時75巻2号（2003年）

────『刑法総論の理論構造』（成文堂・2005年）

────『講義刑法学・総論』（有斐閣・2008年）

────「近年における刑事立法の活性化とその評価」井田良 = 松原芳博編『立法学のフロンティア3　立法実践の変革』（ナカニシヤ出版・2014年）

────「性犯罪処罰規定の改正についての覚書」慶應法学31号（2015年）

────「性犯罪の保護法益をめぐって」研修806号（2015年）

伊東研祐『法益概念史研究』（成文堂・1984年）

伊藤渉 = 小林憲太郎 = 鎮目征樹 = 成瀬幸典 = 安田拓人『アクチュアル刑法総論』（弘文堂・2005年）

井上達夫「［立法学学術フォーラム——立憲民主制の変動と立法学の再編］企画にあたって」法時87巻8号（2015年）

井上典之「法の下の平等」小山剛＝駒村圭吾編『論点探究憲法』（弘文堂・第2版・2013年）
今井猛嘉＝小林憲太郎＝島田聡一郎＝橋爪隆『刑法総論』（有斐閣・第2版・2012年）
今村暢好「軽微な犯罪と行政秩序違反」愛媛法学会雑誌39巻3＝4号（2013年）
岩崎邦生「判解（最判平成24年12月7日刑集66巻12号1337頁）」曹時66巻2号（2014年）
上村　都「判批（最判平成15年12月11日刑集57巻11号1147頁）」別冊判例セレクト2004（法教294号）
宇賀克也『行政法概説Ⅰ　行政法総論』（有斐閣・第5版・2013年）
内野正幸『憲法解釈の論理と体系』（日本評論社・1991年）
内海朋子「マーサ・ヌスバウム『感情と法——現代アメリカ社会の政治的リベラリズム』（2010年）を読む」横浜法学22巻2号（2013年）
江口寛章＝谷山敬一「児童買春、児童ポルノに係る行為等の処罰及び児童の保護等に関する法律の一部改正」警察学論集67巻10号（2014年）
大越義久「法定刑について」神奈川法学47巻2号（2014年）
大霜憲司＝冨永康雄「刑罰の現状(4)前科と資格制限制度」犯罪と非行162号（2009年）
大野友也「判批（大阪地判平成26年4月25日）」新・判例解説Watch 15号（2014年）
大林啓吾「所持規制をめぐる憲法問題——児童ポルノの単純所持規制を素材として」千葉大学法学論集28巻3号（2014年）
―――「単純所持規制の憲法上の論点」園田寿＝曽我部真裕編『改正児童ポルノ禁止法を考える』（日本評論社・2014年）
大屋雄裕「児童ポルノ規制への根拠——危害・不快・自己決定」園田寿＝曽我部真裕編『改正児童ポルノ禁止法を考える』（日本評論社・2014年）
岡上雅美「いわゆる『罪刑均衡原則』について——その法哲学的根拠と近時の国際的展開を背景とする一考察」川端博＝浅田和茂＝山口厚＝井田良編『理論刑法学の探究②』（成文堂・2009年）
奥村　徹「判例から見た児童ポルノ禁止法」園田寿＝曽我部真裕編『改正児童ポルノ禁止法を考える』（日本評論社・2014年）
―――「児童買春・児童ポルノ禁止法の改正——単純所持罪・盗撮による製造罪を創設」法セミ717号（2014年）
落合洋司「児童ポルノ単純所持規制についての検討——刑事実務の観点から」園田寿＝曽我部真裕編『改正児童ポルノ禁止法を考える』（日本評論社・2014年）
小野上真也「判批（大阪地判平成26年4月25日）」刑ジャ42号（2014年）
小野坂弘「刑罰制度の構成原理としての憲法——刑罰権・処遇権を中心に」刑雑24巻3＝4号（1982年）
亀井源太郎「［基調報告］憲法と刑事法の交錯」法時86巻4号（2014年）
亀井源太郎＝宍戸常寿＝曽我部真裕＝山本龍彦「憲法学のゆくえ①－3　憲法と刑事法の交錯（後篇）」法時86巻6号（2014年）
嘉門　優「法益論の現代的意義——環境刑法を題材にして(1)・(2・完)」大阪市立大学法学雑誌50巻4号（2004年）、同51巻1号（同年）
―――「法益論の現代的展開——法益論と犯罪構造」国学院法学44巻4号（2007年）

―――――「法益論の現代的意義」刑雑47巻1号（2007年）
―――――「行為原理と法益論」立命館法学327=328号（2009年）
―――――「法益論の現代的意義」刑雑50巻2号（2011年）
―――――「国家公務員の政治的行為処罰に関する考察――国公法事件最高裁判決を題材にして」立命館法学345=346号（2012年）
―――――「刑事立法論の前提的考察――ドイツ刑法の近親相姦処罰規定を題材として」斉藤豊治先生古稀『刑事法理論の探求と発見』（成文堂・2012年）
―――――「最終手段としての刑法――日本における最近の新たな刑事立法」金尚均＝ヘニング・ローゼナウ編著『刑罰論と刑罰正義』（成文堂・2012年）
―――――「日本における法益論の歴史的検討――『学派の争い』を中心として」生田勝義先生古稀『自由と安全の刑事法学』（法律文化社・2014年）
―――――「児童ポルノ規制法改正と法益論」刑ジャ43号（2015年）
川口浩一「ドイツにおける法益保護主義批判とそれに対する反論」刑雑47巻1号（2007年）
河原畯一郎「集会、集団行進の許可制と届出制」ジュリ82号（1955年）
北野通世「客観的処罰条件論（一）～（七・完）」山形大学紀要（社会科学）24巻1号（1993年）、同25巻1号（1994年）、同25巻2号（1995年）、同26巻1号（同年）、同26巻2号（1996年）、同27巻1号（同年）、同27巻2号（1997年）
金　尚均「人格的法益論とダイヴァージョンの可能性」刑雑47巻1号（2007年）
後藤弘子「児童ポルノ規制をどう考えるか」法セミ671号（2010年）
小林憲太郎『因果関係と客観的帰属』（弘文堂・2003年）
―――――『刑法的帰責』（弘文堂・2007年）
―――――「刑罰に関する小講義（改）」立教法学78号（2010年）
―――――「被害者の同意の体系的位置づけ」立教法学84号（2012年）
―――――「『法益』について」立教法学85号（2012年）
―――――『刑法総論』（新世社・2014年）
―――――「過失犯の最近の動向について」刑ジャ39号（2014年）
―――――「刑法判例と実務――第一回　刑罰の目的」判時2274号（2016年）
―――――「刑法判例と実務――第二回　法益保護主義」判時2277号（2016年）
小山　剛『「憲法上の権利」の作法』（尚学社・新版・2011年）
―――――「比例原則と猥褻基準」法学研究87巻2号（2014年）
齋藤了爾「児童ポルノの『所持』も罰則の対象に」時の法令1963号（2014年）
―――――「弁護士のための新法令紹介（第393回）児童買春、児童ポルノに係る行為等の処罰及び児童の保護等に関する法律の一部を改正する法律（平成26年法律第79号）」自由と正義66巻5号（2015年）
佐伯仁志『制裁論』（有斐閣・2009年）
―――――『刑法総論の考え方・楽しみ方』（有斐閣・2013年）
佐藤幸治『日本国憲法論』（成文堂・2011年）
佐藤　幸「児童ポルノに関する国際的規律と子どもの権利――国際人権法の観点から見た日本の児童ポルノ対策」北大法政ジャーナル21=22号（2015年）

佐藤陽子「特集 新時代の刑法 IV性犯罪」法教418号（2015年）
塩野　宏『行政法 I 行政法総論』（有斐閣・第 6 版・2015年）
潮見佳男『不法行為法 I 』（信山社・第 2 版・2009年）
四方　奨「国家公務員法一〇二条一項にいう『政治的行為』の意義と政党機関紙等の配布の禁止」同志社法学67巻 7 号（2016年）
宍戸常寿「『憲法上の権利』の解釈枠組み」安西文雄ほか『憲法学の現代的論点』（有斐閣・第 2 版・2009年）
―――「『猿払基準』の再検討」法時83巻 5 号（2011年）
―――『憲法 解釈論の応用と展開』（日本評論社・第 2 版・2014年）
―――「立法の『質』と議会による将来予測」西原博史編『立法学のフロンティア 2 立法システムの再構築』（ナカニシヤ出版・2014年）
柴田憲司「憲法上の比例原則について（一）――ドイツにおけるその法的根拠・基礎づけをめぐる議論を中心に」法学新報116巻 9 =10号（2010年）
―――「比例原則と目的審査――自由権制限の局面を中心に」法学新報120巻 1 = 2 号（2013年）
芝野記行「行政上の没収に関する考察――関税法を中心として」税関研修所論集39巻（2008年）
島岡まな「性犯罪の重罰化――真の問題はどこにあるのか？」法セミ722号（2015年）
謝　煜偉『抽象的危険犯論の新展開』（弘文堂・2012年）
宿谷晃弘「英米における自由主義的刑罰論への批判の本意と『批判後』の刑罰論に関する一考察――ダフ（Duff）の政治理論・刑罰論の検討」比較法学39巻 1 号（2005年）
シュテルン，クラウス（赤坂正浩＝片山智彦＝川又伸彦＝小山剛＝高田篤編訳）『ドイツ憲法 I 総論・統治編』（信山社・2009年）
―――（井上典之＝鈴木秀美＝宮地基＝棟居快行編訳）『ドイツ憲法 II 基本権編』（信山社・2009年）
白川靖浩「ドイツの薬物事情（上）（中）（下の 1 ）（下の 2 ）」警察学論集47巻12号（1994年）、同48巻 1 号（1995年）、同 2 号（同年）、同 3 号（同年）
城下裕二「消極的責任主義の帰趨――わが国における近時の量刑理論の批判的検討」川端博＝浅田和茂＝山口厚＝井田良編『理論刑法学の探究②』（成文堂・2009年）
ジン，アルント（浅田和茂訳）「刑罰と処分の機能――ドイツおよび日本における社会の不安感の増大を背景とした選択肢」金尚均＝ヘニング・ローゼナウ編著『刑罰論と刑罰正義』（成文堂・2012年）
―――（石塚伸一訳）「［講演］刑罰とは何か。そして、処分とは何か？」龍谷法学47巻 1 号（2014年）
杉本一敏「行為無価値論と結果無価値論の対立はどこまで続くか」高橋則夫＝杉本一敏＝仲道祐樹『理論刑法学入門 ―― 刑法理論の味わい方』（日本評論社・2014年）
鈴木茂嗣『刑法総論』（成文堂・第 2 版・2011年）
曾　文科「可罰性と比例原則についての一考察(1)（ 2 ・完）――日中における制裁手法の比較を中心に」早稲田大学法研論集150号（2014年）、同151号（同年）

曽我部真裕「判批（最判平成26年1月16日刑集68巻1号1頁）」重判平成26年度（ジュリ臨増1479号）
曽我部真裕＝林秀弥＝栗田昌裕『情報法概説』（弘文堂・2016年）
園田　寿「児童ポルノ禁止法の成立と改正」園田寿＝曽我部真裕編『改正児童ポルノ禁止法を考える』（日本評論社・2014年）
高橋和之『立憲主義と日本国憲法』（有斐閣・第3版・2013年）
髙橋直哉「刑罰の定義」駿河台法学24巻1＝2合併号（2010年）
────「刑罰論と人格の尊重」駿河台法学25巻2号（2012年）
────「犯罪化論の試み」法学新報121巻11＝12号（2015年）
高橋則夫『刑法総論』（成文堂・第2版・2013年）
────「制裁規範としての自由刑の意味と制度」法時87巻7号（2015年）
田上穣治「公安条例における許可制と届出制」警研45巻7号（1974年）
髙山佳奈子『故意と違法性の意識』（有斐閣・1999年）
────「行政制裁法の課題──総説」法時85巻12号（2013年）
────「風営法『ダンス』規制の問題性」生田勝義先生古稀『自由と安全の刑事法学』（法律文化社・2014年）
────「所持規制の刑法上の論点」園田寿＝曽我部真裕編『改正児童ポルノ禁止法を考える』（日本評論社・2014年）
瀧川裕英「国家刑罰権の正当化──リバタリアニズムの刑罰論を批判する」ホセ・ヨンパルト＝三島淑臣＝竹下賢＝長谷川晃編『法の理論28　特集：今、刑罰を考える』（成文堂・2009年）
田口真二「女児に対する性的興味を容認する態度と性的加害経験、個人要因および児童ポルノ使用経験との関連」日本法科学技術学会誌20巻2号（2015年）
武田　誠「Clyde Osborne v. Ohio, 495 U.S. 103, 110 S. Ct. 1691（1990）──チャイルド・ポーノグラフィーの所持を禁止する州の制定法の合憲性があらそわれた事例」アメリカ法1992-1号（1992年）
武市周作「血縁の兄弟姉妹間の近親姦の合憲性」自治研究86巻5号（2010年）
只野雅人「憲法と刑罰」『憲法の基本原理から考える』（日本評論社・2006年）
田中久美「不快な行為に対する刑事制裁について」龍谷大学博士論文（2013年）
田中二郎『新版行政法　上巻』（弘文堂・全訂第2版・1974年）
田中利幸「行政と刑事制裁」雄川一郎＝塩野宏＝園部逸夫編『現代行政法大系　第2巻』（有斐閣・1984年）
田中良弘「行政の実効性確保手段としての刑罰規定のあり方についての一考察──ドイツにおける行政刑法理論と秩序違反法の制定を題材に」一橋法学13巻2号（2014年）
筑紫圭一「環境法執行と行政制裁」法時85巻12号（2013年）
辻義之監修・大塚尚著『注釈　銃砲刀剣類所持等取締法』（立花書房・2011年）
辻川靖夫「判批（最判平26年1月16日）」ジュリ1493号（2016年）
坪井麻友美「児童買春、児童ポルノに係る行為等の処罰及び児童の保護等に関する法律の一部を改正する法律について」捜査研究763号（2014年）

豊田兼彦「児童ポルノ単純所持の処罰根拠について――ドイツの議論を手がかりに」生田勝義先生古稀『自由と安全の刑事法学』（法律文化社・2014年）
─── 「児童ポルノをめぐる最近のドイツの動向」川端博＝浅田和茂＝山口厚＝井田良編『理論刑法学の探究⑧』（成文堂・2015年）
内藤　謙「法益論の一考察」『刑法理論の史的展開』（有斐閣・2007年）
長尾一紘「個人の権利と社会的利益――衡量可能性をめぐって」「立法裁量の法理」『基本権解釈と利益衡量の法理』（中央大学出版部・2012年）
仲野武志『国家作用の本質と体系Ⅰ』（有斐閣・2014年）
仲道祐樹「状態犯罪としての所持罪理解と行為主義――行為主義研究序説」『曽根威彦先生・田口守一先生古稀祝賀論文集［上巻］』（成文堂・2014年）
中村悠人「刑罰の正当化根拠に関する一考察（１）～（４・完）」立命館法学341号（2012年）、同342号（同年）、同343号（同年）、同344号（同年）
─── 「刑罰目的論と刑罰の正当化根拠論」現代法学28号（2015年）
西岡正樹「累犯加重に関する一考察」山形大学法政論叢56巻（2013年）
西垣真知子「子どもの性的保護と刑事規制――児童ポルノ単純所持規制条例の意義と課題」龍谷大学大学院法学研究15号（2013年）
西崎健児「社会的制裁・行政処分と量刑」大阪刑事実務研究会編『量刑実務大系　第３巻　一般情状等に関する諸問題』（判例タイムズ社・2011年）
西田典之＝鎮目征樹「児童の性的保護――児童買春・児童ポルノ処罰法の成立を契機に」法教228号（1999年）
西原博史「立法システムの再構築」西原博史編『立法学のフロンティア２　立法システムの再構築』（ナカニシヤ出版・2014年）
─── 「憲法構造における立法の位置と立法学の役割」西原博史編『立法学のフロンティア２　立法システムの再構築』（ナカニシヤ出版・2014年）
萩野貴史「刑法における『禁止』と『命令』の自由制約の程度差」早稲田大学大学院法研論集127号（2008年）
萩原　滋「刑罰権の限界としての比例原則――ドイツの判例と学説(一)、(二・完)」愛知大学法経論集155号（2001年）、同156号（同年）
─── 「近親相姦禁止規定（ドイツ刑法173条２項２文）の合憲性」白山法学９号（2013年）
バートレット，ジェイミー（星水裕訳）『闇ネットの住人たち――デジタル裏社会の内幕』（CCCメディアハウス・2015年）
樋口亮介「注意義務の内容確定基準――比例原則に基づく義務内容の確定」刑ジャ39号（2014年）
平川宗信『憲法的刑法学の展開――仏教思想を基盤として』（有斐閣・2014年）
平地秀哉「判批（大阪高判平成27年１月21日）」重判平成26年度（ジュリ臨増1479号）
平野龍一「経済活動と刑事制裁――ドイツ経済刑法における過料制度」鈴木竹雄先生古稀記念『現代商法学の課題（下）』（有斐閣・1975年）
深町晋也「路上喫煙条例・ポイ捨て禁止条例と刑罰論――刑事立法学序説」立教法学79号（2010年）

―――「児童ポルノの単純所持規制について――刑事立法学による点検・整備」町野朔先生古稀記念『刑事法・医事法の新たな展開 上巻』（信山社・2014年）
福田　平『行政刑法』（有斐閣・新版・1978年）
藤井樹也「判批（最判平成15年12月11日刑集57巻11号1147頁）」重判平成15年度（ジュリ臨増1269号）
藤木英雄『行政刑法』（学陽書房・1976年）
藤本哲也「犯罪学の散歩道（268）児童買春・児童ポルノ禁止法の一部改正について」戸籍時報724号（2015年）
藤原孝洋＝古田隆「路上喫煙禁止条例をめぐる、過料処分の『煙たい』トラブル」判例地方自治387号（2014年）
ポッシャー，ラルフ（米田雅宏訳）「国内治安法制における介入閾――最近の憲法判例に照らして見たその体系」北大法学論集65巻4号（2014年）
古谷洋一編著『注釈警察官職務執行法』（立花書房・四訂版・2014年）
真島信英「行政罰たる過料による制裁のあり方をめぐる研究――わが国とドイツの過料手続に関する比較研究を中心として」亜細亜法学49巻1号（2014年）
増田　豊『規範論による責任刑法の再構成――認識論的自由意志論と批判的責任論のプロジェクト』（勁草書房・2009年）
松井茂記『インターネットの憲法学』（岩波書店・新版・2014年）
松井茂記＝鈴木秀美＝山口いつ子編『インターネット法』（有斐閣・2015年）
松生　建「刑罰と峻厳な取扱い」『曽根威彦先生・田口守一先生古稀祝賀論文集［下巻］』（成文堂・2014年）
松原光宏「幸福追求権の射程」小山剛＝駒村圭吾編『論点探究憲法』（弘文堂・第2版・2013年）
松原芳博「所持罪における『所持』概念と行為性」佐々木史朗先生喜寿『刑事法の理論と実践』（第一法規・2002年）
―――「犯罪結果と刑法規範」『三原憲三先生古稀祝賀論文集』（成文堂・2002年）
―――『刑法総論』（日本評論社・2013年）
―――「立法化の時代における刑法学」井田良＝松原芳博編『立法学のフロンティア3　立法実践の変革』（ナカニシヤ出版・2014年）
―――「刑法と哲学――刑罰の正当化根拠をめぐって」法と哲学創刊1号（2015年）
松宮孝明「法益論の意義と限界を論ずる意味――問題提起に代えて」刑雑47巻1号（2007年）
皆川治之「児童買春、児童ポルノに係る行為等の処罰及び児童の保護等に関する法律の一部を改正する法律」法令解説資料総覧393号（2014年）
美濃部達吉『行政刑法概論』（勁草書房・1939年）
三宅孝之「刑事責任と非難――法的責任の前提としての非難の純化」島大法学57巻1号（2013年）
宗岡嗣郎「刑罰から国家を考える――刑事訴訟における『被害者参加制度』を契機として」ホセ・ヨンパルト＝三島淑臣＝竹下賢＝長谷川晃編『法の理論28　特集：今、刑罰を考える』（成文堂・2009年）

村中洋介「路上喫煙防止条例による規制――横浜市路上喫煙訴訟を事例として」近畿大学法学62巻3＝4号（2015年）
森　炎『刑罰はどのように決まるか――市民感覚との乖離、不公平の原因』（筑摩書房・2016年）
矢口俊昭「児童ポルノの私的所持と修正１条の保護―― C. Osborne v. Ohio, 110 S. Ct. 1691（1990）」ジュリ1019号（1993年）
安田拓人「法定刑の改正動向について――犯罪論の立場から」刑雑46巻１号（2006年）
山口　厚『危険犯の研究』（東京大学出版会・1982年）
―――『刑法総論』（有斐閣・第３版・2016年）
山下純司＝島田聡一郎＝宍戸常寿『法解釈入門――「法的」に考えるための第一歩』（有斐閣・2013年）
山田耕司「判解（最判平成15年12月11日刑集57巻11号1147頁）」最判解刑事篇平成15年度（2006年）
山本隆司「行政制裁の基礎的考察」高橋和之先生古稀『現代立憲主義の諸相 上』（有斐閣・2013年）
四條北斗「ストーキングに対する構成要件の正当化ないし正統性について――Kristian Kühl の見解を中心に」東北学院法学75号（2014年）
米山哲夫「資格制限の目的と機能」駿河台法学５巻２号（1992年）
林　詩書「有罪判決に基づかない犯罪収益の剥奪――アメリカおよびイギリスの制度を中心に」同志社法学64巻８号（2013年）

外国語文献

Alexy, Robert, Individuelle Rechte und kollektive Güter, in: ders., Recht, Vernunft, Diskurs, 1995

Appel, Ivo, Verfassung und Strafe − Zu den verfassungsrechtlichen Grenzen staatlichen Strafens, 1998

―――Rechtsgüterschutz durch Strafrecht?, − Anmerkungen aus verfassungsrechtlicher Sicht, KritV 1999

Böse, Martin, Grundrechte und Strafrecht als „Zwangsrecht", in: *Roland Hefendehl / Andrew von Hirsch / Wolfgang Wohlers* (Hrsg.), Die Rechtsgutstheorie, 2003

Bottke, Wilfried, Roma locuta causa finita? Abschied vom Gebot des Rechtsgüterschutzes?, In dubio pro libertate: Festschrift für Klaus Volk zum 65. Geburtstag, 2009

Busch, Ralf, Strafrechtlicher Schutz gegen Kinderpornographie und Missbrauch, NJW 2015

Cornils, Matthias, Sexuelle Selbstbestimmung und ihre Grenzen, ZJS 2009

Duff, R. A., Punishment, Communication, and Community, 2001

Eckstein, Ken, Grundlagen und Aktuelle Probleme der Besitzdelikte − EDV, EU, Strafrechtsänderungsgesetze, Konkurrenzen, ZStW 117, 2005

Engländer, Armin, Revitalisierung der materiellen Rechtsgutslehre durch das Verfassungsrecht?, ZStW 127 (3), 2015
Frieser, Michael/*Renzikowski*, Joachim, Handel mit Nacktfotos bestrafen? – Pro & Contra, DRiZ 2014
Frisch, Wolfgang, Zur Bedeutung von Schuld, Gefährlichkeit und Prävention im Rahmen der Strafzumessung, in: *Wolfgang Frisch* (Hrsg.), Grundfragen des Strafzumessungsrechts aus deutscher und japanischer Sicht, 2011
——Voraussetzungen und Grenzen staatlichen Strafens, NStZ 2016
Frister, Helmut, Schuldprinzip, Verbot der Verdachtsstrafe und Unschuldsvermutung als materielle Grundprinzipien des Strafrechts, 1988
Gärditz, Klaus Ferdinand, Strafbegründung und Demokratieprinzip, Der Staat 49 (2010)
Greco, Luís, Was lässt das Bundesverfassungsgericht von der Rechtsgutslehre übrig? – Gedanken anlässlich der Inzestentscheidung des Bundesverfassungsgerichts, ZIS 2008
——Strafbarer Drogenbesitz, Privatsphäre, Autonomie: Überlegungen anlässlich der Entscheidung des argentinischen Verfassungsgerichts zur Verfassungswidrigkeit des Straftatbestandes des Besitzes von Betäubungsmitteln zum Zweck des Eigenkonsums, in: *Roland Hefendehl* (Hrsg.), Grenzenlose Vorverlagerung des Strafrechts?, 2010
——Verfassungskonformes oder legitimes Strafrecht? Zu den Grenzen einer verfassungsrechtlichen Orientierung der Strafrechtswissenschaft, in: *Beatrice Brunhöber / Katrin Höffler / Johannes Kasper / Tobias Reinbacher / Moritz Vormbaum* (Hrsg.), Strafrecht und Verfassung, 2013
Gropp, Walter, Die Strafbarkeit des Konsums von Kinder- und Jugendpornographie – Schutz der Person statt Schutz der sexuellen Selbstbestimmung – Kriminalpolitische Überlegungen eines Strafrechtsdogmatikers für einen Empiriker -, Festschrift für Hans-Heiner Kühne: zum 70. Geburtstag am 21. August 2013, 2013
Haack, Stefan, Verfassungshorizont und Taburaum, AöR 136 (2011)
Haggenmüller, Sarah / *Jung*, Heike / *Stuckenberg*, Carl-Friedrich, „Ultima ratio" – ein Prinzip in Gefahr? Ein Tagungsbericht, GA 2012
Hassemer, Winfried, Darf es Straftaten geben, die ein strafrechtliches Rechtsgut nicht in Mitleidenschaft ziehen?, in: *Roland Hefendehl / Andrew von Hirsch / Wolfgang Wohlers* (Hrsg.), Die Rechtsgutstheorie, 2003
——Der Grundsatz der Verhältnismäßigkeit als Grenze strafrechtlicher Eingriffe, in: *Andrew von Hirsch / Kurt Seelmann / Wolfgang Wohlers* (Hrsg.), Mediating Principles – Begrenzungsprinzipien bei der Strafbegründung, 2006
Hassemer, Winfried / *Neumann*, Ulfrid, Nomos Kommentar StGB Band 1, 4. Aufl.,

2013, Vor § 1

von Hirsch, Andrew, Der Rechtsgutsbegriff und das „Harm Principle", in: *Roland Hefendehl / Andrew von Hirsch / Wolfgang Wohlers* (Hrsg.), Die Rechtsgutstheorie, 2003

Hörnle, Tatjana, Grob anstößiges Verhalten: Strafrechtlicher Schutz von Moral, Gefühlen und Tabus, 2005

――――Das Verbot des Geschwisterinzests – Verfassungsgerichtliche Bestätigung und verfassungsrechtliche Kritik, NJW 2008

Hwang, Shu-Perng, Demokratische Willensbildung vor grundrechtlicher Rahmenordnung. Verfassungsrechtliche Überlegungen zur Auseinandersetzung von Gärditz und Zaczyk, Der Staat 51 (2012)

Jakobs, Günther, Strafrecht, Allgemeiner Teil, 2. Aufl., 1991

――――System der strafrechtlichen Zurechnung, 2012

――――Rechtsgüterschutz? Zur Legitimation des Strafrechts, 2012（ギュンター・ヤコブス（川口浩一＝飯島暢訳）『法益保護によって刑法は正当化できるか?』（関西大学出版部・2015年））

――――Recht und Gut – Versuch einer strafrechtlichen Begriffsbildung, Grundlagen und Dogmatik des gesamten Strafrechtssystems: Festschrift für Wolfgang Frisch zum 70. Geburtstag, 2013

Jung, Heike, Zu Verhältnismäßigkeit und Grundrechtsschutz im Präventionsstrafrecht, GA 2015

Kasper, Johannes, Verhältnismäßigkeit und Grundrechtsschutz im Präventionsstrafrecht, 2014

Krauß, Detlef, Rechtsgut und kein Ende. Zur Strafbarkeit des Geschwisterinzests (BVerfGE 120, 224), Festschrift für Winfried Hassemer zum 70. Geburtstag am 17. Februar 2010, 2010

Kubiciel, Michael, Die Wissenschaft vom Besonderen Teil des Strafrechts, 2013

Lagodny, Otto, Strafrecht vor den Schranken der Grundrechte, 1996

――――Das materielle Strafrecht als Prüfstein der Verfassungsdogmatik, in: *Roland Hefendehl / Andrew von Hirsch / Wolfgang Wohlers* (Hrsg.), Die Rechtsgutstheorie, 2003

Landau, Herbert, Die jüngere Rechtsprechung des Bundesverfassungsgerichts zu Strafrecht und Strafverfahrensrecht, NStZ 2015

Luhmann, Niklas, Rechtssoziologie Bd. I, 1972

Maas, Heiko, Wann darf der Staat strafen?, NStZ 2015

Martins, Antonio, Der Begriff des Interesses und der demokratische Inhalt der personalen Rechtsgutslehre, ZStW 125 (2), 2013

――――Die personale Rechtsgutslehre als demokratische Schranke, in: *Martin Asholt / Milan Kuhli / Sascha Ziemann / Denis Basak / Mark Reiß / Susanne Beck / Nina Nestler* (Hrsg.), Grundlagen und Grenzen des Strafens, 2015

Meier, Bernd-Dieter, Prävention von Kinderpornografie — eine unlösbare Aufgabe?, in: *Dirk Baier / Thomas Mößle* (Hrsg.), Kriminologie ist Gesellschaftswissenschaft: Festschrift für Christian Pfeiffer zum 70. Geburtstag, 2014

Mezger, Edmund, Die subjektiven Unrechtselemente, Der Gerichtssaal 89 (1924)

Mir Puig, Santiago, Der Verhältnismäßigkeitsgrundsatz als Verfassungsgrundlage der materiellen Grenzen des Strafrechts, Festschrift für Winfried Hassemer zum 70. Geburtstag am 17. Februar 2010, 2010

Morris, Herbert, Persons and Punishment, The Monist 52, 1968

Noltenius, Bettina, Grenzenloser Spielraum des Gesetzesgebers im Strafrecht? - Kritische Bemerkungen zur Inzestentscheidung des Bundesverfassungsgerichts vom 26. Februar 2008, ZJS 2009

Nussbaum, Martha C., Hiding from Humanity-Disgust, Shame, and the Law, 2004（マーサ・ヌスバウム（河野哲也監訳）『感情と法——現代アメリカ社会の政治的リベラリズム』（慶應義塾大学出版会・2010年））

Paeffgen, Hans-Ullrich, Das „Rechtsgut" — ein obsoleter Begriff?, Gesamte Strafrechtswissenschaft in internationaler Dimension: Festschrift für Jürgen Wolter zum 70. Geburtstag am 7. September 2013, 2013

Pieroth, Bodo / *Schlink*, Bernhard / *Kingreen*, Thorsten / *Poscher*, Ralf, Grundrechte Staatsrecht II, 29 Aufl., 2013

Raz, Joseph, Authority, Law and Morality, The Monist 68 (3) 1985（ジョセフ・ラズ（深田三徳訳）「権威・法・道徳」深田三徳編『権威としての法——法理学論集』（勁草書房・1994年））

Renzikowski, Joachim, Die böse Gesinnung macht die Tat. Zur aktuellen Debatte über die Kinderpornographie, Festschrift für Werner Beulke zum 70. Geburtstag, 2015

Roxin, Claus, Rechtsgüterschutz als Aufgabe des Strafrechts?, in: Roland Hefendehl (Hrsg.), Empirische und dogmatische Fundamente, kriminalpolitischer Impetus. Symposium für Bernd Schünemann zum 60. Geburtstag, 2005

―――Strafrecht Allgemeiner Teil Band I, 4. Aufl., 2006

―――Zur Strafbarkeit des Geschwisterinzests — Zur verfassungsrechtlichen Überprüfung materiellrechtlicher Strafvorschriften-, StV 2009

―――Der gesetzgebungskritische Rechtsgutsbegriff auf dem Prüfstand, GA 2013

Rudolphi, Hans-Joachim, Die verschiedenen Aspekte des Rechtsgutsbegriffs, Festschrift für Richard M. Honig zum 80. Geburtstag, 1970

Schmidt, Heiner Christian, Grundrechte als verfassungsunmittelbare Strafbefreiungsgründe — Zu Methode und Praxis der Verfassungseinwirkung auf das materielle Strafrecht, 2008

Schubarth, Martin, Inzestverbot und Verfassung, Festschrift für Friedrich Dencker zum 70. Geburtstag, 2012

Shapiro, Ian, The State of Democratic Theory (2003)（イアン・シャピロ（中道寿一

訳)『民主主義理論の現在』(慶應義塾大学出版会・2010年))
Stächelin, Gregor, Strafgesetzgebung im Verfassungsstaat, 1998
Sternberg-Lieben, Detlev, Rechtsgut, Verhältnismäßigkeit und die Freiheit des Strafgesetzgebers, in: *Roland Hefendehl / Andrew von Hirsch / Wolfgang Wohlers* (Hrsg.), Die Rechtsgutstheorie, 2003
―――Die Sinnhaftigkeit eines gesetzgebungskritischen Rechtsgutsbegriffs ― exemplifiziert am Beispiel der Beschimpfung religiöser Bekenntnisse, Strafe und Prozess im freiheitlichen Rechtsstaat: Festschrift für Hans-Ullrich Paeffgen zum 70. Geburtstag am 2. Juli 2015, 2015
Streng, Franz, Forschungen zu Grundlagen und Determinanten der Strafzumessung, in: Wolfgang Frisch (Hrsg.), Grundfragen des Strafzumessungsrechts aus deutscher und japanischer Sicht, 2011
―――Strafrechtliche Sanktionen: Die Strafzumessung und ihre Grundlagen, 3. Aufl., 2012
Stuckenberg, Carl-Friedrich, Grundrechtsdogmatik statt Rechtsgutslehre―Bemerkungen zum Verhältnis von Strafe und Staat, GA 2011
―――The Constitutional Deficiencies of the German 'Rechtsgutslehre', Oñati Socio-Legal Series, v. 3, n. 1 - Ultima Ratio, a principle at risk. Europian Perspectives, 2013, *available at* http://ssrn.com/abstract =2200870
Swoboda, Sabine, Die Lehre vom Rechtsgut und ihre Alternativen, ZStW 122 (1), 2010
Thurn, John Philipp, Eugenik und Moralschutz durch Strafrecht? ― Verfassungsrechtliche Anmerkungen zur Inzestverbotsentscheidung des Bundesverfassungsgerichts, KJ 42 (2009)
Weigend, Thomas, Der Grundsatz der Verhältnismäßigkeit als Grenze staatlicher Strafgewalt, Festschrift für Hans Joachim Hirsch zum 70. Geburtstag, 1999
Wendt, Rudolf, The Principle of 'Ultima Ratio' And/Or the Principle of Proportionality, Oñati Socio-Legal Series, v. 3, n. 1 - Ultima Ratio, a principle at risk. Europian Perspectives, 2013, *available at* http://ssrn.com/abstract = 2200873
Wohlers, Wolfgang, Rechtsgutstheorie und Deliktstruktur, GA 2002
Zaczyk, Rainer, Demokratieprinzip und Strafbegründung. Eine Erwiderung auf Klaus Ferdinand Gärdiz, Der Staat 50 (2011)

引用判例一覧

●最高裁判所
最判昭和33年2月12日刑集12巻2号209頁………………………………………… *108*
最大判昭和37年11月28日刑集16巻11号1577頁（第三者所有物没収事件）………… *125*
最大判昭和48年4月4日刑集27巻3号265頁（尊属殺重罰規定違憲判決）……… *92, 174*
最大判昭和49年11月6日刑集28巻9号393頁（猿払事件）……… *16, 21, 152-154, 165, 173*
最大判昭和50年4月30日民集29巻4号572頁（薬事法違憲判決）…………… *21, 106*
最決平成5年11月25日刑集47巻9号242頁（ホテルニュージャパン事件）…………… *73*
最判平成15年12月11日刑集57巻11号1147頁 ……………………………… *22, 81, 92, 174*
最決平成16年3月22日刑集58巻3号187頁（クロロホルム事件）…………………… *108*
最判平成24年12月7日刑集66巻12号1337頁（堀越事件）………………… *7, 16-, 154, 155*
最判平成24年12月7日刑集66巻12号1722頁（世田谷事件）……………… *7, 16-, 154, 155*
最判平成26年1月16日刑集68巻1号1頁 …………………………………………… *106*

●高等裁判所
東京高判平成26年6月26日判時2233号103頁・判例地方自治386号65頁 ……………… *124*
大阪高判平成27年1月21日（LEX/DB 25505605）…………………………… *82, 104, 105*

●地方裁判所
横浜地判平成26年1月22日判時2223号20頁・判例地方自治383号82頁 ……………… *124*
大阪地判平成26年4月25日裁判所HP（平成24年（わ）1923号）……………… *82, 104, 105*

●ドイツ
BVerfGE 90, 145, Beschluss vom 9. 3. 1994（カンナビス決定）……… *11, 13, 33, 117, 118*
BVerfGE 120, 224, Beschluss vom 26. 2. 2008（近親相姦決定）… *7, 11-14, 25, 32-34, 36-40*

事項索引

い

je-desto 公式 ……………………………… *109*
違憲な刑法 ………………………………… *45*
違憲の目的 ………………………………… *92*
一元的内在的制約説 ……………………… *90*
一般的行為自由 …………………… *110, 123*
違法性の意識の可能性 ………………… *124*

う

疑わしきは自由の利益 ………………… *96*

え

営業規制 ………………………………… *162*

お

応報 ………………………………… *79, 129*

か

過失 …………………………… *62, 68, 147, 173*
間接罰 …………………………………… *200*
間接罰規定 ……………………………… *107*
カンナビス決定 ………………………… *117*

き

危険の遠近 ……………………………… *113*
危険の軽重 ……………………………… *113*
危険の高低 ……………………………… *113*
基数的均衡性 …………………………… *176*
規制の態様および程度 …………… *15, 19, 21*
規制目的の重要度 ………………………… *93*
規制目的（立法目的）たる法益 ………… *89*
客観的帰属論 ……………………………… *72*
客観的処罰条件 ……………… *73, 101, 144*
行政制裁 …………………………… *128, 149*
行政的な没収措置 ……………………… *205*
行政罰 …………………………………… *129*
行政犯 …………………………………… *128*
許可制 ……………………………… *65, 104, 162*
禁止それ自体 …………………………… *117*

く

具体的危険犯 ……………… *97, 102, 113, 145*

け

警察法的（行政法的）没収 …………… *137*
刑事罰 …………………………………… *128*
刑事犯 …………………………………… *128*
刑罰のコミュニケーション的理解 …… *121*
刑罰の最終手段性 ……………………… *159*
刑罰の最終手段性原則 …………… *139, 158*
結果無価値 ……………………………… *89*
健全な児童の成長発達環境 …………… *189*
憲法論領域 ………………………………… *45*

こ

故意 …………………………… *62, 68, 147, 172*
行為規範 ……………………………… *58, 62, 79*
　──と制裁規範の協働による抑止 …… *135*
　──の回復（規範回復） ……………… *77*
　──の遵守可能性 ……………………… *95*
　──の名宛人 …………………………… *69*
　国法秩序一般に関連性を有する── …………………………… *150, 160*
　国法秩序のうちの特定の法制度に関連性を
　　有する── …………………… *151, 160*
　事後的── ……………………………… *67*
　事前的── ……………………………… *66*
行為の危険性 ……………………………… *95*
行為予期 ………………………………… *143*
行為理由 …………………………………… *65*
公共の福祉 ………………………………… *90*
行動制御 …………………………………… *75*
公務員の職務の遂行の政治的中立性 … *16, 153*
公務員の政治的中立性 ………………… *154*
国法秩序一般に違反した者 …………… *149*
国法秩序のうちの特定の法制度に違反した者
……………………………………………… *149*
個人的法益 ……………………………… *112*
誤変換 …………………………… *134, 196*

さ

殺人の自由 ……………………………… *82*
三段階審査（Drei-Schritt-Prüfung） …… *10*

し

資格制限	120
自然犯と法定犯	152
思想処罰の禁止	115
実質的犯罪概念	27
実体的不利益の賦課	75, 78, 121
私的所持	180, 191
児童に対する性的搾取および性的虐待	188
児童の事物化された性	188
社会的法益	113
社会倫理的な反価値判断	13, 35, 56
集合的法益	112
消極的一般予防	78
使用者としての政府	152
証明軽減	132
序数的均衡性	176
処分	64, 118
侵害犯	97, 102, 114, 144, 145
人格的自律	110
人格的法益論	35, 52, 53, 93

す

スティグマ	76, 150, 159

せ

制御能力	124
制裁	74, 77, 79
——を予定することの相当性	24
制裁規範	58
制裁賦課の断念	84
政策論領域	45, 49
政治的行為	17, 153
正統性	11
正統な刑法	45
制約	82
——される行為の量	101
事後——	65
事前——	65
積極的一般予防	78

そ

総合衡量枠組	20

た

他害原理	30

単純所持	62, 133
単なる所持の処罰	136
単なる道徳違反	52

ち

抽象的危険犯	97, 102, 113, 145
抽象的規範統制	86
懲戒処分	19, 152
直罰規定	107

て

適性犯	103

と

同意なき性の事物化による性的自己決定侵害	189
統治権者としての政府	152
道徳	37
——を保護することの禁止	116
特別の犠牲	126
届出義務違反	107
届出制	106, 162

に

二次的性格	59

は

パターナリズム	188

ひ

非難	76, 118
非難提起	75
比例原則（Verhältnismäßigkeitsgrundsatz）	10
——の法益論からの再構成	40

ふ

不公正な利益獲得	167
付随的違憲審査制	85
不当な動機	92

ほ

法益保護の補充性	139
法益論と憲法上の合憲性審査手法との関係	26
法益論の判断手法	40

法忠実の欠如 …………………………… *167*
法的な不承認決定 ………………… *64,99,185*
補充性の原則 …………………………… *157*
没収・廃棄命令 ………………………… *198*

み

未遂犯 ………………………………… *97,107*
民主主義 …………………………… *48,49,52*
民主的に正統化された立法者の領分 ……… *32*

む

無許可営業行為 ………………………… *157*
無許可行為 ……………………………… *106*

よ

予見可能性 ……………………………… *124*
予備罪 ……………………………… *97,108*
予備的犯罪 …………………………… *108,146*

り

利益相互間の衡量 ………………………… *50*
利益配分規範 ……………………………… *63*
立法者と裁判所との役割の相違 ………… *60*
量刑責任における責任主義 ……… *124,170,175*

る

累積犯 …………………………………… *146*

上田　正基（うえだ・まさき）

1988年　兵庫県に生まれる
2010年　京都大学法学部卒業
2012年　京都大学大学院法学研究科法曹養成専攻（法科大学院）修了
2015年　京都大学大学院法学研究科法政理論専攻博士後期課程修了、
　　　　博士（法学）
現　在　京都大学大学院法学研究科特定助教

その行為、本当に処罰しますか――憲法的刑事立法論序説

2016（平成28）年7月15日　初版1刷発行

著　者　上田　正基
発行者　鯉渕　友南
発行所　株式会社　弘文堂　　101-0062　東京都千代田区神田駿河台1の7
　　　　　　　　　　　　　　　TEL 03(3294)4801　　振替 00120-6-53909
　　　　　　　　　　　　　　　　　http://www.koubundou.co.jp

装　丁　後藤トシノブ
印　刷　港北出版印刷
製　本　牧製本印刷

Ⓒ 2016 Masaki Ueda. Printed in Japan

JCOPY　〈社〉出版者著作権管理機構　委託出版物〉
本書の無断複写は著作権法上での例外を除き禁じられています。複写される場合は、
そのつど事前に、（社）出版者著作権管理機構（電話 03-3513-6969、FAX 03-3513-6979、
e-mail:info@jcopy.or.jp）の許諾を得てください。
また本書を代行業者等の第三者に依頼してスキャンやデジタル化することは、たとえ
個人や家庭内での利用であっても一切認められておりません。

ISBN978-4-335-35678-0

――― 好評の関連書 ―――

因果関係と客観的帰属
小林憲太郎=著

「行為と結果との間には因果関係が必要である。」この命題が成立する根拠を明らかにし、そこから「行為」や「結果」、「因果関係」の具体的な内容を導き出した第一論集。　5800円

刑法的帰責
小林憲太郎=著

従来の故意不法中心のフィナリスムスや過失不法中心の客観的帰属論でもなく、また故意責任中心の結果無価値論でもない、全く新しい過失責任中心の犯罪理論を提示。　5800円

正犯と共犯を区別するということ
亀井源太郎=著

わが国の共犯現象の実態を、司法統計を用いて明らかにし、正犯と共犯を区別することの意味と視座をこれまでにない手法で提示。理論と実務を架橋する共犯論の試み。　4000円

刑事立法と刑事法学
亀井源太郎=著

立法の活性化が刑事司法にもたらすものを、精密司法から核心司法への移行といった視点で俯瞰し、交通犯罪、共謀罪、公訴時効制度をめぐる個別立法の動きを跡づける。　4000円

刑事責任能力の本質とその判断
安田拓人=著

精神の障害概念の再構成を図り、認識・制御能力を主体論と可能性論に分かつ構造・本質論を提示し、そこから刑法39条の解釈論としての責任能力の判断基準を解明する。5800円

体系的共犯論と刑事不法論
照沼亮介=著

個々の議論が場当たり的に展開されている正犯・共犯論の諸問題につき、初めて体系的な位置づけを与える。不法行為論との関連性を示し、共犯論の体系化をめざす試み。4200円

抽象的危険犯論の新展開
謝煜偉=著

伝統的な抽象的危険犯の理論構造を解明・検討したうえで、現代型の抽象的危険犯のあるべき限定解釈論を「謙抑主義」をキーワードに提示。寛容な刑事制度の構築をめざす。3000円

防犯カメラと刑事手続
星周一郎=著

防犯カメラの利用はどこまで許されるのか。刑事手続の視点から防犯カメラをめぐる法的問題にアプローチ。その法的性質・根拠を明示し、許容基準の明確化を目指す。　4800円

公判前整理手続の実務
山崎　学=著

刑事裁判を劇的に変えた公判前整理手続の全体像を、刑事裁判官として、その運用に深く関わった著者が詳説。運用上の問題点も示し、より良き裁判の実現をめざす指南書。4700円

精神科医療と法
中谷陽二=編集代表
丸山雅夫・山本輝之・五十嵐禎人・柑本美和=編集委員

固有の学問領域の壁を生産的に超えた精神医学と法学とのコラボレーションの成果。グローバルな視点をふまえ、精神科医療と法に関する現代的な諸テーマに果敢に迫る。4200円

弘文堂

＊定価(税別)は、2016年6月現在